rororo

Max Kellenberg ist promovierter Kulturwissenschaftler, Schwabe und Weinkenner. Wenn er nicht gerade unterrichtet, Wirtschaftskunde betreibt oder als freier Autor arbeitet, hockt er über Kochbüchern oder wandert in der Lüneburger Heide, die zurzeit seine Wahlheimat ist. «Das letzte Viertele» ist sein erster Wein-Krimi.

Max Kellenberg

Das letzte Viertele

Ein Wein-Krimi

Rowohlt Taschenbuch Verlag

Originalausgabe
Veröffentlicht im Rowohlt Taschenbuch Verlag,
Reinbek bei Hamburg, Oktober 2010

Umschlaggestaltung any.way, Barbara Hanke/Cordula Schmidt
(Foto: Hendrik Holler/LOOK-Foto, neuebildanstalt/Lemmler)
Satz aus der Minion PostScript, InDesign,
bei Pinkuin Satz und Datentechnik, Berlin
Druck und Bindung Druckerei C. H. Beck, Nördlingen
Printed in Germany
ISBN 978 3 499 25288 4

FSC
www.fsc.org
MIX
Papier aus verantwortungsvollen Quellen
FSC® C019821

Das für dieses Buch verwendete FSC®-zertifizierte Papier
***Lux Cream* liefert Stora Enso, Finnland.**

Prolog

Hinter einer der hohen Scheiben der altehrwürdigen Untertürkheimer Gaststätte wurden die Kerzen gelöscht, immerhin ging es bereits auf 23 Uhr zu. Trotzdem gab es noch genügend Gäste, die es sich bei einem Viertele Wein gutgehen ließen, obwohl der eine oder andere bereits verstohlen gegähnt hatte. Aber der Wein schmeckte einfach zu gut, egal, ob Riesling, Lemberger oder Trollinger. Warum also nicht hocken bleiben. Wenn es gar nicht mehr gehen würde, lagen die Gästebetten des Hauses einen Stock höher.

Auch der Mann, der als Letzter den Stammtisch verließ, hatte es nicht allzu weit. Er wohnte nur wenige Straßenzüge entfernt, aber der Weg zu seinem Haus war doch etwas länger als der Heimweg seiner Kollegen, und vor allem ging er steil bergauf. Darum wunderte sich der Mann, dass er entgegen seiner Gewohnheit offenbar mindestens ein Glas Bier zu viel getrunken hatte.

Aber Schnapszahl ist eben Schnapszahl, sagte er sich. Der vierundvierzigste Stammtisch ist nun mal der vierundvierzigste Stammtisch. Wenn unser Tisch reden könnte … das gäb Stoff für hundert Romane. Vorhin zum Beispiel … aber egal, auf jeden Fall war es endlich wieder einmal eine gute Runde gewesen.

Die laue Sommerluft trug ihm die Gerüche von aufgeworfener Erde, saftigem Grün und warmem Sandstein zu. Dennoch verzog der Mann das Gesicht. Er hatte eine feine Nase und roch zu viel anderes, was nicht natürlichen Ursprungs war.

So ist halt die Zeit, dachte er. Im Zweifel immer für Industrie und Wachstum, für Autos und Chemie. Wein wächst woanders schließlich genug. Irgendwann ist dann alles kaputt. Dann mutiert der Eichenprozessionsspinner zum Traubenprozessionsspinner, und beide fressen um die Wette. Die einen den Wald weg, die anderen die Reben leer.

Ein Anlasser jaulte in die Stille.

Die drücken mal wieder alle aufs Gas, als wären sie noch im Kindergarten. Der Mann blieb am Straßenrand stehen.

Ohne Licht schoss das Auto heran. Erst als es unmittelbar vor ihm seine Geschwindigkeit etwas verringerte, flammten die Scheinwerfer auf.

«Ah … man gönnt sich wieder was!», rief der Mann spöttisch in die Nacht. «Aber natürlich ganz umweltbewusst, weil die CO_2-Werte so toll sind, gell?» Geblendet trat er schwankend ein Stück auf die Fahrbahn. Da drehte der Sechszylindermotor hoch. Verblüfft blieb der Mann stehen … und begriff zu spät, dass er besser auf dem Gehweg geblieben wäre.

1

Freitag, Ende Juli

Und wenn die Welt voll Teufel wär … Gewisse Genüsse hobeln einem wenigstens für den Moment die Sorgen weg. Katharina Grüninger biss in die krossen Ärmchen der schwäbischen Butterbrezel und genehmigte sich einen ordentlichen Schluck Trollinger.

Köstlich! Schlicht und edel.

Das Gute ist immer das Einfache, kam sie ins Philosophieren, während sie der malzigen Brezel und dem samtweichen Trollinger nachschmeckte. Denn wenn die Liebe, die ja das Gegenteil vom Einfachen ist, zerschellt, hilft nur noch handfester Genuss. Ja, so ist es, sagte sie sich, zumindest ungefähr so. Auf jeden Fall gibt es kaum Besseres als einen duftigen Trollinger, zwei, drei Körnchen Hagelsalz und eine warme Laugenbrezel mit einem Messerstrich Butter.

Der letzte Schluck!

Mit einem leisen Seufzer setzte Katharina das Henkelglas an die Lippen. Wie ein Abschiedskuss, dachte sie und überließ sich der Mattigkeit, die sie erfasste. Schließlich war es erst kurz vor vier und damit eigentlich zu früh für Trollinger, Riesling oder welchen Wein auch immer. Andererseits gab es an der gesamten Universität bestimmt keine zweite Frau, die am selben Tag Karriere und Beziehung hatte begraben müssen und jetzt nicht einmal mehr ihre Wohnung betreten wollte.

Katharina schloss die Augen und lauschte dem Xylophonspiel eines Straßenmusikanten. Mit Mozarts «Rondo alla turca» klöppelte er gegen das Geschrei der Möwen an, die über den Weinlauben des Rathausmarktes kreisten. Kaiserwetter in Hamburg! Ein makellos blauer Himmel beschirmte an diesem

Freitag das Stuttgarter Weindorf, das nun schon zum vierundzwanzigsten Mal schwäbisches Flair in der Hansestadt verkaufte, freilich zu immer gesalzeneren Preisen.

«So, dann sind's genau acht Euro.»

Wie urig und vertraut das auf Schwäbisch klang. Aber acht Euro waren für Katharina immer noch knapp sechzehn Mark.

«Ihr werdet auch immer teurer», grummelte sie im schönsten Dialekt und zückte einen Zehner.

«Alles bloß Unkosten. Mir hen nix davon.»

Flink wischte die Wirtin die Wachstuchdecke des Stehtisches.

«Wer's glaubt … Ihr schafft hier oben doch nicht für umsonst.»

«Es geht grade so auf. Mehr nicht.»

«Verstehe, ihr seid alle Samariter im Dienst des schwäbischen Kulturtransfers.»

«Wenn Sie's so sagen …» Damit war das Gespräch beendet. Die Wirtin drückte Katharina ein Zwei-Euro-Stück in die Hand und entschwand zurück an den Tresen.

Da lebt man neun Jahre in Hamburg und hat hart daran gearbeitet, sich seinen Dialekt abzugewöhnen. Aber beim erstbesten Kontakt mit einer schwäbischen Weinbäuerin, einer Wengerten, macht man gleich auf Kehrwochen-Konversation.

Ohne Ziel schlenderte sie auf die Alsterarkaden zu. Das blendende Weiß von Hamburgs schönster Promenade spiegelte sich im stillstehenden Wasser des Fleets. Katharina schaute einem Asiaten zu, der einen Orientalen in weißem Kaftan fotografierte und sich hinterher mit strahlendem Lächeln und einer Verbeugung dafür bedankte. Wie aus einer anderen Welt, dachte sie: Der devote Asiate buckelt vor dem aristokratischen Orientalen. Beide Kulturen haben gemeinsam, dass sie kein Aufklärungszeitalter kennen.

Blödsinn, hör bloß mit diesem Mist auf, ermahnte sie sich.

Nix mehr Germanistik und Forschung zur Bürgerlichkeit im 18. Jahrhundert. Sieh dieser Tatsache endlich ins Auge! Es ist vorbei.

Vorbei.

Für einen Moment hatte sie das Gefühl, im Strom der Flaneure zu versteinern. Ihr Blick wurde starr, ihr Herzschlag setzte aus. Lag es vielleicht doch am Wein, dass sie sich plötzlich so einsam fühlte?

«Niemals», murmelte sie und schaute sich nach einer freien Bank auf der Rathaus-Schleusenbrücke um. Du willst dich einfach nicht vor Edith blamieren und sie anbetteln, bei ihr für ein paar Tage unterschlüpfen zu dürfen.

Sie sackte auf einen gerade frei gewordenen Platz und malte sich das Telefonat aus: Du, kann ich mal so ein bisschen bei euch … Weißt du, ich bin heute Morgen ausgezogen … ja, freiwillig. Klar hast du recht gehabt! Dieter ist ein Mistkerl. Aber nun ist eben zu spät. Ja, du hast es von Anfang an gewusst. Gut … also danke, ist ja nur für zwei, drei Tage. Und selbst? Du bist schon im vierten Monat, nicht wahr? Und du kriegst wirklich einen eigenen Van? Mensch … Und die Buchsbaumhecke ist endlich angewachsen? Toll, die war doch immer euer Sorgenkind. Und mit den Nachbarn? Ihr grillt zusammen … Ja super! Ach, jetzt also doch ein Anbau? Prima, ehrlich, das freut mich jetzt.

So eine war Edith, anders gesagt: Das war aus ihr geworden. Ihre Freundin, Expertin für deutsche Lyrik des 17. Jahrhunderts, war nach dem Magisterexamen zur Vorstadt-Mutti geschrumpft. Zahnarztgattin im nördlichen Hamburger Speckgürtel, Wächterin über den Inbegriff eines trauten Heimes mit Kamin, Carport, Kinderschaukel und Köter.

Sie dagegen hatte auf die Wissenschaft gesetzt, eine Promotionsstelle ergattert, ihren Dr. phil. gemacht und … gehofft. Dass ihre Dozentur vielleicht doch in eine Assistenten-Stelle umgewandelt würde. Habilitieren wollte sie sich, Professorin werden. Doch jetzt war es endgültig: Ende des Semesters war Schluss, wie Professor Gönnmann ihr mit dem größten Bedauern heute Vormittag mitgeteilt hatte. Ab Oktober war sie folglich arbeitslos, es sei denn, eine ihrer Bewerbungen auf eine der raren Habilitationsstellen an einer anderen Universität hätte Erfolg.

Eine Taube spazierte auf sie zu, pickte einen Popcorn-Krümel auf und flatterte davon. Katharina spürte den Luftzug an ihren Beinen und bekam eine Gänsehaut. In ihrem olivfarbenen Etuikleid und den elfenbeinfarbenen Ballerinas sah sie hinreißend aus, für Hamburger Temperaturen aber war ein solches Outfit immer mit einem Risiko verbunden. Denn so sonnig es auch war, richtig heiß war es in Hamburg selten.

Los, ruf jetzt Edith an. Dann bist du es los.

Katharina zückte ihr Handy und scrollte durch das Adressbuch. Schemenhaft zeichnete sich ihre Short-Cut-Frisur auf dem Display ab. Wie stylisch, dachte sie selbstironisch. Und blond bin ich auch! Dann diese vornehme Bücher- und Akademiker-Blässe …

Blasse Gesichter produzieren blasse Gedanken, hatte Gönnmann einmal in seinem Arbeitszimmer zu ihr gesagt: «Also wird's Zeit, dass Sie mal etwas Wangenrot ansetzen.» Worauf er sie wie ein Tango-Tänzer an sich gepresst hatte. Sein einziger Versuch dieser Art. Kurz und spontan, gefolgt von einem tiefen Seufzer und der Bemerkung: Betrachten Sie es als Kompliment.

Zeuner, Edith.

In derselben Sekunde plärrte das Handy sie mit den ersten Takten aus Mozart, Köchel-Verzeichnis 550, an. Vor Schreck rutschte es Katharina aus der Hand und schepperte zu Boden.

«Mensch, hast du mich erschreckt!», fauchte sie ihre Schwester an. «Tu das nie wieder!»

«Was ist denn passiert?»

«Nur Welt unter.»

«Und das heißt?»

«Alles aus eben. Einfach vorbei. Job und der Rest auch.»

«Das hab ich dann wohl geahnt ...»

«Verschon mich bitte mit diesem emotionalen Scheiß. Was willst du?»

«Dich. Und bevor du mich wegdrückst, hör mir um Himmels willen zu. Bitte.»

Fünf Minuten später klöppelte der Xylophonspieler Bachs «Toccata», und unter den Alsterarkaden begann ein Flötist die «Badinerie» zu spielen.

Katharina ließ ihren Blick über den Rathausmarkt schweifen. Der Wind hatte aufgefrischt und blätterte die Seiten einer weggeworfenen Zeitung auf. Warum nicht, dachte sie, immerhin ist sie deine Schwester. Bis Oktober ist es auf jeden Fall die billigste Lösung. Und Edith kann ich auch morgen noch anrufen.

Sechseinhalb Stunden später stieg sie um kurz nach halb elf mit zwei Koffern aus dem Zug. Die Luft war schmeichelnd lau. Katharina schloss für einen kurzen Moment die Augen. Dieser Geruch, nein, dieser Duft. Nach vierzehn Jahren war sie wieder für länger zurück in der Stadt ihrer Kindheit und Jugend.

«So ... nochmal Klartext, dafür sag ich's auch nur einmal: Selbst wenn ich mich von dir hab breitschlagen lassen und sozusagen etwas kurz überlegt hier aufkreuze – ich tu dir den Gefallen, wie versprochen. Aber höchstens bis Oktober, verstehst du?»

«Nun sei doch nicht gleich so arg ... Komm doch erst mal an!» Janina, Katharinas Schwester, ließ sich nicht aus der Ruhe bringen.

«Ich bin nicht arg», brauste Katharina auf, «nur für klare Verhältnisse. Und das ist ein Unterschied, liebe Schwester. Denn erstens ist das ganz normal für jemanden, der aus einer Weltstadt kommt, zweitens bin ich immerhin eine Studierte und sogar …»

Katharina brach im letzten Moment ab. Seit Minuten schon kehrte sie vor ihrer Schwester den Besen heraus, jetzt aber wurde es selbst ihr zu viel. Herrgott, ich tu wie ein Despot. Dabei bin ich das gar nicht. Warum verhalt ich mich bloß so? An Janina liegt es nicht. Sie freut sich wirklich, mich hier zu haben.

Die Antwort war einfach, aber Katharina fiel es schwer, sie sich einzugestehen. Schon das langsame Einrollen in Stuttgarts Sackgassen-Bahnhof hatte sie in Aufregung versetzt. Und als sie dann den Bahnsteig betrat, hatte sie kaum die Tränen zurückhalten können. Und das lag nur an diesem Geruch … diesem unvergleichlichen Mix aus Süßem und Saurem, der sich mit den Ausdünstungen von Großstadt und Bahnhof verband. Er machte Appetit, dieser Mix, sogar dann, wenn man satt war. Es war der Duft von Maultaschen und schwäbischem Kartoffelsalat in Brühe und Essig, der Duft von Brezeln, Wein und dampfenden Spätzle mit süßen Semmelbröseln.

«Hast du eigentlich Hunger?», wollte Janina wissen. Trotz ihres hochschwangeren Zustands ließ sie es sich nicht nehmen, ihrer Schwester die Tür des Taxis aufzuziehen.

«Ich glaub schon. Eigentlich hab ich bloß gefrühstückt.»

«Prima. Dann lass dich nachher mit Sauren Kutteln verwöhnen.»

«Du spinnst wohl?»

«War nur ein Scherz.»

Knapp zehn Kilometer waren es nach Untertürkheim in die Beutelsbacherstraße. Doch schon als das Taxi die Cannstatter Straße mit den Unteren Schlossgartenanlagen hinter sich gelassen hatte, fiel die anfängliche Rührung von Katharina ab. Ich mach mir was vor, dachte sie. Als ob ich den lieben langen Tag hinter einem Verkaufstresen stehen kann. Was hat sich Janina bloß dabei gedacht? Aber noch schlimmer: Was ist in mich gefahren, einfach ja zu sagen? Das Ganze ist doch nichts als grober Unfug. Also ... Ich bleib eine Woche, und dann geht's zurück. Wir werden schon eine Freundin auftun, die für Janina das Schwabenlädle führt.

Das Taxi beschleunigte, kurz vor dreiundzwanzig Uhr war nicht mehr viel Verkehr. Janina, die vorne saß, wandte sich zu ihrer Schwester um: «Na, wird's dir jetzt warm ums Herz? Das letzte Mal warst du vor sechs Jahren hier. Mamas Beerdigung. Davor, glaube ich, auch nur ein einziges Mal. Ich find, das sollte sich ab jetzt ändern.»

«Tut's doch schon.»

«Ach, Kathi, ich weiß doch, was ich da verlange. Aber so viel wirft das Lädle nun auch nicht ab, dass ich jetzt wen einstellen könnte. Und der neue Hausbesitzer, dieser Dr. Rücklin, der hat, als er sich mir vorstellte, als Erstes gesagt: So ... es riecht ja ganz köstlich bei Ihnen. Das ist bestimmt umsatzförderlich. Ich glaube, Sie könnten mich da glatt mit der Miete unterstützen.»

«Ach so einer.»

Sie hatten Untertürkheim erreicht. Jetzt noch das Stück auf der Stubaier Straße ...

«Scheiße, was geht hier? Da vorn ist gesperrt. Total. Unfall oder so. Blaulicht.» Langsam rollte der Taxifahrer auf die Straßensperre zu.

«Weshalb es wenig sinnvoll ist, immer weiterzufahren, oder?», stellte Katharina lakonisch fest.

«Kein Problem. Ich muss bloß meine Navi ...»

«Nix Navi. Wir lotsen Sie.»

«Geht klar.» Der Taxifahrer wollte wenden, doch da setzte sich ein Polizist mit roter Kelle in Bewegung und eilte auf sie zu. «Eh, jetzt soll ich blasen oder was? Alkoholkontrolle?»

Grinsend drehte sich der Taxifahrer kurz zu Katharina um, während die Seitenscheibe nach unten fuhr.

«Auch das noch. Jetzt wird es noch später», seufzte Janina.

«Und teuer auch.»

«Ich stell Taxameter aus, okay?»

«Das ist nett. Danke.»

«Guten Abend!», sagte der Polizist. «Vor wenigen Minuten gab es einen Unfall mit Fahrerflucht. Ist Ihnen ein Fahrzeug mit überhöhter Geschwindigkeit entgegengekommen? Vielleicht ohne Licht?»

«Nicht direkt hier. Aber auf der Augsburger. Krass schnell. Aber mit Licht.»

«Könnten Sie was zum Fahrzeugtyp sagen?»

«Schwer, Geländewagen, bin ich ziemlich sicher. Touareg oder Cayenne.»

«Danke. Also Touareg oder Cayenne. Könnte aber auch ein BMW X6 gewesen sein … wie sie eben so aussehen, diese PS-Monster.»

«Mann tot?»

«Zum Glück nicht. Aber bewusstlos.»

«Wieso Mann? Könnte doch auch eine Frau sein», mischte sich Katharina ein.

«Um die Zeit?», fragte der Taxifahrer. «Dann ist bestimmt Mann.»

«In diesem Fall würde ich Ihnen recht geben. Aber in der Tat: Der Fahrer könnte auch eine Fahrerin gewesen sein.» Der Polizist schien unschlüssig, ob er noch etwas fragen sollte. Dann schob er hinterher: «Leider ist der Verunglückte ohne Papiere.»

In der Ferne ertönte das Martinshorn des Rettungswagens. Plötzlich sagte Katharina, ohne dass sie gewusst hätte, warum: «Ja, aber … wenn meine Schwester einen Blick auf den Verunglückten werfen würde. Vielleicht kennt sie ihn? Sie wohnt hier. Sie kennt viele Untertürkheimer mit Namen.»

«Das kann ich nicht machen. So etwas ist im Rahmen des Opferschutzes verboten.»

«Ist aber voll gute Idee. Und besser, als hinterher nix zu wissen.»

Der Polizist zögerte, dann gab er sich einen Ruck. «Machen wir eine Ausnahme. Aber ich gestatte nur einen einzigen Blick.»

«Meine Schwester ist im achten Monat. Ich komm mit», entschied Katharina.

Der Polizist nickte. Als Katharina und Janina ausstiegen, näherte sich der Rettungswagen. Damit er in der engen, beidseitig zugeparkten Straße weiterfahren konnte, musste der Taxifahrer rückwärts in die nächstbeste Ausfahrt setzen.

«Mensch, du hast auch Ideen», flüsterte Janina. «Ich schrei, wenn ich Blut sehe. Nicht mal gefragt hast du mich.»

«Dann sind wir jetzt quitt, liebe Schwester.»

Ein weiterer Polizist und ein Mann in Zivil knieten neben dem Bewusstlosen. In stabiler Seitenlage lag er am Rand der Fahrbahn, den Kopf auf ein flaches Aufblaskissen gelegt. Eine Rettungsdecke schützte seinen Körper gegen Auskühlung, auf der goldglänzenden Oberseite reflektierten die Blaulichter von Streifen- und Rettungswagen.

«Einen Blick, dachte ich … müssten wir in diesem Fall erlauben können», sagte der Polizist zu einem Kollegen und wies auf Katharina und ihre Schwester. «Die Damen meinen, den Mann vielleicht identifizieren zu können. Sie wohnen hier.»

Der andere Streifenpolizist nickte. «Geht klar. Der kommt gerade wieder zu sich. Aber ob er sprechen kann? Fraglich.»

Die Türen des Rettungswagens schwangen auf, schon einen Moment später waren die Sanitäter mit der Rollentrage zur Stelle. Schnaufend ging Janina in die Knie. Katharina hielt sie an den Schultern fest, presste die Lippen aufeinander. Das ist wirklich eine Zumutung, dachte sie. Ich muss verrückt sein. Was geht uns das denn an? Ihr Herz klopfte hart, als der Schein der Taschenlampe auf den Kopf des leise stöhnenden Unfallopfers fiel. Doch da zuckte Janina schon zurück. «Das ist ja der Rainer vom Schlag-Hof!», flüsterte sie entsetzt.

Katharina half ihrer Schwester auf und umarmte sie, jetzt mit einem riesig schlechten Gewissen.

«Können Sie noch mehr sagen?», fragte der Polizist, der ihr Taxi angehalten hatte.

«Ja … nein. Nur, dass der Mann Rainer Schlag heißt. Er ist Winzer am Rotenberg. Ein echtes Urgestein!»

«Und Sie sind sich ganz sicher?»

Janina nickte. «Absolut. Schließlich hat mich der Rainer heute Morgen noch im Geschäft besucht.»

2

Nun war sie also wieder zu Hause. Und als ob sämtliche Untertürkheimer Geister beschlossen hätten, ihr klarzumachen, dass dies jetzt auch für immer so bleiben würde, kam Katharina das Wochenende über kaum aus dem Bett. Sie fühlte sich keineswegs krank, im Gegenteil: Sie hatte das Gefühl, seit Monaten das erste Mal wieder richtig schlafen zu können. Eine eigenartige Süße und wohlige Schwere hatten sie übermannt und träge und gedankenlos gemacht. So mutete sie sich bis zum Sonntagmittag nur einen Spaziergang zu – und dieser führte sie ausgerechnet in die Stadtkirche, wo sie versonnen die Josephswand betrachtete. Die auf Japanpapier gedruckte alttestamentliche Josephsgeschichte des weltberühmten Holzschneiders HAP Grieshaber faszinierte sie, seit sie denken konnte. Weil sie so viel mit mir zu tun hat, erklärte sie ihrer Schwester: «Ich könnte gar nicht sagen, was es genau ist. Vielleicht ja nur, dass da einer in die Fremde zieht …»

«Wobei der Joseph aber echt Karriere gemacht hat und so …»

«Danke, dass du mich an mein Scheitern erinnerst.»

«Entschuldigung. Mir ist das einfach alles zu streng.»

«Klaro. Schwangere stehen natürlich auf Plüsch und Rosa und interessieren sich nur für hyperallergene Nahrungsmittel.»

«Tor.»

«Steht's also wieder unentschieden?»

Katharina drehte sich zu ihrer Schwester um, die sich auf einen der Gemeindestühle gesetzt hatte. Janina nickte und erhob sich mit lautem Schnaufen.

«Komm jetzt. Es ist zwölf. Vater rechnet fest damit, dass Punkt eins das Essen auf den Tisch kommt.»

«Schon gut. Stell dir vor, ich hab eine Riesenlust, zuzulangen. Wenn ich von hier wieder fortgehe, fürchte ich, seh ich aus wie du. Aber nicht, weil ich schwanger bin.»

«Wart's ab.»

«Was soll das denn heißen?»

«Unverhofft kommt oft.»

«Du meinst, wie bei dir?»

«Was redest denn du schon wieder!», empörte sich Janina und wurde von einem Moment zum anderen rot.

«Entschuldigung.»

«Schon gut. Ich bitte dich nur um eines: Sag nichts, was uns streiten lässt. Denn wenn mir der Kragen platzt, wer ist dann der Verlierer? Ich doch, oder?»

«Stimmt.»

Kameradschaftlich knuffte Katharina ihre Schwester in die Seite, bevor sie sich bei ihr unterhakte. Sie genoss diesen kleinen Triumph, denn natürlich hatte Janina sich als Allerletztes vorstellen können, dass es ihre Schwester zuerst ausgerechnet in die Kirche zog. Katharina wusste nur zu gut, wie sehr Janina darauf brannte, ihr das Schwabenlädle zu zeigen. Aber ein bisschen Grausamkeit muss sein, dachte sie. Wenn ich schon den Sommer hinter einem Verkaufstresen verbringen soll, dann kann Janina bis morgen darauf warten. Im Übrigen ist das letzte Wort ja noch nicht gesprochen: Denn wenn's mir zu blöd ist, gehe ich einfach. Zum Affen machen lasse ich mich nicht.

Schon wieder musste Katharina gähnen. Janina konnte nur noch die Augen verdrehen, aber Erich Grüninger, der Vater der beiden, nahm seine Ältere in Schutz: «Janne, das ist die Abspannung. Ganz normal. Pass auf, wenn sie wieder wach ist, wird sie die Ärmel hochkrempeln, wie grad eine, die so tut, als hätt sie nie was von Goethe und Schiller gehört.»

«Amen», sagte Janina. «Wenn du es sagst, muss es ja stimmen.»

«Genau», seufzte Katharina und verzog das Gesicht. «Schließlich, Paragraph eins: Der Herr im Haus hat immer recht.»

Ihr Vater konnte es einfach nicht lassen. Bis heute hatte er es nicht verwunden, dass sie sich für ein Germanistik-Studium und nicht für eine Karriere bei seiner Lieblingsfirma entschieden hatte. Und diese Lieblingsfirma hieß Bosch. Achtunddreißig Jahre lang hatte Erich Grüninger ihr die Treue gehalten, zum Schluss drei Jahre davon als Produktionsleiter. Dann kam der Herzinfarkt, darauf die Abfindung, schließlich die erste Rentenüberweisung. Inzwischen hatte Erich Grüninger gelernt, sein Leben zu genießen. Er erwog sogar, wieder zu heiraten.

«Jajaja … und auch, wenn der Vater mal nicht recht haben sollte», rief er froh, «Paragraph vier besagt definitiv, dass er Anspruch darauf hat, von seinen Töchtern verpflegt zu werden.»

Vergnügt rieb er sich die Hände und schaute wohlgefällig über den runden gedeckten Tisch, der die blautapezierte Essecke des Wohnzimmers dominierte. Zum Auftakt des Sonntagsmenüs gab es Kartoffelsalat mit eingelegten Bohnen und Karotten. Weiter ging es mit einer dampfenden Flädlesuppe, und als Hauptgang dufteten geschmelzte Maultaschen in einer dunklen Zwiebelsoße vor sich hin. Natürlich gab es Spätzle, da verstand

Erich Grüninger keinen Spaß: Wenn schon einmal schwäbisch gekocht wurde, dann richtig – ganz einfach, weil dann auch der Wein noch besser schmeckte.

«So … und das ist jetzt angeblich Janinas bester Tropfen, was die Weißweine angeht.» Erich Grüninger zog den Riesling aus dem Weinkühler und präsentierte ihn Katharina, als sei er ihr Privat-Sommelier. Katharina hörte ihre Schwester laut aufseufzen, woraufhin ihr Vater meinte: «Komm, Janne, ein Achtele geht immer. Und bei diesem hier, mit gerade mal achtfuffzig Umdrehungen … komm, das tut dem Kind gar nichts.»

«Nein, ich bleib hart. Kein Tropfen», hauchte Janina, während Erich Grüninger Katharinas klassisches Grünhenkelglas mit dem bernsteinfarbenen Riesling füllte.

Auch was die Weingläser betraf, machte Erich Grüninger keine Kompromisse. Schwäbischer Wein gehöre in Henkelgläser, wurde er nicht müde zu betonen. Alles andere sei Mode. Folglich lehnte er auch die Meinung, gute Weißweine würden in mundgeblasenen langstieligen und dünnwandigen Gläsern besser schmecken, schlichtweg ab. Das sei ein Vorurteil.

«Auf uns, dass wir zusammen sind und alles gut wird!»

Erich Grüninger hob sein Glas, Katharina das ihre. Janina, die stur auf ihrem Cannstatter Sprudel beharrte, sagte: «Hoffen dürfen wir auf jeden Fall. Und jetzt will ich euch weinen sehen!»

Der erste Schluck. Eine Trockenbeerenauslese Jahrgang 2007. Katharina hatte das Gefühl, ihr Herz bleibe stehen, als der Wein über den Glasrand floss und Lippen und Zunge kühlte. Und dann, es kam ihr selbst unfassbar vor, trat ihr schlagartig das Wasser in die Augen. Dieser Wein war herrlich. Er war, gemessen an den Weißweinen, die sie in Hamburg verköstigt hatte, wie eine Sinfonie im Vergleich zum einsamen Jaulen einer Blockflöte. Allein sein Bouquet! Katharina schloss die Augen, um das Aprikosenflair, das mit einer Karamell- und Honignote gewürzt war, besser genießen zu können. Dann diese unendlich feine, rassige Säure, der Hauch von Nuss und sogar ein wenig Sand! Diese zu Ende komponierte Frucht, die sich an Zunge und Gaumen schmiegte wie eine kühle Flamme um ein frisches Scheit Holz.

«Da braucht es kein Rieslingglas mehr», brachte gerührt Erich Grüninger hervor. «Diese Ruhe … kristallklar kommt sie daher, schwer wie die Tropfen eines Bergsees im Mondschein.»

«Sehr schön … wie mich das freut!» Janina schaute neidisch und sehnsüchtig zugleich auf die Flasche und schien kurz davor, ihre Abstinenz aufzugeben. Doch sie beherrschte sich: «Übrigens, damit ihr wisst, was eure Schwärmerei kostet: nicht mehr als zweiundzwanzig Euro vierzig.»

«Du und immer dein Geld!», rief Erich Grüninger empört. «Jetzt sei still.»

«Bin ich doch. Aber zwei Euro habt ihr bereits vertrunken. Immerhin zirka drei Mark neunzig.»

Belustigt musterte Katharina ihre Schwester, die ihr brünettes lockiges Haar mit einem gelben Seidenband zusammengebunden hatte. Janina, zwei Jahre älter als sie, gehörte zu den Frauen, die hübsch, aber unscheinbar waren und vielleicht gerade deswegen erfolgreich Geschäfte machten. Und so sagte sie, bevor sie ihr Glas erneut an die Lippen setzte: «‹Wenn nur ein Traum das Leben ist, warum dann Müh und Plag? Ich trinke, bis ich nicht mehr kann, den ganzen lieben Tag!› So heißt es bei Gustav Mahler in seinem ‹Lied von der Erde›. Womit ich meine: Respekt, Janne, wie viel wirft dein Lädle ab, dass du mit solchen Tropfen anscheinend auf Du und Du stehst?»

«Schön wär's.» Janina kippte sich den Rest der Flädlesuppe auf den Löffel. «Vorgestern brachte mir der Rainer Schlag einen Sechser-Karton. Mit der Bitte, die Flaschen so schnell wie möglich an die Kunden zu bringen, um hinterher ein Urteil von ihnen zu bekommen. Eure siebte Flasche war sozusagen der Lohn für diese Mühe.»

Damit war das Stichwort gefallen: Winzer Schlag und sein ominöser Unfall. Janina erzählte, dass sie vormittags Winzer Schlags Frau angerufen habe, um sich nach dessen Befinden zu erkundigen. Der Rainer stehe noch etwas unter Schock, hatte sie erfahren, habe aber außer einer leichten Gehirnerschütterung und einer Hüftprellung keine weiteren Verletzungen erlitten. Und: «Seine Amnesie hat auch nur drei Stunden gedauert.»

«Ja weiß man denn schon, wer's war?», fragte Katharina und schob die Gabel mit den Spätzle genüsslich in die Zwiebelsoße.

«Tja, jetzt wird's kriminell. Denn der Rainer behauptet steif und fest, sich wegen der Blendung auf Teufel komm raus nicht an den Wagentyp erinnern zu können. Allerdings sei es was Größeres gewesen, ein Audi, BMW, vielleicht auch Mercedes, bestimmt aber ein Sechszylinder. Aber den Fahrer, besser gesagt, die Fahrerin – die hat er sicher erkannt.»

«Und wer ist es?», fragte Erich Grüninger und schenkte sich großzügig nach.

«Die Frau vom Kellmann», sagte Janina und setzte reichlich gehässig nach: «Die bessere Hälfte von Winzer Harald Kellmann, auch Madame blond und blöd genannt.»

«Ja so? Dann wird doch vieles klar. Die Gute hatte ein paar Umdrehungen zu viel und dann die Nerven verloren.» Erich Grüninger schloss die Augen, als er sich einen neuen Schluck der Trockenbeerenauslese gönnte.

«Von wegen.» Janina teilte eine Maultasche mit der Gabel. «Die hat ein wasserdichtes Alibi. Um diese Zeit war sie nämlich in Bad Urach in der Rehaklinik. Eine Woche Wellness. Und einen BMW X6 fährt sie schon lange nicht.»

«Ich merk schon, ich bin zurück im Land der Betuchten.» Katharina seufzte. «Warum kann ich nicht auch mal so zwischendurch eine Woche Wellness machen?»

Janina blickte betreten zur Seite, Katharinas Vater jedoch

legte seine Hand auf die seiner Tochter und schaute ihr fest in die Augen: «Die kriegst du von mir, wenn Janne wieder allein im Lädle stehen kann. Versprochen.»

«Genau. Der Vater zahlt dir eine Woche, und ich dir die nächste», beeilte Janina sich zu sagen. «Hab ich eigentlich schon erzählt, dass der Kellmann und der Schlag sich nicht grade grün sind? Dabei machen beide hervorragende Weine. Der Schlag rote und weiße, Kellmann nur weiße. Freilich scheint der Rainer Schlag mit seiner Trockenbeerenauslese, die ihr gerade trinkt, dem Harald Kellmann jetzt Konkurrenz zu machen. Wer weiß, vielleicht saß er am Steuer? Allerdings trägt er im Gegensatz zu seiner Frau Vollglatze.»

3

Morgens um neun ist die Welt noch in Ordnung. Zumindest galt dies für all jene Untertürkheimer oder Bad Cannstatter Ladenbesitzer, die beruhigt sein konnten, dass über Nacht bei ihnen nicht eingebrochen worden war. Anders gesagt: Wenn morgens um neun in der autofreien Altstadt von Bad Cannstatt nicht mehr als zwei Menschen vor den Auslagen und Türen der Geschäfte warteten, standen die Chancen gut, dass die Ladenbesitzer abends das Übliche resümierten. Dass der Umsatz schlechter, vielleicht aber doch auch einmal ein wenig besser hätte sein können … überhaupt werde die ganze Schafferei immer anstrengender … und irgendwie sähe man alles bald nicht mehr ein …

Auch Janinas Schwabenlädle hatte in der Bad Cannstatter Altstadt seinen Platz gefunden. Ein uriges Geschäft, hinter dessen Schaufenster museales Kochgerät, Weinflaschen mit barocken Etiketten und ein handgeschriebenes Pergament mit dem Rezept eines badischen Sauerbratens um Aufmerksamkeit warben. Eine Landjägergirlande und braunschwarze Korken mit Siegellackresten waren ebenfalls zu entdecken, und alles wurde von württembergischen Panoramafotos umrahmt.

«Aber um neun in der Früh lässt das natürlich alle kalt», erklärte Janina ihrer Schwester, als sie in die Fußgängerpassage einbogen. «So ab elf geht's dann los. Von zwei bis drei ist dann wieder mau, von vier bis sechs aber kann es richtig voll werden.»

«Weil einem dann der Magen knurrt und der Mensch sich was Gutes tun will?»

«Genau. Natürlich soll es dann auch immer schnell gehen. Wenn mehr als ein Kunde wartet, ist es gut, jeden Hinzukommenden sofort anzusprechen und um Geduld zu bitten.»

«Und dann bleiben sie?»

«Bis jetzt immer.»

Janina reckte den Kopf und beschleunigte ihre Schritte. Denn offensichtlich war heute bereits um halb neun viel los. Zumindest vor dem Schwabenlädle. Dort hatte sich nämlich eine Menschentraube versammelt, von denen allerdings niemand die Schaufensterauslagen bewunderte.

«Vielleicht ist einer umgekippt», meinte Katharina. «Oder es gibt ein Fest im Haus. Du hast doch gesagt, es gäbe da einen neuen Hausbesitzer. Lerne ich den eigentlich auch noch kennen?»

«Jajaja, Herrgott, was ist da los?!»

Ein beleibter Mann mit Bäckerschürze kam ihnen entgegengeeilt, hinter ihm winkte eine Frau in einem blendend weißen Verkaufskittel. «Unglaublich, praktisch nichts passiert!», rief der Mann mit der Schürze.

Katharina wehte ein Duft von frischem Brot und Süßgebäck in die Nase, was ihr sofort wieder das Wasser im Mund zusammenlaufen ließ. Allmählich wird es lächerlich, dachte sie. Wenn es so weitergeht, bin ich Janinas und mein eigener bester Kunde.

Niemand war umgekippt. Auch die Schaufensterscheibe war

weder beschmiert noch eingeschlagen, trotzdem traute Janina ihren Augen nicht: Die Tür ihres Schwabenlädles stand halb offen, Schloss, Tür und Zarge aber waren unbeschädigt.

«Polizei kommt gleich», sagte jemand.

Katharina drehte sich um. Zwei gereifte Damen in weißen Dreiviertelhosen, eine runde Kopftuchfrau und ein Rentner mit Einkaufsnetz und Schiebermütze bauten sich mit dem Bäcker hinter ihr und Janina auf und schienen sie förmlich ins Lädle hineinschieben zu wollen. Es stimmte: Nichts war passiert. Nirgendwo schien etwas beschädigt zu sein, nicht eine einzige Flasche vom Göppinger Streuobst-Apfelsaft war zu Bruch gegangen. Selbst das Weinlager sei vollständig, hörte Katharina ihre Schwester aus dem Keller rufen. Ratlos kam Janina die Kellertreppe wieder nach oben und inspizierte erneut das Schloss. Als ein Polizist das Lädle betrat, verzogen sich die Neugierigen. Nur der Bäcker blieb, er gab an, die offene Tür entdeckt zu haben, weil ein vorwitziger Hund an langer Leine seinen Kopf durch den Spalt gesteckt habe.

«Da bin ich mit so einem merkwürdigen Gefühl rüber. Und hab natürlich gleich registriert, dass die Frau Grüninger noch gar nicht im Geschäft war.»

«Wer macht so was?», fragte Katharina fassungslos.

«Dumme sind's nicht», antwortete der Polizist. «Es beginnt damit, dass irgendwann irgendwer ein Foto von Tür und Schloss macht. Anhand des Beschlags und anderer Details kann ein Profi den Sicherheitsstandard der Tür einschätzen. Vor allem bei älteren Schlössern lässt sich durch etwas Herumprobieren dann der Schließzylinder knacken. Derartige Herrschaften haben in ihren Werkstätten nämlich Hunderte von Schlüsseln.»

«Meine Schwester war also sicherheitstechnisch nicht auf dem neuesten Stand?»

«Könnte man so sagen. Aber das sind die wenigsten. Und hier, bei diesen alten Häusern, diesen geradezu klassischen Ladentüren … gut, was soll's. Alles kostet. Also auch im Keller fehlt nichts, Frau Grüninger?»

«Nein», schnaufte Janina und strich sich über den Bauch.

«Das ist jetzt schon seltsam. Und es ist absolut sicher, dass Sie nicht vergessen haben, zuzuschließen?»

«Himmel, ja!»

«Also – wir können es nur aufnehmen. Mehr nicht.»

«Kam hier so etwas denn schon einmal vor?», wollte Katharina wissen.

Der Polizist sah auf Janinas hohen Leib, zögerte mit der Antwort. Seine Blicke glitten über die Theke, die noch leer war. In wenigen Minuten würden Maultaschen, Bubenspitzle, saure Kutteln und andere schwäbische Spezialitäten geliefert werden. Im Keller, wusste Katharina, hingen Landjäger und andere Wurstspezialitäten, dort lagerten auch vakuumverpackte Leberklöße oder vorbestelltes Wild. Ob echtes Filderkraut oder Salatkartoffeln, ob Trockenspätzle, Linsen oder Sekt aus der Champagner-Bratbirne: Janina nahm ihre Geschäftsidee ernst und bemühte sich nach Kräften, das Schwabenlädle bekannt zu machen.

«Sie wirken, als gebe es doch gewisse Verdachtsmomente», bohrte Katharina nach. «Wollen Sie die vielleicht aus Rücksicht auf den Zustand meiner Schwester nicht preisgeben?»

«Sie soll sich bloß nicht für Nichts aufregen», antwortete der Polizist und rang sich ein Lächeln ab. «Schließlich ist alles zu fünfundneunzig Prozent Spekulation. Von unseren Kollegen weiß ich allerdings, dass vor gut einem Jahr ein ähnlicher Einbruch in der Lebensmittelbranche zu verzeichnen war. Aber nicht in ein Geschäft, sondern in einen Weinkeller. Am Rotenberg.»

Katharina lachte kurz auf, dann sagte sie aus einer Laune heraus: «Natürlich am Rotenberg! Weil man sich dort besser an den Wein hält als an die Toten der Grabkapelle. Sie wollen uns jetzt aber nicht erzählen, dass es der Keller vom Schlaghof war, oder? Winzer Rainer Schlag? Denn der Mann hat Ahnung. Seine

Trockenbeerenauslese … ich kann mir vorstellen, dass manche dafür morden.»

Befremdet schaute der Polizist Katharina an. Dann musterte er sie eingehend.

Katharina spürte, wie ihr Herz schneller schlug. Eine innere Stimme sagte ihr, dass sie gerade die richtige Antwort gegeben hatte. Janina dagegen schien so weit nicht denken zu wollen. Aber auch sie war neugierig auf die Antwort des Polizisten.

Und dessen Miene sprach Bände: «Jetzt, wo der Name fällt … ja, ich erinnere mich. Winzer Rainer Schlag. Wieso?»

«Weil der Rainer behauptet, am Freitagabend von der Frau seines Winzerkollegen Kellmann angefahren worden zu sein!», rief Janina und ballte hilflos die Fäuste. Besorgt schaute Katharina auf ihre plötzlich blass gewordene Schwester. Janina schwankte und musste sich bei Katharina abstützen. «Es geht schon», sagte sie leise und ließ sich von Katharina und dem Polizisten in ihr kleines Büro führen. Katharina mixte ihr eine Apfelschorle und fand auch noch einen Rest Schokolade.

«Soll das alles wirklich Zufall sein?», fragte Janina schließlich. «Ich komm mir schon vor, als wäre ich in einem Film.»

«Was alles soll Zufall sein?», fragte der Polizist.

«Der Rainer Schlag hat mich Freitag früh hier aufgesucht, um mir seine Trockenbeerenauslese zu empfehlen. Und in meinem Keller lagern, von ein paar Roten mal abgesehen, gerade nur Weißweine vom Rainer und von Harald Kellmann.»

«Das ist jetzt interessant.» Man konnte dem Polizisten förmlich beim Nachdenken zusehen. «Ehrlich gesagt: verdammt interessant. Und da behaupte ich jetzt mal: Da stinkt etwas. Und zwar gewaltig.»

In der Tat … und auch wenn es gegen Mittag nicht direkt stank, streng riechen tat es: und zwar nach Apfelmost. Aus unerfindlichen Gründen leckte der Hahn des Mostfasses. Aufgebockt und repräsentativ stand es halbvoll in einer Ecke des Schwabenlädles. Sein Inhalt mit der unverwechselbar würzig-duftigen Säure tropfte unbeirrt in einen großen blauen Krug, den Katharina alle halbe Stunde in diverse Flaschen umfüllte.

Jeder Kunde musste natürlich einen Kommentar zu diesem sehr «intensiven Gschmäckle» abgeben. Wobei es den meisten einfiel, sich viel zu lange der Verkostung dieser süffigen Delikatesse enthalten zu haben. Janina, die zusätzlich den Preis gesenkt hatte, wurde die befüllten Flaschen rasch los, und weil kaum etwas einem dermaßen das Wasser im Mund zusammenlaufen lässt wie verdunstender Most, machte sie auch sonst ein gutes Geschäft.

«Du bringst mir Glück», sagte sie, an ihre Schwester gewandt, die im Büro mit einem Stück Butterbrezel die letzten Reste der Essig-Öl-Tunke von ihrem Schwäbischen Wurstsalat aufstippte.

«Ja, und ihr hier macht mich fett», antwortete Katharina. «Wenn das so weitergeht, werde ich zu einem Germanisten-Spätzle auf zwei Beinen. Aber sag mal, könnte es wirklich sein, dass es da einen Zusammenhang gibt? So nach der Art: Der Kellmann ist derart sauer auf den Schlag, dass der auch ins Weißweingeschäft drängt, also fährt er ihn erst über den Haufen und bricht dann hier ein, um seine Weine, sagen wir mal, zu vergiften?»

«Klingt total kindisch.»

«Find ich auch.»

«Aber oft ist es genau so ein Scheiß, der hinter allem steckt.»

«So ein Wort sollte in einem Delikatessenladen verboten sein.»

«Da hast du recht.»

Die Schwestern lächelten sich an. Für einen Moment waren sie sich so nah wie seit Jahren nicht mehr. Katharina legte eine Hand auf den Bauch ihrer Schwester und streichelte ihn sanft. Janina hielt ihre Hand fest, drückte sie. «Ich hab Angst, Kathi, weißt du das? Richtig Angst. Vor der Geburt und der Zukunft.»

«Stimmt etwas nicht zwischen dir und Paul?»

«Wir lieben uns. Aber er ist so oft im Ausland. Ständig diese Flüge nach China und Indien … Was ist, wenn ihm da mal was passiert? Schon jetzt weiß ich, dass er bei der Geburt nicht dabei sein wird.»

«Das ist der Fluch des besseren Jobs.»

«Nein, das ist der Fluch eines Innovationsleiters in der mittelständischen chemischen Industrie. Und du weißt es ja wohl am besten: Ein Mann bleibt ein Mann. Weiß ich, was da unterwegs alles abläuft?»

«Ich versteh dich. Aber Paul ist dir treu. Dafür leg ich meine Hand ins Feuer. Ich glaube sowieso, dass wir Frauen viel zu sehr dem Irrglauben unterliegen, unsere Männer würden immerzu schauen, wo sie ihre Triebe loswerden.»

«Das sagst du?»

«Unsere Beziehung war schon länger am Boden. Ich hab seit einem guten halben Jahr keinen Sex mehr mit Dieter gehabt. Wir haben schweigsam nebeneinanderher gelebt. Ich glaube, was er getan hat, war so eine Art Notschrei: Mit einem harten Schnitt zu Ende bringen, was zu Ende war.»

«Trotzdem hätte er es nicht so machen müssen: Du kommst nach Haus, hörst als Erstes die Dusche laufen und kommst in ein Schlafzimmer mit zerwühltem Bett. Darauf dein nackter Noch-Partner mit einem schreiend roten String auf seinem Teil. Dass du überhaupt die Kraft hattest, noch Koffer zu packen … Unglaublich.»

Laut aufseufzend schaute Katharina an ihrer Schwester vorbei auf das Panoramabild eines tibetischen Klosters. Bislang hatte sie die Erinnerung nicht eingeholt, jetzt aber stand ihr plötzlich deutlich vor Augen, was sie hatte aushalten müssen. Sie hatte versucht, sich nichts anmerken zu lassen, hatte die Situation überspielt. Bist du eben schneller gewesen, hatte sie bissig gesagt. Warst du eh immer. Danach fiel kein weiteres Wort mehr. Er hatte geschwiegen, und sie hatte die Schranktüren aufgerissen und in Rekordzeit gepackt. Als sie ging, stand die andere immer noch unter der Dusche.

Ob sie überhaupt etwas mitbekommen hat?, fragte sie sich. Bestimmt. Aber eigentlich war es völlig egal. In Wahrheit bist du nur sauer, dass er den Schlussstrich gezogen hat.

Und vielleicht ja auch, dass er schon längere Zeit etwas Neues hatte.

«Lass uns nicht mehr darüber sprechen», sagte sie nach der eingetretenen Pause. «Halten wir es mit Heinrich Heine: ‹Die alten bösen Lieder, die Träume schlimm und arg, die lasst uns jetzt begraben, holt einen großen Sarg.›»

«Sarg?»

«Nein, so nicht. Heine meint: Alles Leid, was man hat, soll man einsargen und den Sarg an der tiefsten Stelle im Meer versenken.»

«Sehr psychologisch.»

«Wie alle gute Literatur.»

4

Nach einer Woche im Schwabenlädle hatte Katharina heraus, wie der Hase lief. Und wenn sie mal nicht weiterwusste, konnte sie immer noch ihre Schwester fragen, die sich im Büro auf einer Klappliege und mit einem Haufen Schwangerschaftsbücher auf ihren großen Tag vorbereitete. Sei einfach freundlich, war Janinas Credo. «Und wenn mal nicht alles gleich zack, zack geht, entschuldige dich damit, dass du neu bist.»

«Solange deine Lieferanten so berechenbar bleiben wie das Vögelchen in der Kuckucksuhr …»

«… Jaja, schon, aber noch wichtiger ist, dass sie die Qualität halten. Daran hängt alles.»

Den Tag darauf, am Freitag, hielt sie zum ersten Mal allein im Schwabenlädle die Stellung. Stirnrunzelnd rührte sie einen mit hellen Streifen durchsetzten schwarzbraunen Mischmasch um, den sie aus einem Plastikeimer in die Edelstahlwanne umgekippt hatte. Ein Lorbeerblatt und zwei Wacholderbeeren kamen zum Vorschein, der würzig-bittere Essigduft hatte freilich etwas für sich.

Gut, das also ist 1-a-Qualität. Aber wenn das hier die beste Qualität ist, wie um Gottes willen sieht dann die nur mittelgute aus?, fragte sie sich. Vor allem: Wer kauft heute noch so was? Museumsschwaben? Oder sind Saure Kutteln wieder «in», sozusagen als schwäbisch-kulinarisches Reenactment?

Sie tunkte die Spitze des kleinen Fingers in die Soße und probierte: annehmbar! Mit grünem Salat und Röstkartoffeln vielleicht sogar … richtig delikat.

Im selben Moment betrat das Klischeebild eines Geschäftsmanns mit Dreitagebart und Laptoptasche über der Schulter das Lädle. Katharina schoss das Blut in den Kopf. Hoffentlich hat er nichts mitgekriegt! Aber der Kunde verzog keine Miene. Eine gute Flasche Wein wolle er, bitte schön: «Zum Verschenken. Nicht teurer als fünfzig Euro.»

«Also bestimmt ein Rotwein? Ja?» Der Kunde nickte. Katharina spürte, wie sie sich verkrampfte. Abgesehen davon, dass bislang immer Janina Weinauskünfte gegeben hatte, passte ihr nicht, wie sich dieser Mann trotz des bedeckten Himmels hinter einer dunklen Sonnenbrille versteckte. «In dieser Preisklasse haben wir zurzeit leider nur zwei Angebote», fuhr sie, so ruhig sie konnte, fort. «Einen Remstaler Syrah von 2005 für 38,50 Euro oder einen Bönnigheimer Lemberger für 49,95 Euro, Jahrgang 2006.»

«Welchen würden Sie verschenken?»

Katharina fuhr sich durchs Haar, um Zeit zu gewinnen. Durch die Sonnenbrille hindurch spürte sie den stechenden Blick des Mannes. Er schien sich mehr für sie zu interessieren als für den Wein. Ob Remstaler oder Bönnigheimer, ist ihm völlig egal, dachte sie. Schwätz ich ihm eben den teuren auf.

«Der Lemberger … also das ist schon ein sehr französischer Wein. Kräftig und voll, für einen deutschen Rotwein geradezu opulent. Auf der Zunge Aromen nach schwarzen Johannisbeeren und Kirschen, im Bouquet auch Schokolade, Pfeffer und gewaschene Steine. Ich kann es aber auch anders sagen: Einen besseren Wein finden Sie nirgends.»

«Wenn Sie es sagen.» Der Mund des Mannes verzog sich zu einem Lächeln. Katharina schloss den Weinschrank auf und steckte die Flasche in die hauseigene Geschenktüte.

«Aber Sie haben mehr als eine Flasche davon, oder?»

So beiläufig die Frage kam … irgendetwas klang dabei falsch, dachte Katharina. Wenn er jetzt fragt, ob ich ihm vielleicht mal den Weinkeller zeigen würde …

«Mehr als eine», erwiderte sie sibyllinisch und nahm den Fünfziger entgegen. «Aber palettenweise auch nicht unbedingt.»

«Wie viele Spitzengewächse haben Sie denn?»

«Wenn es hochkommt, vielleicht ein Dutzend.»

«Na also.»

Es waren die ersten Worte, die schwäbisch klangen. Das Lächeln des Mannes war auf einmal weich, seine Ausstrahlung schien wie verwandelt. Trotzdem beschimpfte Katharina sich im Stillen für ihre vorschnelle Antwort als blöde Kuh. Doof wie eine vom Dorf, ärgerte sie sich. Janina würde jetzt bestimmt sagen: Die Studierten fallen am schnellsten auf einfache Fragen rein. Deshalb leben sie ja auch im Elfenbeinturm.

Doch ihr Ärger verblasste, denn es ging auf fünf Uhr zu. Plötzlich war das Lädle sehr gut besucht, und sie hatte alle Hände voll zu tun. Der Korb mit den frischen Brezeln und Laugenwecken leerte sich, Wurstsalat und Weinberg-Käse, Maultaschen und Ochsenfleisch in der Brühe waren die Renner. Als es auf halb sieben zuging, war die Kasse gut gefüllt und Katharina hungrig wie ein Wolf.

«Ja, das stimmt schon», gestand sie einer Kundin, von der sie mit Frau Grüninger angesprochen worden war und die ihr Grüße von ihrem Vater bestellt hatte. «Ich tu's gern. Gestern ertappte ich mich dabei, wie ich den Schwarzwälder Schinken mit derselben Leidenschaft aufschneide, als würde ich im Lesesaal der Universitätsbibliothek ein Buch aus der Fernleihe aufschlagen.»

Die Kundin, eine elegant gekleidete Dame, lachte. Sie trug einen goldenen Seidenschal zu einem bordeauxroten Kostüm und wirkte, als komme sie gerade von einer Wellness-Kur. Nichtsdestotrotz ließ sie sich drei große Kellen der Sauren Kutteln in brauner Soße abfüllen. «Jaja, immer gibt es zwei Seiten von allem», antwortete sie und zückte ihren mit ägyptischen Hieroglyphen verzierten Geldbeutel. «Man könnt grad meinen, Frau Grüninger, Saure Kutteln zu verkaufen ist Ihnen lieber, als in Hamburg den Seglern auf der Außenalster zuzugucken.»

«Sie kennen Hamburg?»

«Ja, und wie! Und noch viel mehr. Aber jetzt Ade. Der Mann hat schließlich Hunger. Und Saure Kutteln sind sein Leibgericht.»

«Und Ihres?»

«Kutteln bestimmt nicht. Aber Labskaus ebenso wenig. Vielleicht Birnen, Bohnen und Speck?»

«Und welcher Wein passt dazu?»

«Wein? Kalter Pfefferminztee!»

Der Lohn des Tages waren ein Rostbraten mit viel Zwiebeln, ein gnadenlos heruntergekühlter Württemberger Riesling und ein Telefonanruf ihres Ex: «Da ist ein Brief von der Uni München …»

«Ja, hast du ihn noch nicht aufgemacht?»

«Ich kann doch nicht einfach deine Post …»

«Dann tu jetzt einmal was Vernünftiges. Mach ihn auf!»

Katharina bebte vor Neugier … und schrie auf vor Freude, als sie erfuhr, dass sie Anfang Oktober an der Fakultät für Sprach- und Literaturwissenschaften ein Vorstellungsgespräch hatte. Vor rund sechs Wochen hatte sie sich dort auf die Stelle einer wissenschaftlichen Mitarbeiterin beworben. Gab es für sie etwa doch eine Zukunft als Germanistin?

Sie fiel Janina um den Hals. Ihre Müdigkeit war wie fortgeblasen. Nichts hielt sie jetzt mehr am Tisch, sie musste sich bewegen, wollte laufen, wollte hinaus.

«Komm, dann fahren wir halt rauf.»

«Gute Idee.»

Kaum dass sie losgefahren waren, sagte Janina: «Kathi, jetzt siehst du das erste Mal wieder gut aus. Geradezu erholt. Deine Aura ist wieder positiv. Als du angekommen bist, war sie fleckig.»

«Ach, das siehst du alles?»

«So ungefähr.»

Lächelnd nickte Katharina. Der Freitag war schon immer ihr Tag gewesen. Soweit sie sich erinnerte, waren die positiven Dinge des Lebens immer auf einen Freitag gefallen, alles Schlechte hingegen auf einen Mittwoch.

Halt, nein, das ist falsch, überlegte sie. Denk an letzte Woche. Was war da das Positive? Der Besuch auf dem Weindorf? Der Entschluss, Janina zu helfen?

Sie parkte das Auto unter einem Baum, stieg aus und öffnete ihrer Schwester die Beifahrertür. Hier oben, auf dem über vierhundert Meter hohen Württemberg, an der Grabkapelle der württembergischen Könige, wehte meist ein wenig Wind, zumindest war es nie so schwül wie in den Straßen Untertürkheims.

Katharina hakte ihre Schwester unter und schlenderte mit ihr um die Kapelle. Von hier hatte man einen herrlichen Blick auf das Neckartal, auf das idyllische Uhlbach und natürlich auf die Weinhänge und Wirtschaftswege. Die Grabkapelle selbst wollten sie ein anderes Mal besuchen, im Übrigen hatte sie bereits geschlossen.

Katharina steckte die Nase in den Wind und ließ sich das Gesicht kühlen, als Janina zu deklamieren begann: «Und auf des Abendwindes Flügeln, ziehen Wolken hell im Sonnenschein, des Wandrers Blick emporgehoben, vom grünen Tal ins Himmelblau, sieht auf dem Bergesgipfel droben, der runden Kirche lichten Bau.»

«Bravo!» Katharina applaudierte. «Von wem?»

«Das weißt du nicht mehr? Denk mal an unsere Volksschulzeit.»

«Da ist nur Leere …»

«Himmel, Kathi! Das ist doch aus dem Gedicht dieses Russen, der hier Anfang des 19. Jahrhunderts den Württemberg besungen hat. Ich konnte es mal auswendig.»

«Stimmt. Du hast es bei einem Schulfest vorgetragen. Es gibt sogar ein Foto davon.»

«Mir scheint, die Arbeit im Lädle hobelt etwas am Geist der Germanistin, stimmt's?»

«Vielleicht. Freut's dich?»

«Ach, Kathi …»

Janina setzte sich auf die oberste Stufe des ersten Treppenabsatzes vor der Grabkapelle, während Katharinas Blick auf der

Inschrift des Haupteingangs ruhte: ‹Die Liebe höret nimmer auf.› Sie erinnerte sich noch, dass König Wilhelm von Württemberg die Kapelle für seine 1819 verstorbene Gemahlin und Cousine Catharina Paulowna hatte erbauen lassen. Sie war eine Zarentochter, engagierte sich wohltätig, starb aber bereits mit einunddreißig Jahren.

Die Liebe …, sinnierte sie. Bei mir hat sie aufgehört. Sie ruht nicht mal mehr.

Beim Knattern eines langsamer werdenden Traktors drehte sie sich um. Janina winkte einem Winzer zu und erhob sich.

«Komm, Kathi. Das ist der Rainer!» Winzer Rainer Schlag stellte den Motor aus und kletterte aus dem Führerhaus. «Bist du wieder fit, oder haben deine Reben zu laut nach dir gerufen?»

«Wie bitte?»

«Bist du wieder fit?», rief Janina noch einmal.

«Ach so, jaja. Ich hab's Auto von dir gesehen … und halt kombiniert.» Rainer Schlag reichte Janina die Hand und begrüßte dann Katharina. Er war ein sehniger Typ, mit lockig verschwitztem Haar und eisblauen Augen. Er trug grüne Gummistiefel, Jeans und ein kariertes Hemd. Wie alt er war, konnte Katharina schwer schätzen, dass Rainer Schlag aber eher ein nervöser Typ war, wie Janina ihn kürzlich charakterisiert hatte, das spürte sie sofort. Allein schon seine Stimme! Sie war so laut, als spreche er mit einem Kopfhörer auf den Ohren.

«Ich hoff, Sie halten durch im Lädle, Frau Grüninger», sagte er schnell und noch etwas lauter zu ihr: «Von mir gibt's dann auf alle Fälle eine Belohnungskiste. Das kannst du, Janina, dann gleich dem Harald stecken. Der soll sich anschließen.»

«Langsam, Rainer.»

«Nix. Gleich auf den Tisch damit.»

Rainer Schlag wandte sich wieder Katharina zu und erklärte kurz, dass Janina seine und Harald Kellmanns Weine zwar gleichermaßen anpreise, was gut sei, er und der Harald lägen aber schon länger über Kreuz.

«Aber er war es nicht, der Sie angefahren hat, nicht wahr?», fragte Katharina.

«Bitte? Ach so, nein, das traut der sich nicht. Ich geb zu, im Schock hab ich da wohl etwas gesponnen, als ich das Kellmanns Frau in die Schuh geschoben hab. Aber der Mensch am Steuer sah halt genauso aus.»

Rainer Schlag schaute sich hastig um, als befürchte er, irgendwo in den Reben lege gerade ein Heckenschütze auf ihn an.

«Von dem Einbruch in Jannes Lädle haben Sie gehört?»

«Einbruch? Nein!»

Katharina zuckte zusammen, dermaßen heftig war Rainer Schlags Reaktion. Gleichzeitig hatte er die Augen aufgerissen und starrte jetzt Janina ungläubig mit offenem Mund an. Die aber legte ihre Hand auf seinen Arm und sagte ruhig: «Alles im grünen Bereich. Nichts passiert, nichts gestohlen, noch nicht einmal Vandalismus.»

«Ach so. Also war es so ähnlich wie der Einbruch in meinen Keller, letztes Jahr im Mai. Da haben sie ein paar Weine mitgehen lassen, von jeder Sorte genau eine Flasche.»

«Vielleicht war's nur ein rabiater Connaisseur Ihrer Weine, Herr Schlag?»

Endlich verlor sich der Ernst in Rainer Schlags Gesicht. Er lächelte Katharina an, nickte und seufzte erleichtert. «So hab ich es immer gehofft. Wenn Sie das jetzt auch sagen … dann muss es stimmen.»

«Bestimmt, Rainer. Und du schaffst und schaffst … Wird es ein guter Jahrgang?» Janina winkte ihrer Schwester und griff in den Anhänger, der voller Weinlaub und Ranken war. Sie zog eine Ranke mit einer Traube kirschgroßer blassblauer Beeren heraus. «Was für eine Verschwendung», rief sie und hielt die Traube in die Luft. «Daraus hätte ein halber Liter werden können!»

«Bitte?»

«Ich hab gesagt, das hätte einen halben Liter …»

«Ja, schon. Aber ich mach halt Wein und keinen Traubenauszug.»

Rainer Schlag suchte im Laub seines Anhängers und präsentierte Katharina noch eine andere Traube. «Sie wissen natürlich, dass wir hier in der Region nur überleben, weil wir strikt auf Qualität setzen.»

«Das habe ich bereits geschmeckt», antwortete Katharina bestimmt und dachte an den vergangenen Sonntag. «Und Sie scheinen es mit der Qualität wirklich ernst zu meinen. Mein Vater bekam Tränen in die Augen, und ehrlich: Für mich war Ihre Trockenbeerenauslese bislang der beste Wein meines Lebens.»

«Meinen Sie das echt?»

«Ganz ehrlich.»

«Frau Grüninger, das Kompliment einer attraktiven Frau ist mir so viel wert wie zweiundneunzig Punkte im Gault Millau.»

«Schmeichler!» Lachend warf Janina Rainer Schlag eine Traube zu, die dieser noch im Flug auffing. Katharina sah in das entspannte glückliche Gesicht ihrer Schwester, registrierte aber auch, wie Rainer Schlags Augen aufleuchteten.

Aha, gab es da Heimlichkeiten?

«Also, das ist so», begann Rainer Schlag zu dozieren. «Wir stehen jetzt am Ende der Laubarbeiten. Und die sind wichtig wie nur sonst was. Die Traubenzone muss nämlich für eine perfekte Besonnung teilentblättert werden. Weil, die Sonne, die bringt die Energie, und jedes Kind weiß: Nix wächst ohne Sonne. Und im Weinbau ist die Sonne essenziell für die Fotosynthese und zur Ausbildung von Fruchtaromen und Farbstoffen. Vor allem aber: Licht härtet das Pflanzengewebe gegen Angriffe von Pilzinfektionen ab.»

«Was bei Rainer Schlag heißt: Chemie gibt's bei ihm nur im Buch, aber nicht im Weinberg …»

«So könnt man sagen. Aber ich muss jetzt heim. Hab einen Bärenhunger. Hoffentlich gibt's was Gutes.»

Rainer Schlag kletterte auf den Trecker, startete den Motor. Janina lächelte, aber es war, wie Katharina feststellte, ein wehmütiges Lächeln. Kurz bevor er die Kurve durchfahren hatte, hob Rainer Schlag noch einmal den Arm und winkte.

Janina seufzte.

«Sag nicht, dass es wahr ist …»

«Doch. Aber da ist nichts Körperliches.»

«So?»

«Kannst du dir wohl gar nicht vorstellen, wie?», blaffte Janina los.

«Nein», sagte Katharina ungerührt und umarmte ihre Schwester, die plötzlich leise losschluchzte.

5

An einem Dienstag Anfang August bekam Katharina Besuch. Sie war gerade damit beschäftigt, neue Spätzlepackungen ins Regal zu legen, da riss ein hoch aufgeschossener kahlköpfiger Mittvierziger die Tür des Schwabenlädles auf. Er wurde von einem Polizisten begleitet, den Katharina sofort als den Beamten erkannte, der vor rund drei Wochen den Einbruch aufgenommen hatte.

«Das ist sie, gell?», rief der Kahlköpfige, «die, die jetzt die Janina vertritt?»

«Langsam, Herr Kellmann», sagte der Polizist. «Und bitte nicht diesen Ton. Die Frau Grüninger hat absolut gar nichts damit zu tun.»

«Womit eigentlich?», fragte Katharina. «Überhaupt wäre es nett, wenn sich der mir unbekannte Herr vorstellen würde.»

«Das können Sie haben, Frau Grüninger. Harald Kellmann. Und damit Sie gleich wissen, was los ist: Bei mir wurde eingebrochen. Aber nicht in meinem Weinkeller, sondern in dem Hauskeller. Und wie in Ihrem Laden hat nichts gefehlt.»

«Ja und?»

«Das fragen Sie? Kapieren Sie nicht, dass dies der Anfang einer Serie sein könnte?»

«Werter Herr Kellmann, selbst wenn unser geschätzter Ethnologe Bohemus Aubanus im 16. Jahrhundert das Vorurteil begründete, dass die Schwaben ein bisschen brauchen, bis sie kapieren … und ich noch nicht den Grad offiziell anerkannter landsmännischer G'scheitheit erreicht habe, was bekanntlich erst ab vierzig möglich ist, begreife ich durchaus, dass Sie Parallelen bei den Einbrüchen sehen. Hier im Laden, bei sich zu Hause und bei Herrn Schlag.»

Katharina zählte die Sekunden, die Harald Kellmann und der Polizist brauchten, um sich zu fassen: eins, zwei, drei, vier … Dann vernahm sie als Erstes ein zaghaft ächzendes «Jetzt» … Aber es kam nicht aus dem Mund von Winzer Kellmann.

«Ja, also, erst einmal habe ich hier das Protokoll, Frau Grüninger. Zum Gegenlesen. Wenn Ihnen oder Ihrer Schwester noch etwas einfällt …»

«Sie sind tatsächlich die Studierte, die der Janina zur Seite gesprungen ist.» Harald Kellmann hatte noch immer die Augen aufgerissen, in seiner Stimme schwang aber jetzt Bewunderung mit. «Wissen Sie, ich bin ja nur gekommen, um Sie um Sensibilität zu bitten.»

«Sie meinen, ich sei nicht sensibel?»

«Nein, so nicht, Entschuldigung. Ich hab aber eben eine Theorie, die ich der Polizei schon mitgeteilt habe. Kurz und knapp: Hier schicken irgendwelche Kriminelle Kundschafter vor. Erst werden die Bestände gesichtet, später wird dann richtig zugeschlagen.»

«Der Herr Kellmann bittet Sie ganz einfach darum, die Augen offen zu halten», mischte sich der Polizist ins Gespräch. «Verdächtige Kunden, auffälliges Verhalten ...»

«Mit einem Wort: Sensibilität im Hinblick auf potenzielle Klaumichs entwickeln.»

Weil Winzer Kellmann und der Beamte tatsächlich synchron ja sagten, glaubte sich Katharina für eine halbe Sekunde ins Kabarett versetzt. Ihre Mundwinkel begannen zu zucken, aber zum Glück betrat eine Kundin in grauseidenem Kaftan und mit Kopftuch das Lädle. Die Anwesenheit des Polizisten störte sie nicht im Geringsten, stattdessen rief sie anklagend und in breitem Dialekt: «Ich brauch rote Zwiebel. Aber gleich drei Kilo.»

«Gerne.»

Katharina trat vor die Zwiebelschütte und suchte die besten Zwiebeln heraus.

«Bevor wir gehen, Frau Grüninger: Grüßen Sie Ihre Schwester. Und erzählen Sie ihr bitte, dass ich jetzt noch ein paar weitere Kollegen und Geschäfte, die unsere Weine führen, aufsuchen werde.»

«Mach ich.»

Aus den Augenwinkeln sah Katharina, wie Harald Kellmann für den Polizisten die Tür aufzog. Da sagte die Kundin: «Mit roten Zwiebeln hat er sich den g'wünscht. Zum Geburtstag.»

«Einen Zwiebelkuchen?»

«Genau. Wissen Sie, mein Bruder, der Yusuf, der behauptet, er tät's rausschmecken. Also kriegt er zwei Kuchen. Den einen mit weißen und den anderen mit roten Zwiebeln.»

«Da wird er sich bestimmt freuen.»

«Wehe nicht! Sonst kriegt er was auf die Mütze.»

Katharina gab das Wechselgeld heraus und erwiderte den Gruß. Sie war sich plötzlich nicht mehr sicher, ob sie den beiden nicht doch gleich von dem etwas seltsamen Kunden hätte erzählen sollen, der den Luxus-Lemberger gekauft hatte. Verglichen mit anderen Kunden, hatte er auf sie irgendwie seltsam gewirkt, nicht zuletzt wegen seiner Sonnenbrille.

Immerhin hat er gezahlt, überlegte sie. Und die Klientel, die Mr. Kellmann im Auge hat, die zahlt nicht. Vielmehr will selbige, dass man zahlt. Und zwar vermutlich die Flaschen, die beim nächsten Bruch fehlen. Oder?

Halt! Konstruierte sie da nicht gerade ein Motiv? Weder Harald Kellmann noch der Polizist hatten in diese Richtung gedacht. Was aber wäre, wenn sie recht hätte?

6

Mittwoch, ihr Unglückstag. Er begann vor der Haustür mit Starkregen, dann packte auf der Augsburger Straße eine Windbö so hart zu, dass sie sich plötzlich einer gleißenden Lichtwand gegenübersah. Gleichzeitig brandete wildes Hupen auf, und erst da begriff sie, dass sie auf die Gegenfahrbahn geraten war. Reflexartig riss sie das Lenkrad nach rechts, kam ins Schlingern, streifte einen Straßenpfosten und rettete sich und Janinas Peugeot auf eine wie zufällig von ihrem Schutzengel herbeigezauberte Parkplatzeinmündung.

Um ein Haar … Nur eine Sekunde später …

Sie stellte den Motor ab, ihr Herz raste. Ein erneuter Wolkenbruch brachte die Karosserie zum Dröhnen. Es war dunkel, als würde die Welt untergehen. Als sie das Fenster einen Spalt herunterkurbelte, roch sie nasses Gras, Teer und etwas, das sie an die Hinterlassenschaften von Hunden erinnerte.

Ich glaube, ich mache mir etwas vor, dachte sie. Mit einem Mal fühlte sie sich so einsam wie noch nie in ihrem Leben. All ihr Elan war verpufft, und plötzlich graute ihr davor, wieder ins Schwabenlädle zu müssen.

Gab es eigentlich noch irgendjemanden in der Welt, der sich für sie interessierte?

Ohne länger nachzudenken, wühlte sie ihr Handy aus der Tasche. Ich wollte doch Edith anrufen, fiel ihr ein. Soll sie mir eben von ihrem Spießerleben vorschwärmen …

«Edith?»

«Ja, das ist aber eine Überraschung. So früh?»

«Du, ich bin in Stuttgart. Ich helfe meiner Schwester aus … in ihrem Lädle.»

«Ja, prima! Bestimmt macht das mal den Kopf frei. Ich brauche auch dringend eine Auszeit. Diese Familienarbeit geht einem irgendwann doch auf die Nerven.»

«Fünfter Monat, nicht wahr?»

«Ja, und zum Glück ist bis jetzt alles in Ordnung. Und du?»

«Wie … äh … was?»

Edith lachte lauthals auf: «Na, Liebe, Lust und Leidenschaft …»

«Alles aus.»

Sie versuchte, so locker wie möglich zu klingen, was Edith nur noch heftiger lachen ließ. «Du, das ist das Leben. Sei froh, dass du so attraktiv bist. Bei dir müssen die Männer doch Schlange stehen.»

«Davon hab ich noch nichts bemerkt.»

Katharina schluckte ihren Ärger hinunter. Was war los mit ihrer Freundin? Wie konnte Edith nur dermaßen kaltschnäuzig sein?

«Aber du musst doch auch mal Sex haben!»

«Edith … herrje, hast du was geraucht?»

«Sorry. Das ist mir so rausgerutscht. Liegt an den Hormonen. Da bist du irgendwie nur Unterleib. Du, seit ich schwanger bin … das ist toll, sag ich dir. Da bist du drauf, wie … oh Gott, ich rede nur noch Stuss.»

«Na ja, dann mach's mal gut. Ich muss weiter. Ich stehe

auf einem Parkplatz, weil hier gerade die Welt unterzugehen drohte.»

«Dann tschüssi, Kathi. Meld dich, ja?»

«Ja, du mich auch», murmelte Katharina. Doch diesen letzten Satz konnte Edith schon nicht mehr hören, so schnell hatte Katharina das Gespräch weggedrückt.

Es hellte sich auf, das Unwetter zog ab. Katharina schaute an sich hinunter, wobei ihr Blick auf ihrem Schoß ruhen blieb. Sie trug eine gutsitzende Hüfthose mit lockerem weißen Gürtel, dazu Ballerinas.

Und was trägst du darunter?

Ein Set von La Perla. String und Push up. Aber für wen und was eigentlich?

Sie startete und fuhr langsam weiter, offensichtlich aber zu langsam für einige andere Verkehrsteilnehmer. Als im Rückspiegel ein schwarzer Geländewagen auftauchte, der so dicht auffuhr, als wolle er sie anschieben, überkam sie Panik.

Hupen.

Aufblenden.

«Dann überhol doch, du Blödmann!» Als hätte der Drängler darauf gewartet, scherte er hinter ihr aus. Doch statt zu überholen, hielt er sich direkt neben ihr. Katharina brach der Schweiß aus. Sie bremste, der Fahrer neben ihr ebenfalls. Sie bremste noch mehr, aber der Teufel neben ihr hielt wieder mit.

Und immer noch kein Gegenverkehr!

Da setzte ihr Herz für einen Moment aus: Der Geländewagen schien nach rechts zu ziehen.

Katharina schrie vor Angst. Er will mich rammen!

So … das war's dann.

Doch statt des erwarteten Stoßes hörte sie, wie der Motor des Geländewagens hochdrehte und im nächsten Moment an ihr vorbeizog. Aber es war noch nicht vorbei. Nur wenige Sekunden später bremste er zweimal hart vor ihr ab, bevor er erneut beschleunigte und in einer Gischtwolke verschwand.

Als Katharina auf Janinas Stellplatz im Parkhaus am Wilhelmsplatz die Tür des Peugeots aufstieß, bewegte sie sich wie in Trance. Es ist Mittwoch, Mittwoch, Mittwoch, hämmerte es in ihrem Kopf, für andere Gedanken war kein Platz.

Wenigstens hatte es aufgehört zu regnen. Statt des blaugrauen Wolkenteppichs bauschten sich jetzt weiße Wolken am Himmel, im Spiegel einer Pfütze sah sie, dass sich sogar wieder die Sonne hervorkämpfte. Niemand war in der Altstadt unterwegs, nur ein Taubenpaar kreuzte ihren Weg. Die Luft war dampfig, Katharina atmete trotzdem in tiefen Zügen und lauschte auf das Glucksen der Regenfallrohre. Die Bewegung tat gut, und als sie die Tür des Schwabenlädles aufschloss, hatte sie sich wieder einigermaßen gefasst.

Ihr erster Gang führte sie ins Büro. Sie fuhr den Computer hoch und schaute sich diverse Geländewagen an. Rainer Schlag, so erinnerte sie sich an die Worte des Verkehrspolizisten, war höchstwahrscheinlich von einem BMW X6 angefahren worden. Aber wie sah so ein BMW eigentlich aus?

«Könnte passen», sprach sie mit sich. «Wenn ich mir jetzt noch das Kennzeichen gemerkt hätte … Aber wenn es doch ein anderes Auto war?» Je mehr Geländewagen sie sich anschaute, umso unsicherer wurde sie. BMW, Mercedes, Porsche, Ford, VW – die Autos sahen alle ähnlich aus, vor allem in schwarzer Ausführung. «Nein, kein Porsche», entschied sie schließlich. «Ein BMW, Mercedes oder VW. Und wenn man mir jetzt die Pistole auf die Brust setzen würde, würde ich sagen, entweder ein BMW X6 oder ein VW Touareg. Aber das reicht nicht, um damit zur Polizei zu gehen. Die würde mich nur auslachen.»

Enttäuscht fuhr sie den Computer wieder herunter. Eine ganze Weile saß sie wie festgewachsen vor dem dunklen Monitor.

«Grüß Gott oder Hallo?» Katharina zuckte heftig zusammen.

Etliche Minuten hatte sie vergessen, dass sie ja ein schwäbisches Spezialitätengeschäft führte. Hastig eilte sie in den Verkaufsraum und sah sich einem sonnengebräunten und blondgescheitelten Mann in Khaki-Hosen und Wüsten-Hemd gegenüber. Seltsam erschien Katharina, dass er einfache Badeschuhe trug, befremdlich war, wie vorwurfsvoll er sie aus seinen großen braunen Augen anschaute. «Also noch einmal: Hallo oder Grüß Gott!»

«Entschuldigung, ich hab Sie gar nicht gehört.»

«Das liegt an den Latschen, macht nichts. Ich bin auch bloß Ihr Vermieter.»

«Der Herr Rücklin?»

«Dr. Rücklin, ja. Aber da Sie auch den Doktorgrad führen, dürfen Sie ab sofort Burghard sagen.»

«Freut mich.»

«Mich auch, Käthe.»

«Wie bitte?»

«Ganz einfach: Sie sagen Burghard, ich Käthe. Letzteres ist für mich gut schwäbisch, freilich würde ich mich da, absolut gesehen, nicht festlegen wollen. Schließlich bin ich kein Linguist. Sie sind ja immerhin Germanistin, wie Ihre Schwester mir verraten hat. Und, was ist Ihr Forschungsgebiet?»

Katharina schwankte zwischen Empörung und Faszination. Dieser Dr. Rücklin war nicht auf den Mund gefallen. Er redete Hochdeutsch mit stark schwäbischem Akzent, allerdings tendierte das Timbre eher in Richtung humorlos. Auf jeden Fall hatte seine Stimme etwas Stacheliges, was überhaupt nicht zu seinen sanften braunen Augen passte.

«Sie wollen jetzt nicht wirklich sagen, dass es Sie interessiert, über was ich arbeite …»

«Und wie! Schließlich befinden wir uns im Mutterland der Poesie. ‹Der Schiller und der Hegel, der Wieland und der Hauff, das ist bei uns die Regel, das regt uns gar nicht auf.› Denken Sie nur an die SSB.»

«SSB?»

«Die Stuttgarter Straßenbahnen, Dr. Käthe.»

«Ich glaub, die Dr. Käthe verliert jetzt bald die Geduld, Dr. Bubi.»

«Aha, Sie haben auch Haare auf den Zähnen!»

«Auch?»

«Aber ja. Schließlich strenge ich mich doch schon die ganze Zeit an. Vielleicht, weil Sie zurzeit die attraktivste Ladenhüterin in Bad Cannstatt sind. Aber um Sie noch ein wenig aufzuklären: Die SSB verfügt republikweit über die höchste Fahrtkultur des öffentlichen Nahverkehrs. In den Dachschrägen jedes Wagens gibt es großformatig Lyrik zu lesen, und die ist so gut wie immer vom Feinsten. Kostprobe gefällig? Natürlich international, zum Beispiel vom iranischen Dichter Schams Langrudi: *Sag nicht, dass Entfernungen befremden, meine Tochter. Ich sehe dich mit deinem bunten Schirm die Gasse betreten. Schnee fällt, setzt sich auf deine kleine Schulter und schmilzt in meinem Herzen.*»

«Stimmt, ich erinnere mich.»

«An das Gedicht?»

«Nein. Ich meine natürlich an die Fahrtkultur der SSB.»

«Prima. Noch eins? Natürlich. Von Theodor Storm. *Ein Blatt aus sommerlichen Tagen, ich nahm es so im Wandern mit, auf dass es einst mir möge sagen, wie laut die Nachtigall geschlagen, wie grün der Wald, den ich durchschritt.* Herrlich, nicht?»

«Ja, durchaus. Und Glückwunsch zu Ihrem Gedächtnis.» Katharina verlor zunehmend die Orientierung. Sie hoffte nur, dass sie Burghard Rücklin nicht anstarrte, als sei er das achte Weltwunder. Aber zum Glück erbarmte sich das Schicksal und schickte ihr die erste Kundin des Tages. Eine weißgelockte ältere Dame am Stock trat ein, die freilich nicht sie zuerst grüßte, sondern Burghard Rücklin.

«Ihnen auch einen guten Morgen, Frau Dürrschmied. Und Ihnen, Dr. Käthe, empfehle ich mich. Wenn was ist oder sie was benötigen, einfach klingeln. Zweiter Stock. Wobei ich natürlich hoffe, dass Sie meine Frage noch beantworten.»

«Ich glaub, die habe ich bereits vergessen ...»

«Bestimmt fällt sie Ihnen wieder ein. Machen Sie's gut. Adele.»

Burghard Rücklin neigte vor Frau Dürrschmied den Kopf und legte die Hand auf die Türklinke. Im selben Augenblick drehte er sich noch einmal um und sagte: «Ach, nur nebenbei: Richten Sie Ihrer Schwester doch bitte aus, dass wir ab Oktober noch einmal über die Miete sprechen müssen.»

«Wie bitte?», rief Katharina jetzt aufgebracht.

Burghard Rücklin rieb sich die Hände, lächelte breit: «Kleiner Scherz. Eins zu null für mich.»

Katharina hatte Mühe, die Fassung zu wahren. Sie starrte die Tür noch an, als sie längst ins Schloss gefallen war. Mittwoch, dachte sie. So etwas gibt es nur mittwochs.

«Also, dann brauchen Sie jetzt bloß noch in den Keller zu gehen und mir sechs tiefgefrorene Maultauschen zu bringen. Mehr nicht.»

«Selbstverständlich, Frau Dürrschmied. Entschuldigen Sie. Heute ist einfach schon zu viel passiert. Ich bin echt ein wenig langsam.»

«Daran ist er mit seinem Späßle schuld. Kein Wunder, dass er immer noch keine Frau hat. Aber Sie, sie täten zusammenpassen.»

«Ich hole lieber die Maultaschen.»

Mit leerem Kopf, aber einer erstaunlichen Wut im Bauch stapfte sie die Kellertreppe hinab. Auch wenn Mittwoch ist, dachte sie. Ich lass mich hier nicht zum Deppen machen. Jetzt ist Schluss. Janne, ich hör auf. Das musst du verstehen.

Zu Hause fand Katharina einen Zettel ihres Vaters auf dem Küchentisch: *Es ist was passiert, Janne bekam plötzlich starke Wehen. Sind in Hedelfingen in der St.-Anna-Klinik.*

Katharina setzte sich, sie las den Zettel bestimmt ein dutzend Mal. Was sollte sie tun? Anrufen, hinfahren? Ihr Vater hatte vergessen, die Uhrzeit zu notieren, inzwischen war es kurz vor zwanzig Uhr.

Janne ist am Ende des achten Monats, überlegte sie. Vom medizinischen Standpunkt aus dürfte das Kind mit großer Wahrscheinlichkeit keine Beeinträchtigungen davontragen, sollte es auf die Welt geholt werden müssen. Die Schwangerschaft war normal verlaufen, die Untersuchungen hatten nie etwas Ungewöhnliches angezeigt.

Bestimmt liegt es an ihr. Seit ich hier bin, wurde sie von Tag zu Tag melancholischer. Ihr Paul schreibt E-Mails, in denen er von wunderbar diskussionsfreudigen indischen Studenten erzählt und wie gut die Erweiterung des Chemiewerkes voranschreitet. Wenn er nach ihr fragt, klingt es immer floskelhaft, und dass er ein Kind bekommt, scheint er so richtig bewusst noch gar nicht verarbeitet zu haben.

Arme Janne.

Das Telefon klingelte.

«Ja?»

«Grüß dich, Tante Kathi!», meldete sich die frohe feste Stimme ihres Vaters.

«Ist das wahr?»

«Markus wiegt 3278 Gramm, ist gesund und hat deine Augen.»

«Übertreib doch nicht gleich. Wie geht es Janne? Was ist denn passiert?»

«Nichts direkt Dramatisches. Heute so gegen zehn bekam sie Wehen, dann platzte eine Stunde darauf die Fruchtblase.»

«Himmel, wodurch wurde das denn ausgelöst? Ist sie gestürzt? Hat sie sich gestoßen?»

«Keine Ahnung. Kurz davor war noch der Rainer Schlag bei ihr.»

«Der Winzer?»

«Genau der. Er hat deiner Schwester einen Sechser seiner neuesten Errungenschaft aufgeschwatzt: einen Acolon. Er meint, der sei auf seine Art genauso gut wie seine Trockenbeerenauslese.»

«Wie schön.»

Katharina biss sich auf die Zunge. Nur zu gerne hätte sie noch mehr über den Besuch erfahren, aber dies wäre Janina gegenüber im höchsten Grad unfair gewesen. Trotzdem konnte sie nichts dagegen tun, dass ihre Gedanken davongaloppierten. Nehmen wir doch einmal an … selbst wenn jetzt alles nur platonisch ist. Wann hatte Janne ihr eigentlich erzählt, dass sie schwanger sei?

Sie begann zu rechnen.

Man könnte es jetzt natürlich weiterspinnen: Paul hat irgendetwas geahnt und ist kurzerhand inkognito aus Indien zurückgeflogen, hat sich eine Perücke übergezogen, ein Auto gemietet und versucht, ein bisschen Rache zu üben, indem er den Rainer Schlag überfährt.

Schwachsinn!

Trotzdem machte es Spaß, sich in derartige Konstruktionen einzuspinnen. Ist bestimmt eine Art von Kompensation, überlegte sie. Schließlich bin ich eine Kopfarbeiterin. Und weil meine Germanistikneuronen gewissermaßen auf Entzug sind, suchen sie sich andere Funkfrequenzen aus. Diesmal eben kriminalistische.

«Hallo, bist du noch dran?»

«Wie? Natürlich … also, ich bin dann gleich da.»

«Spar dir den Weg. Verschieb es auf morgen Abend. Janne dürfte jetzt schlafen. Sie hat ein leichtes Beruhigungsmittel bekommen, weil sie nach der Entbindung unentwegt geheult hat. Was aber nicht allzu ungewöhnlich ist, wie die Hebamme meinte.»

«Eine Wochenbettdepression?»

«Exakt.»

«Und du, was machst du jetzt?»

Ihr Vater räusperte sich. «Also, ich fahr zur Annkathrin. Werd mit ihr darauf anstoßen.»

«Wie nett, dass du unter diesen Umständen endlich Farbe bekennst, Papa. Annkathrin also heißt sie.»

«Schon gut. Ich hätte euch früher reinen Wein einschenken sollen. Aber um dich gleich hier am Telefon zu beruhigen: Deine Mutter war eine wunderbare Frau. Ich liebe sie immer noch. Annkathrin ist etwas ganz anderes.»

«Nicht jetzt, Papa. Im Übrigen bist du schon groß, und wir sind es auch. Ich mische mich da nicht ein, hoffentlich wirst du glücklich. Also, gute Nacht.»

«Gute Nacht.»

«Ach ja, wann stellst du … sie mir denn vor?»

«Dann, wenn ich mir wirklich sicher bin.»

7

Als die Stationsschwester Katharina das Kind in den Arm legte, war es um sie geschehen. Auch sie konnte die Tränen nicht zurückhalten, so schön fühlte es sich an, ein Baby im Arm zu halten. Und ihr Vater hatte nicht übertrieben: Markus hatte ihre Augen. Er ballte die Fäustchen, gähnte herzhaft und schaute sie so forschend an, wie es Katharina nie für möglich gehalten hätte.

«So, das ist jetzt der Anfang», sagte ihr Vater und erhob sich, um die Schwestern allein zu lassen.

«Eins reicht dir nicht?», fragte Katharina gespielt.

«Das überlass ich eurer Interpretation», antwortete Erich Grüninger.

Er wartete, bis die Stationsschwester Katharina das Kind abnahm, um ihm sein Fläschchen zu geben, dann verließ er mit ihr das Wöchnerinnen-Zimmer.

Die Schwestern waren allein.

Im Lädle laufe alles gut, erzählte Katharina, gestand Janina aber gleich, dass sie gestern drauf und dran gewesen sei, alles hinzuschmeißen. Noch nie habe sie einen derart kruden Menschen wie diesen Rücklin erlebt, und als dann noch diese Kundin, deren Namen sie inzwischen wieder vergessen hatte, gesagt habe, sie würden zusammenpassen, sei das Fass übergelaufen.

Janina griff nach ihrer Hand, lächelte. Sie war blass und hatte immer noch gerötete Augen vom Weinen. Katharina strich ihr eine Strähne aus dem Gesicht und atmete tief durch.

«Natürlich bleibe ich», sagte sie leise. «Unter einer Bedingung.» Janina riss die Augen auf, Katharina schaute sich um und legte den Zeigefinger auf die Lippen. «Ich schweige wie ein Grab. Aber wer ist der Vater?»

Janinas Gesicht verhärtete sich für einen Moment, doch dann seufzte sie tief auf. Sie schloss die Augen und flüsterte: «Ich weiß es nicht.» Die Sekunden verstrichen, schließlich fuhr Janina fort: «Es passierte in meinem Weinkeller. Wir waren beide seltsam aufgekratzt, euphorisch. Es lag einfach was in der Luft. Irgendwie kamen wir immer wieder auf das Thema Liebe. Aber schon am übernächsten Tag hatten Paul und ich wieder was miteinander, er war für eine Woche aus Indien gekommen. Und ich schwör dir: Beim Rainer dachte ich an Paul und beim Paul an den Rainer. Es ist zum Heulen.»

Wieder stiegen Tränen in Janinas Augen. Katharina reichte ihr ein Taschentuch und überlegte, wer ihr als Vater sympathischer wäre. Aber spielte das eine Rolle? Wichtig war allein, dass Markus das Kind ihrer Schwester war. Und sie nahm sich vor, alles zu tun, ihm eine gute Tante zu sein.

«Und sonst?», hauchte Janina.

«Nichts.»

Ich kann ihr das mit dieser wahnwitzigen Verfolgung jetzt nicht erzählen, dachte sie. Zahl ich eben diesen Kotflügelkratzer …

«Weißt du, mit dem Rainer und mir: Das ist etwas Magisches und trotz dieses Fehltritts etwas ganz Reines. Stell dir vor, beide fahren wir sogar den gleichen Autotyp, einen himmelblauen Peugeot.»

«Wie bitte?»

«Das glaubst du nicht, wie?»

Katharina sprang abrupt vom Stuhl und trat ans Fenster. Sie konnte sich gerade noch beherrschen, sonst hätte sie aufgeschrien. Ihr Herz raste, kalter Schweiß brach ihr aus.

Nein, sie darf nichts merken. Ich muss ruhig bleiben. Vielleicht ist alles nur Einbildung, Zufall. Nichts dahinter.

«Doch, ich glaube dir.» Katharina setzte ihr liebenswürdigstes Lächeln auf und wandte sich wieder ihrer Schwester zu. Janina sah jetzt etwas wohler aus und lächelte still vor sich hin. Für den Augenblick ist sie eine Last los, dachte Katharina. Aber wie geht es weiter? Was passiert, wenn Paul wieder da ist?

«Weißt du was? Ich hab das Gefühl, du willst jetzt deine Ruhe haben», sagte sie und setzte sich auf die Bettkante. Sie beugte sich hinab und flüsterte Janina ins Ohr: «Du hast alles Recht der Welt, zu lieben. Um alles andere mach dir jetzt keine Sorgen.»

«Danke. Ohne dich … ich wäre jetzt zerbrochen.»

8

Gehe ich zur Polizei, oder gehe ich nicht zur Polizei? Drei Tage quälte Katharina sich mit dieser Frage und schleppte sie mit in ihre Träume. Schließlich kam sie zu dem Schluss, es sei besser, alles auf sich beruhen zu lassen. Wahrscheinlich lag das auch daran, dass sie nach der dritten unruhigen Nacht so erschöpft war, dass sie zum ersten Mal in ihrem Leben selbst unter der Dusche nicht mehr wach wurde.

Hinlegen, sagte sie sich. Nur ein Viertelstündchen. Und dann ran an Oma Lisas Wundermittel.

Mit offenem Bademantel schlurfte sie ins Wohnzimmer, öffnete die Klappe der Schrankwand und griff sich die Flasche mit dem Mirabellengeist samt Schnapsglas. Großmutter Lisa hatte nämlich einst geschworen, gegen morgendliche Endmüdigkeit helfe nur ihr sogenanntes Drei-Königs-Geschütz: drei Fingerhut voll Schnaps. Der erste für den Caspar, der zweite für den Melchior und der dritte für den Balthasar.

«Aber nicht mehr! Das wäre Sünde.»

Katharina träumte sich die brüchige, aber kräftige Stimme ihrer Großmutter in Erinnerung. Wie ihre Mutter war sie viel zu früh gestorben. Sie war seltsamerweise die Einzige in der Familie gewesen, die prophezeit hatte: Kathi wird einmal eine Studierte.

Aufseufzend sank Katharina rücklings ins Bett.

«Genau, nach dieser Rosskur wäre es ganz besonders schlau, zur Polizei zu gehen», sprach sie halblaut mit sich selbst. «Erstens könnte ich kein Kennzeichen präsentieren, zweitens würde es nicht für die klitzekleinste Personenbeschreibung reichen, aber eine Fahne … die könnte ich bieten.»

Sie setzte sich auf und schenkte sich vorsichtig ein.

Drei Fingerhut voll. Nicht mehr.

«So, und jetzt: Einer für alle und alle für einen!»

Katharina kippte den Mirabellengeist, und oh Wunder: Oma Lisas Wundermittel wirkte. Und zwar so gewaltig, dass Katharina das Gefühl hatte, ihr habe jemand die Speiseröhre mit der Lötlampe ausgeleuchtet. Einen kurzen Moment lang glaubte sie zwar, würgen zu müssen. Dann aber breitete sich eine wohlige

Wärme in ihrem Bauch aus, die Schwäche und Müdigkeit mit jedem neuen Atemzug verdunsten ließ.

Man würde natürlich alles zu Protokoll nehmen, überlegte sie, während sie sich ankleidete. Aber nur mit dem Vermerk: Achtung, studierte, sexuell frustrierte und alkoholisierte Hysterikerin. Wer zum Teufel auch sollte Rainer Schlag umbringen wollen? Und vor allem, wenn es jemanden gäbe: warum auf solch unsichere Weise? Schließlich gibt es Gurte und Airbags.

Und Paul, er scheidet auch aus, da er definitiv in Indien ist.

Der Rest ist Krimi.

In Wahrheit hat dieser Drängler die Nerven verloren, redete Katharina sich weiter die Ereignisse zurecht. Tatsächlich war ich ein Schleicher, dazu geschah es morgens, und da haben es alle eilig. Und dass dieser Mensch neben mir hergefahren ist und mich dann ausgebremst hat – über asoziale Verkehrsirre wird doch mindestens einmal pro Woche im Fernsehen berichtet.

Mann plus Auto plus zu viel Testosteron ergibt Rowdy. Punkt.

Sie stellte die Espressokanne auf den Herd und versorgte den Toaster mit zwei Scheiben Vollkorntoast. Ihr Vater war noch immer bei seiner neuen Flamme, und so lebte sie seit einer Woche im Grunde wie eine typische Single-Frau.

Business as usual. Sollen Paul und Janina sich jetzt erst einmal über ihren Nachwuchs freuen.

Sie schloss ab, schaute auf die Uhr.

Ich lass sie am Wochenende allein und verdrück mich ans andere Ende der Stadt.

Als sie dann in Janinas Peugeot stieg, geriet ihre Laune wieder ins Schwanken. Ein Sprayer war unterwegs gewesen. Ein halbes Dutzend Autos trug jetzt an der Fahrerseite einen bierdeckelgroßen gelben Smiley.

9

Endlich Sonntag! Es mag am Smiley gelegen haben, dass Katharina die B 14, die die Stadt in Nord-Süd-Richtung durchquerte, ohne geblitzt zu werden, hinter sich ließ. Immerhin hatte sie im Heslacher Straßentunnel einmal hundert Sachen auf dem Tacho, aber, so meinte sie: Morgenstund hat Gold im Mund, schließlich bin ich schon um sieben aufgestanden. Ihr Ausflugsziel gehörte zu den Highlights der Stadt, und obwohl sie nicht zu Lokalpatriotismus neigte, hatte sie stets behauptet: Schloss Solitude ist das schönste Schloss der Welt, und wer etwas anderes sagt, war schlichtweg noch nicht dort.

Die luftige Sommerresidenz Herzog Carl Eugens gehörte mitsamt den ehemaligen Jagdgründen und den drei Waldseen zu den beliebtesten Stuttgarter Ausflugszielen. Ob Jogger, Radler oder Spaziergänger, jeder hatte hier seine Lieblingsroute. Keuchten Jogger zu Stoßzeiten wie auf einer Ameisenstraße um die Seen, kamen die Radler auf den breiten Kieswegen, die allesamt zum Bärenschlösschen führten, auf ihre Kosten. Spaziergänger und Wanderer dagegen erholten sich gerne auf den Wegen rund ums idyllische Bernhardsbachtal. Und zu diesen gehörte an diesem Sonntag Katharina.

Himmel, wann war ich das letzte Mal hier?, überlegte sie, als sie in den Talweg einbog. Das Schloss selbst hatte sie ein paarmal besucht, aber hinterher nie Lust gehabt, noch zu wandern. Jetzt machte sie es umgekehrt: Statt das Schloss und seine Kavaliershäuschen zu bewundern, wanderte sie geradewegs in den Wald. Noch war es hier angenehm kühl, aber ein Blick in den Himmel sagte Katharina, dass es gegen Mittag selbst hier, in dem schattigen Tal, stickig sein würde.

Warte mal, war hier nicht mal etwas gewesen?

Sie ging auf eine etwas morsche und grau gewordene Bank zu, die direkt am Bachufer stand, setzte sich und hing ihren

Gedanken nach. Damals waren die Fichten gerade mal doppelt so groß wie Christbäume, es war ein echt lauschiges Plätzchen gewesen. Es war früher Abend … schwül. Ich war verliebt und Clemens vor allem scharf. Wir haben geknutscht … er wollte mehr … bekam auch ein bisschen. Dann begann es zu donnern, und wir sind gerannt, als wäre der Teufel hinter uns her.

Katharina schloss die Augen. Ein Eichelhäher schrie, ansonsten war es bis auf das leise Plätschern des Wassers still. Sie zog ihre Sandalen aus, raffte ihr buntes wadenlanges Chiffonkleid und trat in den Bach. Das klare Wasser reichte ihr bis an die Knöchel, kühlte, erfrischte. Sie krümmte die Zehen ins weiche, helle Sandbett.

Herrlich! Hat es mich deswegen hierhergezogen? Wegen der alten Zeiten? Katharina schaute an sich hinunter. Schade um die Beine, dachte sie. Sie tragen mich zwar prächtig, aber soll das alles sein? Sie zupfte ihr Top aus dem Bund und kniff sich in den Bauch. Fingerdickes Fett, stellte sie fest, aber wenn man loslässt … Eigentlich alles noch völlig in Ordnung. Sie ließ den Rock fallen und starrte auf ihre Füße. Für eine Weile vergaß sie alles um sich herum, aber dann spürte sie nur noch Leere in sich. Und plötzlich liefen ihr Tränen über die Wangen.

Da ertönte ein Piff, gleich darauf vernahm sie Kiesknirschen und energische Schritte. Sie spähte durch das Buschwerk, entdeckte einen Spaniel und dessen rüstiges Knickerbocker-Herrchen. Zum Glück schien sich der Hund nicht für sie zu interessieren, er lief vorbei. Erleichtert setzte sie sich auf die nächstbeste Grasnarbe, plätscherte mit den Füßen noch ein wenig im Bach, bevor sie wieder in ihre Sandalen schlüpfte.

Da hörte sie ihren Magen knurren.

Es ist immer dasselbe, sagte sie zu sich. Der Appetit kommt nach neun.

Sie trat wieder auf den Kiesweg und folgte ihm, bis sich linkerhand eine Lichtung auftat. Sie wurde von einem mächtigen abgestorbenen Baumriesen beherrscht, aus dessen Hauptast ein Motorsägen-Künstler gewaltige Kettenglieder gesägt hatte. Eine türkische Familie picknickte im Schatten des Baumes, die Kinder spielten Frisbee.

Mit einem Mal war es heiß, und Katharina hatte nur noch einen Wunsch: Jetzt einen Radler und dazu eine Butterbrezel. Zum Glück war es bis zum Bärenschlösschen nicht mehr allzu weit. Katharina schlug sich auf schattigen Nebenwegen bis zum Bärensee durch, an dessen Hang das Schlösschen mit seiner rustikalen Schenke lag.

Inzwischen war es nach elf Uhr, und nicht nur Katharina glaubte, für ihr leibliches Wohl sorgen zu müssen. An den Biertischen draußen auf der Wiese gab es noch etliche freie Plätze, aber oben auf der Galerie schien bereits jeder Tisch besetzt. Und im gemütlichen steinernen Bauch des Schlösschens bildete sich vor dem Bestelltresen bereits der erste Stau.

Je länger Katharina wartete, umso hungriger wurde sie. Nur eine Butterbrezel? Nein. Vielleicht doch ein Fleischkäse mit Brot? Oder ein Rippchen mit Kartoffelsalat? Fest stand auf jeden Fall der Radler.

Also doch das Rippchen. Und die Butterbrezel. Schließlich soll und muss sich der Mensch auch mal etwas gönnen.

«Senf?»

«Viel!»

Vorsichtig bahnte sie sich mit dem Tablett den Weg nach draußen. Der Radler duftete, und das Rippchen und die Brezel erst. Katharina konnte sich kaum noch beherrschen. Zu schnell wollte sie aber nicht aufgeben, nachher war oben auf der Galerie ja doch ein Plätzchen frei, vielleicht sogar mit Blick auf den See …

«Absetzen und hinsetzen.»

Die Stimme kam ihr bekannt vor, aber wer war der Mensch mit der Sonnenbrille, der da winkte?

«Das ist ja eine Überraschung. Ehrlich, ich hab dreimal hingucken müssen …»

«Kein Problem damit», antwortete Burghard Rücklin. «Wer joggt, verkleidet sich ebenso wie eine Germanistin, die Saure Kutteln verkauft. Du siehst übrigens toll aus.»

«Du?»

«Da ich der Ältere bin, probier ich es einfach.»

«Geht klar.»

«Und jetzt halt ich meine Klappe. Stärk dich. Du wirst es brauchen.»

«Klingt sehr … zuversichtlich.»

Burghard Rücklin erhob sich und verrückte den Sonnenschirm so, dass Katharina den ganzen Schatten abbekam. Er trug eine schwarze Jogginghose zu einem weißen T-Shirt, das seine breite Brust vorteilhaft betonte. Die verspiegelte Sonnenbrille und das frischgestutzte Haar verliehen ihm einen fast soldatischen Zug.

Aber die Art, wie er redet, passt wirklich nicht dazu, dachte Katharina. Dieses Hochdeutsch-Schwäbisch … Und warum nimmt er seine Sonnenbrille nicht ab? Hat er nicht braune Augen?

Sie aß langsam und mit Appetit, und Mr. Rücklin bewies Geduld.

Mal sehen, wie lange er durchhält, dachte Katharina. Bestimmt sucht er längst nach einem neuen Gedicht oder denkt sich germanistische Spitzfindigkeiten aus, um mich bloßzustellen.

Mr. Rücklin aber erhob sich und ging.

So ein Knallkopf!

Verärgert riss sie das dritte Senfbriefchen auf und verstrich es auf dem Rest Brot. Dumm nur, dass ihr Radler so erschreckend schnell verdunstet war.

Aber wenn ich mich jetzt anstelle, ist dieser Platz weg. Die Aussicht auf den See gibt es wohl nur gegen Durst.

Doch wer kam da die Stufen hoch? Und zwar mit zwei Stück Käsekuchen, einer Weißwein-Schorle und einem frischen Radler.

«Versteh mich jetzt nicht falsch», rief Katharina, «aber du bist ein Schatz.»

«Und du, scheint es, jetzt eine scharfe Tante.»

«Wie bitte?»

«Schon Plinius der Ältere wusste über den Kreuzblütler *sinapis alba*: Eine kalte Frau verwandelt sich durch ein paar Löffel Senf in eine lustvolle Gespielin.»

«Bubi, du bist mir über.»

«Sagen wir so, Käthe: gut vorbereitet.»

«Auf jeden Fall vorausschauend. Danke.»

Gute zwei Stunden später rangelten in Katharinas Bauch nicht nur eine Butterbrezel, ein Rippchen mit Kraut, drei Briefchen Senf und ein Käsekuchen miteinander. Vielmehr musste er auch noch ein Stück Zwetschgenkuchen und einen Trollinger verkraften. Burghard Rücklin hatte sich außer seinem Stück Käsekuchen nur eine weitere Weißwein-Schorle genehmigt.

Sie war froh, den langen Weg zurück zum Schloss noch vor sich zu haben. Dort nämlich hatte sie das Auto geparkt. Nach diesen fünf Kilometern habe ich ein Stück Kuchen und einen Radler verdaut, tröstete sie sich. Und ab morgen ist Schluss mit dieser unmäßigen Lebensart.

Und er, er braucht gar nicht zu glauben, dass ich eine von diesen Nudeln bin, die frisst und fett und fetter wird. Bloß weil sie Single ist.

Mehr und mehr begann sie, sich über sich selbst zu ärgern. Irgendwann nach dem zweiten Radler und einem halben Glas Trollinger hatte sie nämlich die Redseligkeit gepackt. Jetzt war Burghard nicht nur über ihre germanistischen Ambitionen informiert, sondern kannte auch etliche Anekdoten ihrer gescheiterten Beziehung. Sie hingegen wusste lediglich, dass er an der Uni Hohenheim im Institut für Lebensmittelwissenschaft und Biotechnologie arbeitete, Sparte Gärungstechnologien. Kurz hatte er ihr etwas über die Molekularbiologie der Hefen erzählt, dann aber seine Hand auf die ihre gelegt und mit Goethe geschlossen: Grau, teure Freundin, ist alle Theorie, grün allein des Lebens goldener Baum. Heute erzählst du, das nächste Mal ich.

Und wann sollte das noch einmal sein?

Angeblich, wenn er aus dem Urlaub zurückkam. Vier Wochen Norwegen mit einem alten Studienfreund, sie wollten mit dem Wohnmobil aufs Geratewohl gen Norden, entlang der Westküste.

«Mit einem alten Studienfreund …» Katharina sackte schweißgebadet und mit dampfenden Füßen auf den Fahrersitz. «Mit einem alten …»

Sie tippte sich gegen die Stirn und verdrehte die Augen. Manchmal war sie echt schwer von Begriff.

«Mensch, er ist andersrum! Schwul!» Darum auch die Begeisterung für Lyrik im Allgemeinen und in den Stuttgarter Straßenbahnen im Besonderen. Genau so tickten Typen wie Burghard. Sie sehen gut aus, labern eloquent, scheren sich aber keinen Deut darum, wenn jeder dritte Satz aus schlüpfrigen Anspielungen besteht.

«Nun gut, wenigstens haben Sie mir zugestimmt, dass es nicht sinnvoll gewesen wäre, zur Polizei zu gehen, Mr. Rücklin», sagte sie leise, startete den Motor und stellte die Klimaanlage auf Maximum.

Was soll's. Er ist Jannes Vermieter, mehr nicht. Und wenn man sich alles genau durch den Kopf gehen lässt, ist er ja wirklich ganz und gar unerträglich.

10

Knapp fünf Wochen später sorgte Burghard für eine neue Überraschung: «Auf einen Neuen, Käthe!»

«Wie …?»

«Jahrgang.»

«Ach so … ja dann, herzlichen Glückwunsch, Bubi. Aber …»

«Ist doch klar: Da heute nicht mein Geburtstag ist, kann es nur der deinige sein. Auf den Seiten deines Instituts an der Uni Hamburg steht unter den wissenschaftlichen Mitarbeitern …»

«Ja, ich weiß, aber das ist falsch. Es muss ‹sechs› heißen, nicht ‹neun›. Juni, nicht September. Germanistik und Zahlen: Das musste ins Auge gehen. Ich hab es nie verbessern lassen. Dass ich da immer noch verzeichnet bin …»

«Wahrscheinlich nur bis Ende September …»

«So wird es sein.»

Katharina wischte sich mit dem Handrücken über die Stirn und streckte sich stöhnend. Hatte sie zu Beginn des Feudelns nur das Gefühl gehabt, Blei in den Waden und Reißnägel in den Fußsohlen zu haben, stand sie jetzt kurz vor einem Hexenschuss. Und dies machte alle Vorfreude auf das verlängerte Wochenende zunichte.

Ab morgen wollte Janina wieder hinter der Theke stehen und bis zum Ende des Monats mehr und mehr Tage übernehmen. Nach dem Vorstellungsgespräch in München sollten dann die zwei Wochen Wellness folgen … der Lohn der Familie für ihr so selbstloses Engagement.

«Wenn du mit dem Putzen fertig bist, darf ich dich dann nach Hause begleiten?» Lächelnd wich Burghard Katharinas Schrubber aus und stellte sich auf das letzte trockene Fleckchen Boden.

«Du darfst das», antwortete Katharina ungerührt. «Aber

auch nur du. Andere Männer dürften das auf keinen Fall, einmal davon abgesehen, dass sie viel zu phantasielos wären, sich auf diese Art einem von zehn Stunden Schafferei geschundenen Weib aufzudrängen.»

«In der Tat … aber andere Männer würden einer Dame, die keinen Geburtstag hat, auch nicht diesen Korb schenken. Du hast ja bestimmt nicht vergessen, dass ich in Norwegen unterwegs war.» Burghard hob den Präsentkorb in die Höhe, der mit einer kleinen norwegischen Flagge abgedeckt war. «Also dann … drei Monate Verspätung sind im Rahmen: Herzlichen Glückwunsch.»

«Danke dir. Was hast du da denn Schönes drin?»

«Ein paar Spezialitäten wie zum Beispiel geräuchertes und getrocknetes Rentierfleisch, auch Suovvas genannt. Oder Moltebeer-Marmelade, der einzig wahre Fruchtaufstrich der Torfbeere. Und natürlich Gudbrandsdalost. Ein brauner Käse mit Karamellgeschmack aus Sahne, Kuh- und Ziegenmilch. Schmeckt dünn gehobelt apart auf Marmelade und allen roten Beeren.»

«Ach, und das wolltest du mit mir jetzt alles verkosten? Und auch noch bei mir?»

Burghard schüttelte den Kopf und lächelte spitzbübisch.

«Nein. Wir fahren nur zu dir, damit du vorher mein Samenmesser in Sicherheit bringst.»

«Dein was?»

«Mein Samenmesser. Ich habe für dich ein Sieben-Zoll-Modell ausgesucht. Sein Schaft aus Rentiergeweih ist besonders gut für Frauenhände geeignet.»

«Ah ja … sonst noch was?»

Katharina lauschte dem völlig ruhigen und beiläufigen Klang ihrer Stimme nach. Dabei waren andere Areale ihres Hirns hektisch damit beschäftigt, mögliche Reaktionen abzuwägen: Sollte sie dieser schwäbelnden Lyrikschwuchtel das Wischwasser über die … schon wieder … Badelatschen kippen? Oder konnte sie es sich erlauben, ihn in eine ganz bestimmt Region oberhalb der Knie zu treten?

«Dein Blick, liebste Käthe, scheint nichts Gutes zu verheißen …»

«Ich …»

«Die bekannteste Erfindung der Samen ist übrigens der Ski. Aber die Messer, die dieses nordskandinavische Volk, das gerne auch Lappen genannt wird, herstellt, sind besser. Also, Lappen … leg du den deinen beiseite und folge mir. Widerspruch ist zwecklos. Wir fahren nach Untertürkheim in eine Besenwirtschaft. Spontan und gemütlich und das Beste. Janina zahlt alles.»

«Man sollte dir …»

«Sag's besser nicht!»

Die Besenwirtschaft entpuppte sich als ehrwürdige Gaststätte mit hohen Fensterscheiben und gewaltigen Fensterläden. Der Eingang lag über Eck und glich einem barocken Portal. Diese Lokalität war nichts anderes als die Weinstube «Zum Greif», und sie existierte seit über dreihundert Jahren.

«Besenwirtschaft also.»

«Manchmal muss man flexibel sein.»

«Mann?»

«Mann und Mensch, lateinisch homo.»

«Jaja … ich versteh schon.»

Kaum dass sie eingetreten waren, empfingen sie statt behaglicher schwäbischer Gastlichkeit Gepolter und der erzschwäbische Fluch: «Und ich renk dir's Kreuz aus, du Halbdackel!»

Unschlüssig blieben Katharina und Burghard in der darauf folgenden Lachsalve stehen. Offensichtlich ging es hoch her in der Württemberg-Stube, die von frei stehenden schwarzglänzenden Ständern gegen andere Stuben des «Greifen» abgegrenzt war. Typisch Stammtisch, dachte Katharina und sah auf das schmiedeeiserne Weinranken-Gestell mit dem entsprechenden Schriftzug. Aber das muss ich hier jetzt nicht haben.

Sie schaute Burghard an, und dieser verstand glücklicherweise sofort. Doch da hatte sie schon einer der Männer bemerkt und war aufgesprungen. Und das war, wie Katharina sofort erkannte, niemand anderes als Rainer Schlag.

«Sie schickt der Himmel», rief er. «Denn Sie wissen es am besten!» Wieder brandete eine Lachsalve auf, und die Männer rechts und links von Rainer Schlag zogen an seiner blauen Winzerschürze, damit er sich wieder setzte. «Kommen Sie, bitte!»

Er stellte Katharina kurz den anderen vor und zeigte auf einen glatzköpfigen Winzerkollegen in einem weiten weißen Leinenhemd, der ihm gegenübersaß.

Dieser erhob sich und reichte Katharina und Burghard die Hand: «Harald Kellmann. Aber wir, Frau Grüninger, haben uns ja bereits beschnuppern dürfen. Und um Sie gleich ins Bild zu setzen: Der Rainer und ich haben sozusagen ein Flaschenproblem.»

«Ja, zum Glück bloß das», rief Rainer Schlag voller Ironie. «Wär's dir lieber, es ging um deine kurende Blond-Madame?»

«Du kannsch glei deine Schdregg laufa, du Soich-Maul.»

Applaus und Lachen ertönten, Katharina aber konnte nur den Kopf schütteln. Nach ihren schweißglänzenden und roten Gesichtern zu urteilen, mussten beide Streithähne gewaltig einen sitzen haben.

«Sie alle sind Winzer? Ich sehe nur Bier- und Weizengläser.»

«Das hat Tradition», begann sie ein weißgewellter Mann mit Cäsarennase aufzuklären. Auf den ersten Blick hätte er ein pensionierter Geschichtslehrer sein können, aber Max Strohberg war noch immer Chefönologe und Kellermeister der «Winzergilde am Rotenberg», jener Winzergenossenschaft, die hier im Untertürkheimer «Greifen» seit sieben Jahren ihren Stammtisch hatte. «Und weil der damalige Wirt keine Württemberger Weine ausschenkte», schloss Max Strohberg seine Ausführungen, «sondern nur Franzosen und Italiener, entschieden wir uns, gar nicht erst mit Wein anzustoßen, sondern Bier.»

«Jetzt aber gibt es wieder eine Weinkarte mit heimischen Gewächsen, oder?»

«Exakt. Aber wir Gildebrüder meiden sie nach wie vor. Sonst geht gleich die Lästerei los.»

«Aber ihr seid doch eine Genossenschaft …»

«Papperlapapp. Jeder hier macht auch seinen eigenen Wein!», begehrte Rainer Schlag auf.

«Ja, zum Beispiel Trockenbeerenauslesen!», rief Harald Kellmann giftig. «Premiumwein, entgegen allen Absprachen.»

«Der nicht in den Verkauf kommt!»

«Ach … und deine Janina? Die verkauft nur deinen Morgensoich in der Flasche, oder wie?»

«Dummschwätzer! Hast du letztes Jahr nicht auch mit ihrer Hilfe deinen Acolon vom Publikum testen lassen? Die Frau Grüninger kann es bezeugen, oder?»

«Ja, Janne hat so etwas erzählt», antwortete Katharina schnell, obwohl sie sich bestenfalls vage erinnerte.

«Also, bester Harald, was regst du dich dann so auf?», trumpfte Rainer Schlag auf.

«Bei allem Respekt, Rainer, du weißt genau, dass Trockenbeerenauslesen mit dem Siegel Rotenberg mein wichtigstes Nebengeschäft sind. Das du jetzt kaputt machen willst!»

«Du Blindfuchs! Unsere Lagen grenzen aneinander. Lass uns den Premium gemeinsam machen!»

«Nie. Eher verkauf ich alles an den Gschwend», drohte Harald Kellmann. «Und wenn ich aufgebe, weiß ich, dass andere hier auch verkaufen werden. Dann stehst du bald allein da. Der Gschwend wird dich fertigmachen, und dann soich ich mir vor Freude in meine Stiefel.»

«Natürlich! Vorher panschst du mit unserm geschäftstüchtigen heiligen Max aber noch eine Cuvée mit Blutlaugensalz zusammen und verkaufst sie als Rotenberger Barrique mit Spezialsediment, du ach so armer, ach so gebeutelter Geldfuchs.»

«Rainer, das geht zu weit», rief der Chefönologe verärgert.

«Zu weit? Und du, wer mit einem neuen Benz hier anrollt, ist doch selbst mehr als geschäftstüchtig!»

«Herrgottsack, das ist mein erster Benz! Irgendwann hab auch ich mir mal was verdient», begehrte Max Strohberg auf. Dann fuhr er ruhiger fort: «Aber immer, wenn ich jetzt drinhock und auf den Stern guck, sticht's mir in der Pumpe, weil der Karren viel zu teuer war. Ich hab ihn mir aufschwatzen lassen, ich Dackel.»

«Oh, du lieber Sünder! Das sollen wir glauben?», rief Rainer Schlag spöttisch.

«Ist unser Rainer etwa neidisch?», trumpfte Harald Kellmann auf und grinste von einem Ohr zum anderen. «Aber du bist entschuldigt. Neid entsteht, wenn man mal wieder viel zu lang nicht gedurft hat! Dem einen gärt's eben nicht nur im Tank.»

Das war der Tropfen, der das Fass zum Überlaufen brachte. Rainer Schlag schnellte in die Höhe, drängte sich um den Tisch und riss seinem Winzerkollegen Kellmann das Leinenhemd auf, dass dessen Knöpfe nur so wegspritzten.

Harald Kellmann revanchierte sich, indem er Rainer Schlag sein frisches Weizenbier ins Gesicht schüttete. Bevor die Streithammel mit Fäusten aufeinander einschlagen konnten, wurden sie aber festgehalten. Und da Katharina und Burghard genau richtig standen, packten sie bei Rainer Schlag zu, während die anderen Harald Kellmann festhielten.

«Und wenn du bei deiner Kur-Madame darfst», schrie Rainer Schlag, «dann guck genau hin, ob du dich nicht versehentlich auf einen Kurschatten legst!»

«Ich bring dich vors Gericht, du Soicher!»

«Aber vorher schiff ich dir auf deinen speckigen Mückenflughafen, du Halbdackel!»

Zehn Minuten später wurden Katharina und Burghard Zeugen, wie Harald Kellmann und Rainer Schlag jeweils getrennt in ein Taxi gesetzt wurden. Gemeinsam mit drei Winzern schirmten sie Rainer Schlag gegen den um sich schlagenden Kellmann ab, der sämtliche verbalen Hemmungen fallen gelassen hatte. Die Taxifahrer wurden instruiert, Umwege zu fahren, und gleich darauf wurden die Ehefrauen der beiden Winzer angerufen.

Aus für Katharina und Burghard unerfindlichen Gründen fand Rainer Schlag noch zu den Worten, dass sie ihn unbedingt besuchen müssten ... Er habe nämlich noch etwas viel Besseres im Keller als die Trockenbeerenauslese.

«Noch was Besseres!», belferte er dem bereits davonfahrenden Kellmann-Taxi laut hinterher. «Und dann kann er einpacken, dichtmachen. Weil, das war's dann!»

«Es war schon richtig, das Samenmesser im Korb zu lassen», versuchte Burghard sich ironisch zu geben, als das zweite Taxi um die Ecke gebogen war.

«Hör auf. So, und jetzt gehen wir wirklich zu mir. Dann gibt's eben heute norwegische Spezialitäten. Aber wenn die nicht schmecken ...»

«... greifst du hoffentlich nicht zum Messer», schloss Burghard Katharinas konfuse Gedankengänge ab.

11

Ob es sich wirklich lohne, die Schlösser auszutauschen?, fragte Janina ihre Schwester und räkelte sich auf der Wohnzimmercouch. Katharina murmelte etwas Unverständliches, sie war damit beschäftigt, Janinas Sprössling das Fläschchen zu geben. Der kleine Markus schaute sie dabei unverwandt mit kullerrunden Augen an, und Katharina forschte konzentriert in seinem Gesicht, wer denn nun der Vater sein könnte. Janinas Ehemann Paul oder Rainer Schlag? Doch auch sie kam zu keinem Ergebnis. Markus sah weder dem einen noch dem anderen ähnlich, und hatte sein Großvater nach der Geburt noch behauptet, er habe ihre Augen, so stimmte dies jetzt auch nicht mehr.

«Also, er sieht aus wie ein kleiner Buddha», sagte sie schließlich.

«Stimmt. Hoffentlich wird er auch einmal so weise. Aber was mach ich jetzt? Schlösser austauschen?»

«Es ist dein Geschäft. Inzwischen hat sich dein Umsatz verdoppelt, und du hortest im Keller Rotwein im Wert von sechstausend Euro. Hätte es nicht auch Wein für die Hälfte getan?»

«Kaum bist du aus dem Lädle, kannst du nicht mehr rechnen, liebe Schwester. Es sind alles hochpreisige Weine, im Schnitt die Flasche für 25 Euro. Wären maximal zweihundertvierzig Flaschen. Ich verkaufe pro Woche mindestens dreißig Flaschen dieser Qualität. Also …»

«… kommst du damit bestenfalls zwei Monate lang aus. Entschuldigung, du hast recht. Freilich habe ich keine dreißig Flaschen …»

«Weil Sommer war. Jetzt aber im Herbst dreht sich hier im Württembergischen alles um Wein. Und das lässt die Leutchen den Geldbeutel öffnen. Du wirst es nicht glauben: Heute kam so ein junger Spritzer in den Laden, der kaufte einen Sechser-Karton von meinem Flagschiff, dem Bönnigheimer Lemberger. Die dreihundert Euro hat der so unbeeindruckt auf den Tresen gelegt wie ein Schüler am Hautbahnhof eins achtzig für ein Fleischkäsbrötchen.»

«Ach, noch so einer …»

«Wie? Gibt's jetzt schon einen zweiten von dieser Sorte?»

«Nein, nichts Besonderes. In meiner ersten Woche ist halt

mal so ein sonnenbebrillter Geschäftsmann mit Dreitagebart gekommen. Er wollte eine Flasche zum Verschenken.»

«Oh, Dreitagebart, wie sexy. Alain hatte …»

«Wer – ist – Alain?»

«Ach …» Janina streckte sich und schloss genießerisch lächelnd die Augen. «Alain, Club Med, weißt du? Das war kurz bevor ich Paul kennenlernte. Alain war … na ja, Alain eben.»

«Du wirst mir unheimlich.»

«Unsinn. Da war nichts. Nur Sex. Aber der war …»

«… so gut wie dein Flaggschiff, der Bönnigheimer Lemberger für 49,95 Euro.»

«Was kann ich dafür, dass es Männer gibt …?»

«Halt deinen Mund und wechsle lieber die Schlösser aus.»

«Gut, nächsten Monat.»

Katharina stand auf und ging, ein Wiegenlied summend, in der Stube umher. War das nicht wieder typisch? Janina und ihr Mauerblümchen-Charme! Offensichtlich wusste sie ihn höchst erfolgreich einzusetzen, und wie es aussah, gab es Männer genug, die genau das zu reizen schien.

Zuerst spielt sie mir vor, Paul sei der Erste und Einzige, dachte sie, während Markus ein kapitales Bäuerchen zustande brachte, und jetzt gibt es schon zwei Namen mehr. Aber der gute Paul, der im fernen Asien seinen Mann stehen muss, wird verdächtigt! Was ist, wenn die liebe Janne in Wahrheit sich selbst meint? Wenn also alles umgekehrt ist? Was, wenn das Lädle nichts anderes ist als eine Art geldbringender Keuschheitsgürtel? Weil auch frau ja, wenn sie ständig allein zu Hause ist, ganz und gar unhausfrauliche Gelüste bekommen könnte? Und zwar welche, die nicht dick machen.

Ob sie eigentlich weiß, dass ihr Vermieter originelle Fresskörbe verschenkt, in Wahrheit aber andere Geschmäcker pflegt?

Sie wollte Janina gerade darauf ansprechen, aber just in diesem Augenblick läutete es an der Tür. Ärgerlich öffnete sie, schließlich war der kleine Markus gerade dabei, einzuschlafen. Außer einem weißen Pappkarton, der von zwei Wespen umschwirrt wurde, sah Katharina zunächst gar nichts.

«Es geht zurzeit meist um Gärung», ertönte eine bekannte Stimme dahinter. «Und da wir viel zu viel Federweißer im Institut haben, dachte ich zum ersten, ich werde hier ein paar Flaschen los. Ansonsten dachte ich zum zweiten», fuhr Burghard fort, «dass wir Winzer Schlag einen Besuch abstatten. Er hat unserem Institut einen kleinen Auftrag erteilt ... na ja, und das Ergebnis ist vielleicht nicht ganz uninteressant.»

Wie es sich für einen deiner Sorte gehört, kümmert es dich natürlich überhaupt nicht, dass du ein Baby am Einschlafen hinderst, dachte Katharina, weil der kleine Markus zunehmend zu greinen begann.

«Und was war das für ein Auftrag?», rief Janina neugierig.

«Das kann er selbst erzählen.» Burghard stippte dem kleinen Markus auf die Nase, sprach aber unbeirrt so laut weiter, als befinde sich Janina nicht im Wohnzimmer, sondern auf der anderen Seite eines Alpentals. «Also ... kommst du?»

Dass ein Baby plötzlich so laut sein konnte ...

«Bubi Rücklin. Sie platzen hier einfach so herein ...»

«Ja doch, wegen dir, Kathi! Weswegen sonst?» Janina klang, als sei dies die unumstößlichste Tatsache des Universums. «Also zier dich nicht. Selbst im Süden der Republik dürfen eine Frau und ein Mann inzwischen zusammen gesehen werden, ohne dass zuvor ein Heiratsversprechen stattgefunden hat.» Katharina überlegte noch, wen sie in diesem Augenblick mehr verwünschte, Burghard oder ihre Schwester, die sich die Lachtränen aus den Augen wischte, als sie in den Flur trat und ihr den brüllenden Markus abnahm. «Und grüß schön. Du weißt ja, er ist einer von meinen ganz besonderen Lieferanten.»

«Das ist ja mal eine Formulierung!»

Zu gern hätte Katharina noch eine andere Anspielung fallen

lassen, doch da spürte sie schon Janinas Ellenbogen in der Seite. So belustigt Janina gerade noch geklungen hatte, so böse blitzte sie jetzt ihre Schwester an.

Katharinas Zorn verrauchte erst, als Burghard ihr in seinem fabrikneuen roten Polo erklärte, dass er diesen Besuch beim Winzer Schlag lieber vermeiden würde. «Und so dachte ich, es ist besser, ich habe eine holde Schöne neben mir, wenn ich ihm die Analyseergebnisse bringe. Sagen wir es so: um unkontrollierte Reaktionen zu vermeiden.»

«Wäre da Janina nicht wirklich die bessere Partie gewesen?», fragte Katharina schnippisch. «Immerhin, so viel ist ja bekannt: Beide scheinen sich schon eine geraume Zeit gut zu kennen.»

«Natürlich. Ich wäre ja auch lieber mit ihr gefahren. Aber deine Schwester hat sich offensichtlich in den Kopf gesetzt, uns zu verkuppeln.»

Männer sprechen Klarsprech, Männer lieben es direkt, Männer wählen den geraden Weg, dachte Katharina. Herbert Grönemeyer hätte das bestimmt auch so gesungen. Aber gibt's in seinem Song nicht auch die Zeilen: Männer kaufen Frauen, Männer stehen ständig unter Strom, Männer baggern wie blöde?

Sie musterte Burghard kurz von der Seite, um sich zu vergewissern, dass er nicht zu dieser Sorte Mann gehörte. War ja eigentlich klar, denn ein Grönemeyer'scher Mann würde doch wohl nicht relaxt von Verkupplungsversuchen reden, wenn er tatsächlich Absichten hegte? Bestimmt nicht. Im Gegenteil: Er würde grönemeyersch baggern und stark tun, flirten und flunkern und mit Blicken und Gesten versuchen, ein Netz zu spinnen.

Dem da ist es aber egal, wer neben ihm sitzt, seufzte Katharina. Hauptsache, es ist eine holde Schöne. Was wieder mal beweist: Schwule können so frei mit Frauen umgehen, weil sie kupplungstechnisch anders taktieren.

Sie wurde in den Sitz gepresst, weil Burghard zurückschaltete und Vollgas gab. «Turbo, und die Welt ist schön!»

Das war die Landschaft rechts und links der Württembergstraße zwar auch ohne Turbo, aber anscheinend wurden für Burghard die Reben noch schöner, wenn man mit hundertzehn Stundenkilometern an ihnen vorbeifegte. Katharina stemmte sich in den Sitz und atmete einmal tief durch: Ich halt den Mund, dachte sie. Der Rest ist Karma. Der Wein schmeckt nach ein paar Wochen Krankenhaus auf jeden Fall besonders gut. Vielleicht legt er es aber gerade deswegen so drauf an.

Immerhin war Lesezeit. Beinahe in jedem Feldweg stand ein Trecker, und hier und da lugten selbst zu dieser Abendstunde noch bunte Kopftücher zwischen den Rebzeilen hervor. Seit Jahren beschäftigten die Winzer nun schon türkische Lesehelferinnen. Das Einzige, was einige von ihnen nach wie vor erstaunte, war, dass die fleißigen Frauen sich nach der schweren Arbeit nicht einmal ein Achtele Wein gönnten. Janina hatte erzählt, dass einige Frauen, wenn der Fastenmonat Ramadan sich mit den Lesezeiten überschnitt, sogar auf die Vesper verzichteten. Und natürlich duftete es dann abends auf den Höfen nicht mehr nach Spanferkel und Kraut, sondern gebratenem Lamm, Knoblauch und Kreuzkümmel.

Burghard, der offenbar unbegrenztes Vertrauen in die Bremsen seines TDI hatte, bremste abrupt, weil die Württembergstraße scharf nach rechts abbog. Sofort beschleunigte er danach wieder. «Das braucht's jetzt, Käthe. Aber keine Angst: Ich bin gleich fertig.»

Kurz darauf war es dann so weit: Ein Trecker tuckerte mit leerem Hänger und vier Kopftuch-Lesehelferinnen vom Hof, linkerhand säumten herbstlich bunte Hecken die Straße. Burghard ließ die Scheiben herunter. Eine Dieselfahne wehte ihnen um die Nase, doch dann duftete es herbsüß nach Laub und Fallobst. Die Sonne hatte den Herbstnebel zerrissen und färbte die

Rebzeilen golden, aber das unter ihnen liegende Untertürkheim verschwand dennoch fast unter dem schweren Dunst, der vom Neckartal aufstieg. Katharina entspannte sich, und auch Burghard wirkte wie ausgewechselt. Genüsslich fuhr er langsam bis zur alten Schule, bog dann links ab und rollte an ein paar neuen Häusern vorbei auf eine Hofstelle, die in eine Hecken- und Baumlandschaft mündete.

«Hier?», fragte sie. Entgeistert schaute sie zur nahen Grabkapelle hoch.

«In der Tat nicht das Schlechteste, dieser Blick», bemerkte Burghard und klemmte sich eine schmale Aktenmappe unter den Arm. «Glaub mir, diese Lage ist das wahre Kapital. Sozusagen der Sponsor der Schlag'schen Winzerei, die bestimmt nicht nur für ihn zu einer teuren Geliebten geworden ist.»

Sie stiegen die Stufen zum Eingang des ockergelb verputzten Krüppelwalm-Gebäudes hoch, läuteten. Katharina schätzte, dass es in den 1930er Jahren gebaut worden war. Bestimmt hat an seiner Stelle einst ein schönes Fachwerkhaus mit wuchtiger Bogentür aus schwerem Eichenholz gestanden, überlegte sie, schließlich produzieren die Schlags schon seit weit über zweihundert Jahren Wein.

Nicht Rainer Schlag öffnete, sondern eine Frau.

«Sie?», entfuhr es Katharina.

«Wer sonst?», fragte Rainer Schlags Frau amüsiert zurück. Sie war niemand anderes als jene elegant gekleidete Dame, der Katharina in den ersten Tagen im Schwabenlädle Saure Kutteln verkauft hatte. «Wie schön, dass Sie endlich herfinden.»

«Aber ohne Birnen, Bohnen und Speck, was ja Ihr Leibgericht ist.»

«Das koche ich uns, wenn Sie einmal wiederkommen.»

Gertrud Schlag trug einen lässigen cremefarbenen Hosenanzug und wirkte, wie auch vor Wochen im Lädle, so ausgeruht, als käme sie gerade von einer Wellness-Kur. Sie war ungeschminkt, aber hatte Lippenstift aufgelegt. Da sie jenseits der vierzig war, fragte sich Katharina unwillkürlich, ob ihre eigene Figur in zehn Jahren auch noch so anziehend sein würde wie die Gertrud Schlags.

Heute ist nicht dein Tag, seufzte sie innerlich. Aber irgendwie ist es zum Aus-der-Haut-Fahren, ständig auf Menschen zu treffen, denen man schon an der Nasenspitze ablesen kann: Mir geht's gut!

Burghard zeigte wenig Lust auf Smalltalk und kam ziemlich schnell zur Sache. Ob denn der werte Herr Gemahl zu sprechen sei?

«Bestimmt. Wenn ich nur wüsste, wo er steckt. Am frühen Nachmittag hat er mir ins Café vom Kunstverein eine SMS geschickt: Ich fahre nach Hohenheim.»

«Dann wollte er wohl wegen derselben Sache zu uns wie ich jetzt zu ihm», sagte Burghard ernst. «Sie sind also im Bilde, Frau Schlag?»

«Nur indirekt. Seit dem Streit … na ja, da hat er sich auf den Harald Kellmann eingeschossen. Das ist jetzt sein Feind. Vermutlich will er ihm am Zeug flicken.»

«Die Proben waren nummeriert, Rotwein und Weißwein. Ohne weitere Angaben. Wer aber nun welchen Wein produziert, dies Geheimnis wollte Ihr Mann wohl für sich behalten?»

Katharina horchte auf: Burghard klang ärgerlich, und sein sonst freundlich offenes Gesicht hatte sich verhärtet.

«Vielleicht ist er ja ganz in der Nähe», mischte sie sich ins Gespräch. «Das Auto steht auf dem Hof, der Trecker auch.»

«Dann kann er nur drüben sein. In seiner Manufaktur.»

«Manufaktur?», fragte Katharina verwundert.

«Ja. So nennt er es eben, wo er den Wein macht. Hier unter dem Haus ist nur der Flaschenkeller.»

Rainer Schlags Manufaktur war ein nüchterner Zweckbau voller Stahlregale, in dessen Vorraum und den danebenliegenden Geräteräumen alles aufbewahrt wurde, was ein Winzer an Arbeitsmaterialien brauchte. Katharina entdeckte Bütten und Plastikfässer, Unmengen von Draht, Forken, Hacken und ganze Haufen von angespitzten Pfählen und Netzen.

«Hier scheint er nicht zu sein», sagte Burghard. «Dann vielleicht dort.»

Er zeigte auf eine große zweiflügelige Stahltür. Sie führte zu einem Raum mit den Maischebottichen und der drei Stufen tiefer liegenden altertümlichen Spindelkelter.

«Sehr still hier», murmelte Burghard, blieb stehen und schaute Katharina forschend an. «Hast du gerade gegähnt?»

«Ja, warum?» Ohne ihre Frage zu beantworten, rief Burghard ein paarmal laut nach Rainer Schlag. Doch es blieb still. Burghard und sie lauschten angestrengt, beide runzelten die Stirn.

«Komisch», bemerkte Katharina.

«Was denn?»

«Wir sind bestimmt allein, oder?»

«Sagt mir mein Verstand.»

Und mir das Gefühl etwas anderes, dachte Katharina.

«Schon mal was von CO_2-Unfällen gehört?» Burghard schaute sie ernst an. «Bestimmt. Also, was uns jetzt hinter der nächsten Tür erwarten könnte … Auf jeden Fall Luft anhalten und erst hier wieder atmen. Das muss ganz klar sein, Katharina.»

«Ich dachte ‹Käthe› …»

«Ausnahmen zu machen ist das Privileg der Gebildeten.»

Beherzt öffnete er die Tür. Verschiedene unterschiedlich große Gärbottiche füllten den einen guten Meter tiefer liegenden Gärkeller aus. Einige waren aus hellem, andere aus dunklem Holz, zwei von ihnen, die größten, schienen deutlich älter als die anderen zu sein. Allen gemeinsam war, dass sie aussahen wie ein auf halber Höhe durchgesägtes Fass.

«Herr Schlag?», rief Burghard noch einmal in den Raum hinein und wies auf die beiden großen Ventilatoren, die sich ihnen gegenüber befanden. Dann schlug er die Tür zu. «Hast du was gesehen?», keuchte er. «Zum Teufel, warum laufen die Ventilatoren nicht?»

Katharina holte tief Luft und riss die Tür wieder auf. Die Hand vor dem Mund, nahm sie zwei Stufen auf einmal, rannte am ersten Gärbottich vorbei und blieb abrupt stehen. Burghard setzte ihr nach, dann fluchte er. Den Kopf auf die Brust gesunken, lehnte Rainer Schlag schief auf einem dreibeinigen Hocker an einem Gärbottich. Zu seinen Füßen lagen ein zerbrochenes Glas, eine Oechslewaage und eine erloschene Kerze.

«Raus hier!» Er packte Katharinas Hand und riss sie mit sich.

Katharina pochten die Schläfen, ihr Kopf begann zu dröhnen. Sie nahm alle Kraft zusammen, doch für die letzten Stufen reichte es nicht mehr. Sie japste nach Luft, und sofort wurde ihr schwindelig. Aber Burghard hatte bereits die Tür zum Kelterraum aufgestoßen. Ohne anzuhalten, liefen sie weiter nach draußen, wobei Katharina für einen Moment fest glaubte, sie träume nur. Das alles ist ja gar nicht wahr, dachte sie. Es sind nur Bilder. Ich werfe mich jetzt auf den Boden …

«Du bist ja wohl total von der Rolle, was?» Statt im Bett aufzuwachen, tätschelte ihr jemand die Wange. «Die tollkühne Käthe und der Tod. Was hast du dir dabei gedacht?»

Katharina antwortete nicht. Sie fühlte nur, wie sie plötzlich etwas würgte. Gleichzeitig presste eine unsichtbare Kraft kalt ihr Herz. Die Welt begann zu schaukeln, dann knickten ihr die Beine weg.

«Und ich bin schuld!», flüsterte sie. «Ich allein.»

12

Es ging nur langsam vorwärts, so groß war der Zug der Trauergemeinde, die Rainer Schlag das letzte Geleit gab. Katharina hatte lange mit sich gerungen, ob sie die Kraft aufbrachte, die Beerdigung durchzustehen, aber schließlich hatte sie sich von Janina überreden lassen. «Dein Burghard geht schließlich auch. Du wirst ihn doch wohl nicht im Stich lassen.»

«Zum letzen Mal: Er ist nicht ‹mein Burghard›.»

Sie musste an diese Worte denken, als sie sich bei Burghard einhakte und sie als Letzte die Trauerhalle verließen. Janina lief allein und hocherhobenen Hauptes vor ihr, was aussah, als hätten sie sich gerade gestritten.

Gerade tut sie stark und mimt die Geschäftsfrau, dachte Katharina. Wenn die Herren Winzer aber wüssten, wie sehr es sie mitgenommen hat … Das gäbe ein Spekulieren und Schwatzen, dann wäre was los im Dorf. Sie schaute sich um, weil Burghard und sie doch nicht die Letzten im Zug waren. Hinter ihnen ging noch Kriminaloberkommissar Horst Eppler, denn natürlich hatte die Mordkommission Ermittlungen aufgenommen. Zu seltsam war dieses Zu-Tode-Kommen, einmal ganz zu schweigen von den Vorfällen der letzten Wochen.

Die Grabstelle kam in Sicht. Katharina verkrampfte sich, zog Burghard unwillkürlich enger an sich heran.

Obwohl es ihr in den beiden letzten Tagen gelungen war, wieder Abstand zu gewinnen, waren ihr plötzlich die Stunden auf dem Präsidium gewärtig. Sie hatte Oberkommissar Eppler von dem Einbruch im Schwabenlädle und von dem Drängler erzählt, von ihrem Entsetzen, als sie auf der Wöchnerinnen-Station von Janina gehört hatte, dass sie und Schlag dasselbe Auto fuhren. Auch ihre Ohnmacht und ihre Schuldgefühle waren wieder da, sich weder an den Wagentyp noch an das Kennzeichen zu erinnern. Eppler und der leitende Hauptkommissar hatten sie zu trösten versucht. Sie habe sich nichts vorzuwerfen, weil die Polizei auch im Fall einer Anzeige nichts hätte unternehmen können. «Zwar können wir jetzt vermuten, dass es eine Person gibt, die Rainer Schlag gewissermaßen schon längere Zeit als Ziel eines Personenanschlags im Auge hatte», so Eppler, «aber die Drängelattacke könnte dennoch nur ein Zufall gewesen sein.»

Die Worte klangen in ihr auf, als würde Eppler sie ihr gerade soufflieren. Burghard spürte ihre Verkrampfung, blieb stehen und forderte Eppler mit entsprechender Geste auf, vorwegzugehen. «Wer hat schon gerne die Polizei im Nacken», sagte er. «Aber auch als Vorletzter dürften Sie noch genug Überblick haben.»

Der Oberkommissar antwortete nichts, rang sich aber ein Lächeln ab. Er hätte perfekt als Lagerleiter eines Ersatzteilproduzenten arbeiten können. Nur dass er jetzt, gegen vierzehn Uhr, noch nach einem Herrenparfüm roch, ließ ihn etwas auffallen.

«Danke», flüsterte Katharina. «Irgendwie kommen gerade wieder die bösen Bilder zurück.»

«Denk an Heinrich Heine: ‹Die alten bösen Lieder, die Träume schlimm und arg, die lasst uns jetzt begraben, holt einen großen Sarg.›»

Die Worte sollten sie aufmuntern, trieben Katharina aber stattdessen die Tränen in die Augen. Hatte sie Janina nicht vor ein paar Wochen mit genau diesen Worten im Büro des Schwabenlädles zu trösten versucht? Janina hatte mit ihr über ihre gescheiterte Beziehung gesprochen … und jetzt machte ihre Schwester sie für den Tod Rainer Schlags mitverantwortlich.

Wieder packte sie der Schauder: Nachdem sie Janina die Sache mit dem Drängler gebeichtet hatte, hatte diese sich mit dem verzerrten Gesicht eines Werwolfs auf sie gestürzt. Wäre ihr Vater nicht in der Wohnung gewesen, Janina hätte wohl erst von ihr abgelassen, nachdem Blut geflossen wäre.

Die Szene würde für immer in ihrem Gedächtnis bleiben und gehörte zu den schlimmsten Erfahrungen ihres Lebens.

Der Trauerzug kam zum Stehen, die Menschen verteilten sich in Gruppen um das Grab. Alle Augen ruhten auf Rainer Schlags Frau. Gesenkten Hauptes lauschte sie den Worten des Pastors, während ihre Mutter ihr über den Rücken strich. Gertrud Schlags Vater stand dicht neben ihr, bereit, seine Tochter sofort aufzufangen, sollte sie die Kraft verlassen.

Janina verweilte nur wenig länger als einen Atemzug am offenen Grab. Sie schaut, als mache sie ihrem Rainer den Vorwurf, sich davongestohlen zu haben, dachte Katharina und trat mit Burghard ans Grab. Als sie Gertrud Schlag kondolierte, flüsterte diese: «Bitte kommen Sie bald. Ich habe doch niemanden hier.»

«Natürlich.»

Katharina umarmte sie und fühlte sich wieder schuldig. Doch als wisse Burghard um ihre Gefühle, fasste er nach ihrer Hand, drückte sie und sagte laut: «Nein und nochmals nein.»

«Du hast ja recht. Danke.»

Und jetzt nimm mich halt einmal richtig in den Arm, dachte sie. Du vergiftest dich doch nicht dabei.

Burghard aber hatte anderes im Sinn.

«Sie haben sich keine Notizen gemacht?», fragte er den Oberkommissar. «So gar nichts Verdächtiges bemerkt?»

«Erstens vertraue ich auf mein Gedächtnis, Dr. Rücklin, und zweitens würde und dürfte ich über meine Vermutungen nicht sprechen.»

«Sie haben aber welche?», hakte Katharina nach, der der herablassende Ton des Kriminalbeamten noch nie gefallen hatte.

«Stärken Sie sich Leib und Seele. Guten Tag.»

Als Horst Eppler außer Hörweite war, sagte Katharina: «Er ist so liebenswürdig wie die Luft in seinem Büro. Ob er jetzt Harald Kellmann auf den Zahn fühlt? Schließlich hat der sich als einziger Winzer hier nicht blicken lassen.»

«Exakt. Soll er am besten gleich Handschellen mitnehmen.»

«Niemals … so einfach ist das nicht.»

«Aber bequem. Und auch du, liebe Käthe, hast in diese Richtung schon etliche Überlegungen angestellt.»

Katharina presste die Lippen aufeinander. Er ist … Wie kann man immer wieder das Stachelschwein spielen wollen, dachte sie resigniert. Wenn ihm was fehlt, wenn sein alter Studienfreund anscheinend seine Tage hat, muss er es ja nicht gleich wieder an mir auslassen!

Schweigend liefen sie zum Ausgang. Kaum war der Parkplatz in Sicht, zückte Burghard den Autoschlüssel und zielte damit auf seinen roten Polo. «Immer wieder … drückt er nieder.» Brav begann der Polo zu blinken, und die Zentralverriegelung gab gehorsam die Türen frei.

«Das ist aber schön», sagte Katharina gestelzt. «Fein, wie du das so programmiert hast.»

«Vorsicht, Käthe, ich bin ein sensibler Kerl. Nur damit du es weißt: Meine Eltern haben nie ein Fahrzeug besessen. Meine Mutter war zu blöd für die Führerscheinprüfung und die Sehkraft meines Vaters nur die eines Maulwurfs. Womit ich sagen will: Bitte sei nicht so stachelig. Aber wie heißt es so schön? Essen und Trinken hält Leib und Seele zusammen. Das gilt vor allem für Trauernde. Also, halt dich nicht zurück.»

Katharina riss die Augen auf, sie schnappte nach Luft.

Und ich bin noch so verrückt … Vor Wut stiegen ihr die Tränen in die Augen.

Burghard aber fuhr einfach los und entblödete sich nicht, zum Abschied zweimal zu hupen.

«Habt ihr's jetzt endlich?» Janina, die nicht weit entfernt in der offenen Tür ihres Peugeots saß, trat ihre Zigarette aus. Missmutig schaute sie ihre Schwester an. «Was glaubst du? Ob die Schlag Wein ausschenken lässt?

«Himmel Herrgott! Das ist jetzt die Gretchenfrage, was?

Freust du dich immer noch kein bisschen? Gertrud Schlag ist Witwe! Auch für sie ist der Rainer jetzt Geschichte.»

«Spinnst du?»

«Ich? Nein. Aber soll ich dir mal was sagen? Dieser maulschnelle Vermieter, dieser Warmduscher ist so was von überflüssig in dieser Welt. Wage es nie mehr auch nur eine Sekunde lang, mich an ihn verkuppeln zu wollen. Noch ein Wort in diese Richtung, und du bist mich schneller los, als du meinen Namen sagen kannst!»

Verblüfft schaute Janina ihre Schwester an. «Schwul?»

«Aber für zwei. Und jetzt fahr los. Ich finde, wir haben allen Grund, uns mal richtig zu besaufen.»

13

Es war das erste Mal, dass Katharina sich bei dem Gedanken ertappte: Tante sein ist zwar schön, aber Tante ohne Kinderwagen zu sein ist noch ein bisschen schöner. Sie hatte Lust auf einen Bummel durch die Stuttgarter Innenstadt gehabt und fest darauf vertraut, dass ein frisch gefütterter, gewindelter und gekoster Markus das tat, was Menschen seines Alters eigentlich am liebsten tun: schlafen. Markus aber hatte andere Pläne gehabt. Ob es nun für oder gegen ihn sprach, dass er sich durchgesetzt hatte, egal: Katharina war reichlich erschöpft, als ihr Neffe endlich auf ihrem Schoß einschlief. Der Kleine hatte erst zu quengeln aufgehört, als sie sich mit ihm auf den Beckenrand eines der beiden Brunnen auf dem Schlossplatz gesetzt hatte. Jetzt machte sie das Rauschen des Wassers ebenfalls schläfrig, obwohl ihr der Rücken von der Sitzhaltung schmerzte.

Sie betrachtete die kindlichen Engel, die unter der gewaltigen Wasserschale saßen. Sie standen für die wichtigsten Flüsse des einstigen Königreichs Württemberg, Donau und Neckar, Jagst und Kocher, Nagold, Tauber, Fils und Enz. Doch so lauschig die Atmosphäre war, Katharina zog für einen Moment in Betracht, möglicherweise gerade einen Riesenfehler zu begehen: Ich bin dabei, Markus auf die schönsten Springbrunnen Deutschlands zu prägen, dachte sie, zumindest auf den einschläfernden Sound von rauschendem Wasser. Was, wenn er diese Geräusche ab sofort auch zu Hause hören will?

So ein Quatsch, sagte sie sich. Was spintisiere ich da eigentlich zusammen? Wird Zeit, dass es zu dem Vorstellungsgespräch in München kommt. Es tut nicht gut, dieses ständige geistlose Nichtstun.

Ein leichter Windzug entlockte den Wasserspielen einen feinen Sprühnebel. Katharina streckte ihm das Gesicht entgegen und genoss die Erfrischung. Eine kleine Weile lang roch die Luft nach Metall und Sandstein, dann aber wehten ihr die sehr irdischen Düfte eines warmen Fleischkäs-Brötchens in die Nase. Zwei Schülerinnen hatten sich nicht weit von ihr ebenfalls auf den Brunnenrand gesetzt, eine von ihnen zog eine Dose Coca Cola auf. Katharina erhob sich sachte und legte Markus zurück in den Kinderwagen.

Bitte … schickte sie ein Stoßgebet gen Himmel. Auch Tanten haben ein Recht auf eine Mußestunde.

Ihr Gebet wurde erhört. Katharina querte die Kastanienallee und schlenderte über die Planie auf das Alte Schloss und den Schillerplatz zu. Ohne Kinderwagen wäre sie jetzt weiter zur Markthalle gegangen, so aber entschied sie sich, endlich einmal wieder den Schlossinnenhof zu besuchen und den Blick über die Renaissance-Arkaden schweifen zu lassen.

Und Markus schlief.

Was Katharina den vorwitzigen Plan fassen ließ, den Markt vor dem Rathaus anzusteuern. Zum einen bekam sie allmählich Hunger, zum anderen hatte sie ihrem Vater versprochen, heute

Abend eine Gemüse-Ratatouille zu kochen. Sie hatten einen gemütlichen Abend geplant, hinter dem sich in Wahrheit ein veritabler Strategiegipfel verbarg. Ganz einfach, weil ihr Vater sich Sorgen um ihre Zukunft machte.

Der Stuttgarter Wochenmarkt war noch ein echter Erzeugermarkt, hier verkauften vor allem regionale Blumenhändler, Metzger und Landwirte ihre Produkte.

Eigentlich ist der Kinderwagen ganz praktisch, dachte sie. Da brauche ich nichts zu tragen. Was muss ich einkaufen? Auberginen, Zucchini, Paprika, Tomaten, Stangensellerie, Petersilie und frischen Thymian, und natürlich Knoblauch. Die erste Runde durch die Reihen der Marktstände dienten der Sondierung des Angebots, beim zweiten Rundgang kaufte sie das Gemüse, aber auch Bananen und Birnen.

Und nun noch Weißbrot und was Herzhaftes für die Pfanne. Aber erst einmal gönnte sich Tante Katharina eine große Chiquita. Nach dem ersten Bissen fiel ihr Blick auf ein Hand in Hand schlenderndes Paar: Er trug einen weit ausladenden Strohhut, sie war eine dieser platinblonden Prinz-Eisenherz-Damen.

Das darf nicht wahr sein! Harald Kellmann und «Madame blond und blöd».

Nicht jetzt! Hektisch warf sie die angebissene Banane ins Netz und startete ein Rangiermanöver. Dies misslang völlig, denn erst trat sie krachend in einen Haufen leerer Pappkartons, und dann blieb sie auch noch mit dem Absatz darin hängen. Und weil es für Bustour-Senioren nichts Schöneres gab, als einer jungen vermeintlichen Mutter dabei zu helfen, den Fuß aus den Kartons zu bekommen, sorgte diese Aktion erst recht für Aufmerksamkeit. Ganz davon abgesehen, dass die Hektik und das Gewackel am Kinderwagen Markus aus dem Schlaf rissen.

«Da tät ich auch aufwachen, wenn der Mama ein anderer an den Fuß geht, gell?»

Die Frau hinter dem Gemüsestand schlug begeistert die Hände zusammen, und natürlich wurde laut gelacht, denn die Bustouristen hatten bereits alle einen sitzen. Mit anderen Worten: Es war längst zu spät.

Katharina hob Markus aus dem Wagen und konnte ihn zu ihrem Erstaunen sofort beruhigen und in den Wagen zurücklegen. Was Harald Kellmann mit den Worten kommentierte: «Meine Tante hat mir immer den Arsch versohlt, wenn ich laut wurde. Schön, dass Sie das nicht tun. Also haben Sie das Herz auf dem rechten Fleck.»

Er stellte Katharina seine Frau Ingrid vor, die ihr artig die Hand gab: «Lerne ich endlich die Frau Doktor mit dem aufopferungsvollen Herzen kennen. Und wie ich sehe, hat Ihre Schwester auch eine wunderbare Tante in Ihnen gefunden.»

«Ja, das mit dem Opfer stimmt gelegentlich», antwortete Katharina. «Aber ich würde lügen, wäre ich bei diesem herrlichen Wetter nicht doch lieber allein unterwegs.»

«Ja, wir Frauen sind gerne die Opfer. Womit ich jetzt nicht Gertrud Schlag meine.»

Warum Janina sie Madame blond und blöd nennt, muss sie mir mal erklären, dachte Katharina. Sie spricht doch ganz vernünftig.

Andererseits musste selbst sie zugeben, dass Harald Kellmanns bessere Hälfte gewisse Phantasien in Gang setzte, vor allem Männerphantasien. Katharina erinnerte sich an den Stammtischabend, an dem Rainer Schlag Ingrid Kellmann Kurschattenromanzen unterstellt hatte. Sicher war dies nur Geschwätz, aber mit ihrer plantinblonden Frisur, der herausragenden Oberweite, der anliegenden weißen Hose und den schwarzen Schnürlack-Stiefeletten forderte diese Frau zu derartigen Unterstellungen einfach heraus. Wie es aussah, litt Harald Kellmann nicht darunter, oder anders gesagt: Die Vorteile davon überwogen für ihn die Nachteile.

«Darf ich Sie auf einen Zwiebelkuchen in die Markthalle einladen?»

«Um mir auseinanderzusetzen, warum Sie nicht auf Rainer Schlags Beerdigung waren?», fragte Katharina.

«Genau. Gerne mache ich mit Ihnen den Anfang. Sie erzählen dies dann Janina, die trägt es über ihre Kunden weiter … und irgendwann glaubt selbst Gertrud Schlag, wie harmlos ich bin.»

«Harald leidet sehr unter den Verdächtigungen», fügte Ingrid Kellmann hinzu. «Zum Glück liefert er, wie die lieben Kollegen auch, seine Trauben an die Gilde. Würden wir vom Wein allein leben müssen, dann säh's schlimm aus.»

«Aber für einen Zwiebelkuchen und einen Federweißer langt es noch», meinte Harald Kellmann verschmitzt. «Also?»

«Gehen wir», sagte Katharina.

Eigentlich freute sie sich über die Einladung. So schön es mit dem Kleinen war, weil er sie zwang, alles andere zu vergessen, die Abwechslung kam ihr gelegen. Vielleicht wäre es anders, Markus wäre mein Kind, dachte sie, aber irgendwie gehöre ich wohl doch zu den Frauen, die nach ein paar Stunden wieder etwas mit ihrem Geist anfangen wollen.

Aber erst einmal überließ sie sich den Gerüchen der Markthalle, die sich gleich neben dem Rathausplatz befand. Stuttgarts Lebensmittelparadies stand nicht nur für europäische, sondern auch für exotische Spezialitäten. Der süße Duft türkischen Halvas mischte sich mit dem von Paprika, Kräutern und Oliven, nur einen Schritt weiter glaubte man, in einer Molkerei zu stehen, in der Kräutertees und Salami aufbewahrt wurden. Die Käseauswahl war genauso hinreißend wie die der Fleischwaren, und ob Bisonfleisch oder Fladenbrot: In Stuttgarts Markthalle einzukaufen war stets ein Fest für die Sinne. Natürlich hatte dies auch seinen Preis. Es war schon immer ein Vorrecht der etwas feineren Geldbörsen gewesen, hier geleert zu werden.

Jetzt brauchst du also nur noch weiterzuschlafen, kleiner Mann …

Katharina schaukelte den Kinderwagen und genoss den Ausblick von der Empore. Von hier aus hatte man einen exquisiten Blick auf die Kundschaft und die achtunddreißig Verkaufsstände. Ich sollte nachher wieder einmal Kreuz- und Schwarzkümmel einkaufen, dachte sie. Und natürlich Pfeffer, weißen, roten, Sichuan-Pfeffer, Piment.

«Können Sie eigentlich die Traube dieses Federweißen herausschmecken?», fragte sie und setzte das Glas an die Lippen.

«Da würde ich lügen.» Harald Kellmann hob sein Henkelglas, schnupperte und nahm einen großen Schluck. «Der ist wenigstens schon etwas vergoren», stellte er zufrieden fest. «Vielleicht fünf Prozent Alkohol, auf jeden Fall ist es kein reiner Most mehr. Gerade diese Halbweinigkeit macht ja den Reiz des Federweißen aus, dass ein Teil des Fruchtzuckers eben bereits vergoren ist. Da ist die Traube nicht so wichtig. Meistens ist es ein Müller-Thurgau. Aber jetzt erst einmal ein fröhliches: Auf die Zwiebel!»

Er kann nichts mit dem Tod von Winzer Schlag zu tun haben, dachte Katharina und widmete sich ihrem Zwiebelkuchen. Oder aber er ist ein guter Schauspieler und gerade dabei, ein gigantisches Ablenkungsmanöver zu starten.

«Wir waren nicht auf der Beerdigung, weil jeder dies Harald als Unverschämtheit ausgelegt hätte», begann Ingrid Kellmann. «Zudem hat der Herr Oberkommissar gemeint, er könne besser beobachten, wenn der Hauptverdächtige die Zeremonie nicht störe.»

«Irgendwie unverschämt, oder?»

«Und wie!» Harald Kellmanns Miene verdüsterte sich. «Wissen Sie, dass ich Stuttgart nicht verlassen darf? Nach wie vor gelte ich als das Kollegen-Mörder-Schwein. Und das alles, weil ich kein Alibi habe.»

«Nein?»

Katharina versteifte sich etwas.

«Natürlich habe ich eines. Aber das zählt nicht, weil meine Frau es mir gibt. Ich war zur angenommenen Tatzeit zu Hause.»

Ingrid Kellmann legte ihre Hand auf die ihres Mannes und sah ihn offen von der Seite an. Das katzenhafte Funkeln ihrer Augen und die leicht geschürzten Lippen sprachen Bände.

Katharina nickte nur und hoffte, keiner von beiden würde bemerken, wie ihr plötzlich das Blut zu Kopf stieg.

«Wann … also wie spät war es denn?»

«Der Todeszeitpunkt? Die Gerichtsmedizin geht von ungefähr fünfzehn Uhr aus. Sonst hätte mich Horst Eppler nicht gefragt, wo ich zwischen vierzehn und sechzehn Uhr gewesen bin.»

«Frau Schlag sagte mir und Dr. Rücklin, sie habe am frühen Nachmittag eine SMS von ihrem Mann in den Stuttgarter Kunstverein gesandt bekommen.»

«So? Davon weiß ich nichts.»

«Und von den Weinproben?»

«Welchen Weinproben?»

«Nun, na ja, dass der Rainer Schlag bei meiner Schwester eine Trockenbeerenauslese sozusagen vortesten ließ», flunkerte sie, ohne rot zu werden.

«Ach, das … das kam ja schon beim Streit raus.»

«Ja, richtig. Gut. Fürs Erste scheint es auf jeden Fall so, dass dieser Oberkommissar Eppler sich sehr bedeckt hält, wenn es um Ermittlungsergebnisse geht.» Katharina presste die Lippen aufeinander. Ihr Herz schlug schneller. Noch immer sah es ganz so aus, als wüssten außer ihr nur der Oberkommissar, Burghard und Frau Schlag etwas von den Proben, die Rainer Schlag im Labor der Universität Hohenheim hatte untersuchen lassen. Freilich, wenn sie genauer nachdachte: Wusste Horst Eppler wirklich davon? Weder sie noch Burghard hatten bei ihrer gemeinsamen Vernehmung etwas davon erzählt. Und wie es aussah, hatte Frau Schlag diesbezüglich auch höchstens vage Andeutungen gemacht. Denn Horst Eppler hatte bislang weder in Hohenheim noch bei Burghard nachgefragt.

Ja, aber was war eigentlich mit den Proben? Waren sie vielleicht eine erste Spur?

Ich werde ihn anrufen müssen, diesen … Menschen, nahm Katharina sich vor. Soll er mir mal was erzählen! Und dann petz ich es dem Eppler, der diesem Menschen wegen Unterschlagung wichtiger Ermittlungsdetails dann hübsch den Marsch bläst.

«Nun fragen Sie ja gar nichts mehr», bemerkte Ingrid Kellmann bekümmert.

«Doch, doch. Zum Beispiel könnte Ihr Mann sich ja schon seit dem frühen Morgen im Gärkeller versteckt haben. Er wartet, Rainer Schlag geht in seine Manufaktur, und schnapp, stellen Sie die Entlüftung aus.»

«Damit sind wir schon lange durch. Es gibt keine Spuren, einmal davon abgesehen, dass die Ventilation ja Geräusche macht. Das wäre dem Rainer doch aufgefallen.»

«Stimmt.»

«Was aber am meisten für mich spricht: Niemand hat mich irgendwo gesehen. Weder Lesehelferinnen noch Winzer, noch sonst wer. Was im Umkehrschluss heißt: Meine Frau sagt die Wahrheit.»

«Ich glaub Ihnen ja auch.»

«Ach, lassen wir's. Irgendwann kommt sowieso alles heraus.»

«Das klingt jetzt aber spannend …»

Harald Kellmann riss die Augen auf, dann lächelte er breit: «Schmutz gibt es überall.»

«Aber nicht bei uns!», sagte Ingrid Kellmann energisch. «Wir sind schwäbisch bis auf die Knochen. Und weil Harald und ich uns eben immer noch ehrlich lieben: Das passt halt so einigen Winzern, die nur vordergründig auf Harmonie tun, nicht.»

«Sie wollen andeuten, Rainer Schlag war seiner Gertrud nicht immer treu?», fragte Katharina. Sofort ärgerte sie sich über diese Frage, aber noch schlimmer war, dass sie spürte, wie sie rot wurde. Sie war einfach zu neugierig. War Janina wirklich ein ganz und gar unbeschriebenes Blatt? Oder kam jetzt vielleicht heraus …?

«Der Rainer? Der konnte umwerfend charmant sein. Und das aus dem Stand heraus. Das war die andere Seite seines cholerischen Temperaments. Es gab da mal eine Lesehelferin, eine Studentin. Und Janina mochte er schon immer.»

«Und was heißt das genau?»

«Um Gottes willen … Ihre Schwester doch nicht. Das war einfach eine harmonische Geschäftsbeziehung.»

«Natürlich.»

Katharina musste sich abwenden, konnte nur mühsam ein Grinsen unterdrücken. Und siehe da: Markus half ihr. Offensichtlich hatte er die Ohren gespitzt und beschlossen, sich zu rächen. Wäre ja noch schöner, seiner Mama etwas zu unterstellen. Einen kleinen Moment lang sah er Ingrid Kellmann erstaunlich fest an, und dann ahndete er deren Frevel auf altersgemäße Weise: Markus holte tief Luft und legte los.

«Das liegt jetzt aber hoffentlich nicht an meiner Frisur, du», sagte Ingrid Kellmann und hob schelmisch den Finger, was Markus nur noch mehr aufregte.

«Er duldet eben keinen Ritter neben sich», bemerkte Katharina und machte sich fertig zum Gehen. Keine zehn Minuten später schob sie den Kinderwagen über den Schillerplatz. Was ihr gar nicht so unrecht war. Erstens hatte ihr der fluchtartige Aufbruch umständliche Verabschiedungszeremonien erspart, zweitens entging sie möglichen Fragen der Kellmanns nach Janina.

Ich spür genau, dass Harald Kellmann kein Mörder ist, dachte sie. Trotzdem gibt es da irgendetwas, das nicht ganz koscher ist.

Und dann will ich wissen, liebes Schwesterherz, warum du dieser zugegeben etwas auffälligen Frauenerscheinung das Etikett blond gleich blöd aufklebst. Denn du, Janne, bist ja nicht blond. Könnte es vielleicht sein, dass der Harald mal bei dir im Lädle auf der Matte stand, mit einem Karton Wein unterm Arm? Und die Janne sich gerade ganz fürchterlich einsam gefühlt hat? Was ihr dann im Büro oder im dazugehörigen Keller dermaßen bewusst wurde, dass sie anstelle einer Weinprobe auf eine Liebesprobe aus war?

14

Im Lädle zu verkaufen war eine Sache. Sich darüber zu ärgern, sich nicht gleich nach der Offenbarung Professor Gönnmanns arbeitslos gemeldet zu haben, eine andere. Und so klang in Katharina den lieben langen Vormittag das Gespräch mit der Sachbearbeiterin der Hamburger Arbeitsagentur nach. Immerhin hatte die Frau so viel Verständnis aufgebracht, dass sie noch ihr Münchener Vorstellungsgespräch hinter sich bringen durfte. Anschließend aber hatte sie persönlich in Hamburg bei der Arbeitsagentur zu erscheinen.

«Telefonisch, schriftlich oder online: Sie hätten Ihrer Informationspflicht genügen müssen, Frau Doktor Grüninger.»

«Schon. Trotzdem klingt das in meinen Ohren ein wenig nach dem berühmten Kennedy-Statement: Fragt nicht, was euer Land für euch tun kann – fragt, was ihr für euer Land tun könnt. Übersetzt in meinem Fall: Fragen Sie nicht, was das Arbeitsamt für Sie tun kann, sondern fragen Sie, was Sie für das Arbeitsamt tun können.»

«Wenn Sie diese Art eines Dialogs für nützlich erachten, Frau Doktor Grüninger – wir von der Arbeitsagentur nicht.

Um ein bisschen Einsicht sollte sich auch eine Germanistin bemühen.»

«Ich darf für mich in Anspruch nehmen, höchst einsichtsvoll gehandelt zu haben. Warum hätte ich vor Ablauf meiner Versorgungsansprüche selbige vom Staat einfordern sollen? Zumal ich, wie bereits geschildert, in wenigen Tagen ein Vorstellungsgespräch habe, in dessen Folge möglicherweise ein neues Beschäftigungsverhältnis ansteht.»

«Aus den Verlautbarungen Paragraph 38 Sozialgesetzbuch geht hervor, dass wir von der Arbeitsagentur, um aktive Beschäftigungssuche betreiben zu können, Zeit benötigen. Sie können nicht erwarten oder gar einfordern, dass wir Fälle wie den Ihren innerhalb von vierundzwanzig Stunden bearbeiten.»

«Habe ich mich derart geäußert?»

«Ob oder ob nicht spielt gar keine Rolle, wenn wir von der Arbeitsagentur nicht das klare Signal bekommen: Der Antragsteller oder die Antragstellerin ist wirksam arbeitssuchend.»

Wirksam arbeitssuchend. Es war nicht einfach, mit einem derartigen Gespräch in Ohr und Hirn schwäbische Spezialitäten zu verkaufen, besonders, wenn die Stimme am anderen Ende der Leitung ungefähr so konziliant war wie ein zuschnappendes Krokodil.

Dabei muss ich froh sein, dass sie sich auf diesen Kompromiss eingelassen hat, dachte sie und schaute geistesabwesend auf den einhundert Liter fassenden Edelstahlkessel Marke Bundeswehr. Zwei am Oberarm tätowierte Mucki-Burschen hatten das doppelwandige Edelstahlungetüm mit einer Sackkarre ins Lädle gerollt. Der Lohn war je eine Flasche Streuobstwiesen-Apfelsaft gewesen, worüber sich die beiden sichtlich gefreut hatten. «Endlich mal was für die Seele und nicht bloß immer Geld», hatte der eine gesagt und der andere ihr daraufhin so treuherzig in die Augen geschaut, als wolle er damit sagen: Wir teilen alles Schöne … Apfelsaft genauso wie stellenlose Germanistinnen.

Donnerstags einen warmen Linseneintopf mit Saitenwürstchen anzubieten war Janinas jüngster Coup. Frau Dürrschmied hatte offensichtlich genau im Kopf, ab wie viel Uhr diese Köstlichkeit zu kaufen war.

«So, Grüß Gott.»

Dass ich als Folge meiner verabsäumten Meldung eine Woche weniger Geld beziehen werde, ist ja noch zu verschmerzen, dachte Katharina und nahm Frau Dürrschmieds original Geislinger WMF-Topf entgegen. Mechanisch entriegelte sie den gewaltigen Bügelverschluss des Kessels. Das Argument hingegen, in einer modernen Informationsgesellschaft könne man von einer Promovierten erwarten, über derartige Regularien Bescheid zu wissen, ist hirnrissig.

Katharina nahm die Kelle und tunkte sie in den dampfenden Inhalt. Leider gehörte ein gewisses Know-how dazu, mit der einen Hand einen Topf zu halten, während die andere die Kelle führt, um selbige sachgemäß in den bereitgehaltenen Topf zu entleeren.

Katharina scheiterte. Und dies so virtuos, dass sie nicht nur ihre neuen Sportschuhe mit Linseneintopf taufte, sondern Frau Dürrschmieds schwerer Qualitätstopf die Zehen ihres linken Fußes höchst unsanft touchierte.

Das letzte Mal hatte sie so geschrien, als sie die Zusage von Prof. Gönnmann erhalten hatte.

«Oh Gottle, aber so geht's, wenn man nicht zurückgrüßt. Tut's sehr weh?»

Statt einer Antwort erntete Frau Dürrschmied einen glasigen Blick und die ganze Palette eines physische Schmerzen ausdrückenden Gesichts. Katharina schnaufte wie nach einem Fünftausend-Meter-Lauf. Nichts gebrochen, nein, nichts gebrochen. Vorsichtig tat sie einen Schritt und begriff, dass es an diesem Tag für sie im Schwabenlädle nicht mehr weitergehen würde. Auch Frau Dürrschmied wurde dies ziemlich schnell klar, und dies ließ sie handeln. Wohnte nicht im Haus ein überaus netter Mann?

«Er kommt gleich», klärte sie Katharina auf, die ins Büro gehumpelt war. «Und bis er kommt, schaff ich hier halt ein bisschen.»

In der Tat verkaufte Frau Dürrschmied drei Brezeln, zwei Maultaschen und schaffte es sogar, vier Kellen Linseneintopf abzufüllen, bis Burghard erschien.

«Das nenn ich umwerfend», rief er, riss den Putzspind auf und schnappte sich den Eimer samt Flasche Meister Propper. Während er aufwischte, verkaufte Frau Dürrschmied zwei weitere Portionen Eintopf, wobei sie ganz vergaß, dass sie ja eigentlich am Stock ging. Katharina telefonierte währenddessen ihre Schwester herbei, und nach einer halben Stunde trockneten ihre gesäuberten Sportschuhe auf Burghards Balkon.

Auf diese Weise befand sich Katharina das erste Mal in der guten Stube von Janinas Vermieter. Sie lehnte in einem komfortablen Ledersessel, ihr nackter linker Fuß ruhte auf einem Polsterhocker. Burghard war gemütlicher eingerichtet, als sie sich das vorgestellt hatte, zumindest hätte sie ihm keine Schrankwand im Landhaus-Stil zugetraut.

Na ja, sind ja nicht alle automatisch gleich Menschen mit Robert Mapplethorpe-Postern an der Wand, dachte sie und schloss die Augen. Sie ertappte sich bei der Vorstellung, Burghards Kleiderschrank nach schwarzen Lederhosen und Netzunterhemden durchzuwühlen. Ob er wohl auch diese Masken hat?

Ach, es war einfach herrlich, wenn der Schmerz nachließ.

«Eine Dolormin, die reicht.»

«Danke. Einfach zu blöd, oder?»

«Was?»

«Dass ich dir jetzt die Zeit stehle.» Burghard schüttelte nur den Kopf. Er betropfte Katharinas Zehen mit Franzbranntwein, tupfte etwas Sportgel darauf und umwickelte sie locker mit einer Mullbinde. Katharina seufzte. Wenn es auch nur ihre Zehen waren … Immerhin war Burghard der erste Mensch seit Monaten, der ein Fleckchen Haut von ihr berührte. «Also, das machst du gut. Wirklich.»

«Wo es doch dein Füßlein ist …»

«Fuß reicht, Bubi.»

Er schaute auf, sah sie forschend an. Katharina hielt seinem Blick stand, ihr Herz aber begann schneller zu schlagen.

«Hatten wir uns gestritten?»

«Nein», sagte Katharina schnell. «Aber das ist doch so unsere Art, nicht wahr?»

«Stimmt. Sieht so aus, als hätte ich das vergessen. Magst du vielleicht ein Glas Wein zur Läuterung?»

«Na ja, warum nicht? Die Dolormin kann schließlich schwimmen, oder?»

«Richtig. Soll sich bloß nicht so anstellen, diese Tablette.» Burghard verschwand in die Küche und kam mit zwei Henkelgläsern und einer Flasche Rotwein zurück. Er präsentierte sie Katharina wie ein Sommelier, entkorkte sie und schenkte sich ein. «Kann man lassen», sagte er beiläufig, nachdem er gekostet hatte.

«Ein dir unbekanntes Tröpfchen?»

«Ja. Aufbewahrt für besondere Anlässe.»

«Also Unfälle.»

«Mein Herz schlägt seit eh und je für die Leidenden, Käthe.»

«Dann bin ich ja in besten Händen.»

Sie ließ sich einschenken. Burghard hatte einen zwei Jahre alten Trollinger von der Winzergilde Rotenberg ausgesucht. Ein äußerst gehaltvoller Tropfen, wie Katharina befand. Ein Wein mit feinem Mandelbukett, bei dem die Tanninstruktur trotzdem deutlich zu schmecken war.

«Dazu passt jetzt etwas Schüttelbrot.»

«Aus Südtirol?»

«… Zum welschen Vernatsch, richtig. Der Trollinger wurde einst in Württemberg anders genannt. Die Sprachwurzel, aus der sich der Name Vernatsch speist, geht auf das Lateinische slava zurück. Mithin ist der Trollinger oder Vernatsch, italienisch schiava, ursprünglich ein Balkangewächs. Der Vernatsch ist in Italien im 14. Jahrhundert vor allem im Veneto und der Lombardei angebaut worden. Daraus wurde sprachlich der Welsche, wie wir in Württemberg, vor allem im Remstal, heute noch sagen. Zum Trollinger mutierte er für uns in Deutschland ungefähr ab dem 16. Jahrhundert, weil der Welsche vor allem Tirolischer Wein war. Quasi als Markenname, weil Wein aus Südtirol einen so guten Ruf hatte.»

«Schon wieder machst du mich sprachlos.»

Burghard lachte auf und zeigte auf die Bücher in seiner Schrankwand. «Nichts als angelesenes Bücherwissen aus einer Tübinger Dissertation. Die ich freilich nie wirklich gelesen habe. In dem Exemplar, das ich einst unserer Institutsbibliothek entnahm, hatte dies jemand auf das Vorsatzblatt geschrieben. Vielleicht hätte ich es herausreißen und das Buch zurückbringen sollen. Aber nur Idioten beschädigen Bücher.»

Burghard machte sich in der Küche zu schaffen und kam mit einem Korb voller Schüttelbrotstücke und kleiner Butterkäsewürfel zurück. Katharina entspannte sich zusehends und langte dankbar zu. Der Wein war großartig, und das krosse Fladenbrot mit Kümmel, Anis und Fenchel harmonierte dazu wunderbar.

Im Film könnte jetzt alles passieren, dachte sie. Leider eben nur im Film. Weshalb wir uns wohl so gern davon faszinieren lassen. Weil wir letztlich doch alle Hoffende sind … Einfach ein bisschen Liebe! Sie seufzte, biss auf ein Stück Brot und zerkaute es langsam. Wollte sie Burghard nicht etwas fragen? Nein, nicht jetzt, entschied sie. Aber wie wäre es, ihm bezüglich ihres lieben Schwesterleins ein wenig auf den Zahn zu fühlen …

«Du, sag mal ...»

«Ich weiß. Mich hat er deswegen auch noch nicht gefragt. Woraus wir schließen können, dass unser dröger Herr Oberkommissar nichts von den Weinproben weiß. Frau Schlag scheint es bislang für angebracht zu halten, darüber zu schweigen, oder sie hat es schlicht vergessen.»

Katharina seufzte, schüttelte den Kopf. Wir beide ... es kommt immer anders. Er ist einfach schneller. Zum Auswachsen!

«Ja, schon», antwortete sie matt. «Vielleicht ist es ja gar nicht wichtig.»

«Wollen wir zwei ein Geheimnis haben?»

«Klingt spannend ...»

«Also: Die Proben von Rainer Schlag, allesamt nur nummeriert, rote und weiße Weine, nun rate mal ...»

«... Sind alles Weine von Harald Kellmann?»

«Fünfzig Prozent. Die andere Hälfte sind Gewächse von Kollegen der Winzergilde.»

«Das verstehe ich nicht. Er wird doch wissen, was da ausgebaut wird. Weshalb solltet ihr Gilde-Weine analysieren?»

«Das habe ich mich auch gefragt, bis mir klar wurde, dass der liebe Rainer Schlag davon ausging, wir kämen nicht dahinter, wer hinter welchem Wein steckt. Ihm ging es sozusagen nur um die Schadstoffanalyse.»

«Was? Schadstoffe? Panschereien?» Von einem Moment auf den anderen war Katharina voll bei der Sache.

«Langsam. Keine der Proben war giftig im Sinne von gesundheitsschädlich. Aber jede verstieß gegen Gesetze. Um es kurz zu machen: Kellmanns Weißweine und die eines Kollegen waren aufgesäuert und gewässert. Bei den anderen Weinen war eine Probe geringfügig gespritet, das heißt künstlich alkoholisiert, die andere aufgezuckert und die letzte kein Eiswein, wie sie es bestimmt sein sollte, sondern ein Schilfwein.»

«Wenn du in Kurzform für einen Doofen zusammenfassen solltest, was das den Herren bringen würde?»

«Ganz einfach: mehr Geld. Darum geht es doch immer. Eine im Mund ausfransende Riesling-Alkoholbombe wird durch Aufsäuern trockener und edler. Ein anständiger Schilfwein, bei dem die Trauben vorher auf Stroh schrumpeln, kann als sündhaft teurer Eiswein verkauft werden. Minderer Acolon- oder anderer Rotweinmost wird durch Spritung oder Mostaufzuckerung gehaltvoller. Qualitätswein wird dabei zu ein bis zwei Stufen höher klassifiziertem Prädikats- oder Auslesewein gemacht. Zum Wohl!»

Katharina hob ihr Glas und stieß mit Burghard an – freilich mit einem entsprechenden Gesichtsausdruck. Zwar hatte es ihr nicht den Appetit verhagelt, aber die Lust auf einen guten Schluck war jetzt gedämpft. Doch kaum rollte ihr Burghards Trollinger über die Zunge, wurde sie wankelmütig. Sollte es wirklich so sein, dass jeder Wein in irgendeiner Weise nachgebessert war? Konnte man so wenig auf seinen Geschmack geben? Waren diese Nerven so leicht zu betrügen? Sie schloss die Augen, presste den Wein an den Gaumen, kaute ihn, schlotzte ihn … Nein, dieser Trollinger durfte einfach nicht aufgehübscht oder sozusagen nachgearbeitet sein. Das wäre unfair gewesen. Dieser Trollinger nicht! Er schmeckte zu rein, zu klar … sprach direkt dem Herzen zu. Nein, es konnte einfach nicht sein, was nicht sein durfte.

Burghard führte dann noch aus, dass Rainer Schlag vergessen habe, dass sie im Institut auch die Stabilisotopenanalyse einsetzten. Dadurch hätten sie von allen Weinen der Region quasi einen Fingerabdruck. Und da die Ergebnisse in entsprechenden Datenbanken gespeichert seien, sei es nicht schwer gewesen, festzustellen, wem welche Probe zuzuordnen war.

Katharina lauschte Burghards Worten mit Interesse, doch der Wein tat gleichfalls seine Wirkung. Bald hatte sie das Gefühl, ihre Augenlider würden Klimmzüge machen. Seit langem war sie nicht mehr derart müde gewesen. Komm, trag mich in dein Bett, dachte sie. Wäre mir sogar egal, wenn ich jetzt ein Lederriemen-Bustier unter deinem Kopfkissen finden würde.

Sie gähnte. Dabei waren Burghards Ergebnisse nicht von Pappe, besser gesagt: Sie waren heikel bis brisant. Sie könnten Harald Kellmann mehr denn je in Schwierigkeiten bringen. Hatte Rainer Schlag ihn vielleicht erpresst? Oder umgekehrt: War Winzer Kellmann dem Kollegen Schlag auf die Schliche gekommen?

Auf jeden Fall schien Frau Schlag von den Machenschaften ihres Mannes gewusst zu haben. Deshalb hatte sie Oberkommissar Eppler nichts erzählt. Schließlich wollte sie das Andenken ihres Mannes nicht beschmutzen.

«So, jetzt sind wir beide Geheimnisträger, Käthe. Meiner Meinung nach hat Kellmann gute Gründe gehabt, den Schlag auszuschalten. Er steht doch in dem Ruf, gut mit dem Önologen der Winzergilde, diesem Max Strohberg, zu können. Nachher aber war es der – wie sagte Rainer Schlag nochmal – heilige Max höchstselbst? Schließlich hat Schlag ihm ja gewisse Praktiken unterstellt.»

«Jaja.» Katharina gähnte. «Aber wieso machte Rainer Schlag eine solche Geheimniskrämerei darum?» Nur unter Aufbietung aller Konzentration brachte sie diese Frage heraus.

«Erstens wollte er uns ganz einfach testen, was wir herauskriegen. Zweitens, um mit diesem Wissen Geld zu machen. Ich fürchte, der Kontostand von Rainer Schlag zwang ihn dazu.»

«Du meinst, er war ein Erpresser?»

«Sozusagen wider Willen.» Burghard erhob sich vom Sofa und beugte sich über Katharina: «Aber nun etwas anderes: Darf ich dich anfassen?»

«Und dann?»

«Zudecken.»

«Mach nur.»

Katharina schloss die Augen. Sie bemühte sich, nicht zu lächeln, doch ihre Mundwinkel zuckten. Leider war die Zeit, die sie auf Burghards Armen ruhte, wesentlich kürzer, als sie erwartet hatte. Denn statt sie ins Schlafzimmer zu tragen, bettete Burghard sie auf das Sofa.

«Dich ins Bett zu legen ... gib zu, das wäre für diesen Unfall wohl ein bisschen zu mächtig gewesen.»

«Mmh. Wunder gibt's eben doch nicht.»

Sie überlegte, ob sie sich nun ärgern, grämen oder bestätigt fühlen sollte. Aber da hatte Burghard auch schon die Decke über sie gelegt.

«Eine Samendecke übrigens», nuschelte er.

Aber das hörte sie schon nicht mehr. Der Schlaf war noch ein bisschen schneller gekommen.

15

Die erste Oktoberwoche ohne Gehalt war vorüber, die Woche zwei zu einem Drittel. Der Münchener Himmel war weißblau, die Luft lieblich und die Maß im Englischen Garten danach das verdiente flüssige Psychopharmakon, aber mehr war auch nicht gewesen.

Katharina war sich nach dem Vorstellungsgespräch sicher, die Assistenzstelle nicht zu bekommen. Aber ob es nun sinnvoll war, dies ihrer Sachbearbeiterin mitzuteilen, konnte sie selbst nach den etlichen Stunden Zugfahrt noch immer nicht entscheiden.

Alles Blödsinn, dachte sie, als sie das Gebäude der Hamburger Arbeitsagentur betrat. Dieses sinnlose Ringen um die Existenz ...

Ade Habilitation, ade Frau Wissenschaftlerin.

Grüß dich, Arbeitslose.

Hallo potenzielle Hartz-IV-lerin.

Ich hätte es wie die liebe Edith machen sollen: Keine Angst vor Burschenschaftlern und deren Feiern, jetzt ist sie wohl abgesicherte Zahnarztfrau. Und sie hat nie mehr Stress mit irgendwelchen verknacksten Beißerchen. Ach, dumm ist der Mensch, aber dumm-dumm die Frau mit Grips.

Katharina klopfte mit der Zungenspitze an einen der Eckzähne rechts oben, zog eine Marke für die Warteschlange und setzte sich auf einen der freien Hartschalensitzplätze. Viel los war nicht … Gab es demnach gar nicht so viele arbeitslose Geisteswissenschaftler? Oder hatte es nur eine Handvoll von ihnen geschafft, überhaupt einen sozialversicherungspflichtigen Job zu ergattern?

Wenn dem so wäre, gehöre ich gewissermaßen zur Elite, überlegte Katharina und rutschte auf dem glatten Plastiksitz wieder ein Stück nach hinten. Edith hatte diesen Begriff früher immer heftig abgelehnt. Als sie dann aber ihren angehenden Zahnarzt kennenlernte, erschien er ihr auf einmal chic.

Mit nach innen gewendetem Blick erinnerte Katharina sich an Ediths Taktik, jene unter eingeweihten Germanisten bekannte Nora-Joyce-Methode: Frau erwählt sich einen Helden und gibt ihm sehr bald zu verstehen, dass sie seine geheimen Wünsche nicht nur lesen, sondern auch erfüllen kann. Edith hatte ihr gebeichtet, sie habe ihren Helden, der sie nach einer Burschenschaftsparty in ihre WG begleitete, in einen dunklen Hauseingang gelotst … Was ihr Auserwählter absolut prima fand, vor allem, weil Edith ihm bewies, dass sie die Knöpfe der Bundfaltenhose nicht nur abreißen, sondern auch wieder annähen konnte.

Nummer 123 blinkte. Sie war dran.

«Guten Tag.»

«Hallo, Frau Dr. Grüninger.»

So also sah ihre Sachbearbeiterin aus? Eine Brünette wie aus einer der Modebeilagen der Wochenblätter. Zwar älter als ein Model, auf jeden Fall aber kein bisschen drachenmäßig.

«Wie mein Vorstellungsgespräch lief?», wiederholte Katharina die Frage und beschloss im selben Augenblick, nichts als die Wahrheit zu sagen. «Um offen zu sein: Die beiden großkopfeten Professoren der germanistischen Fakultät behandelten mich … freundlich. Zu freundlich. Väterlich geradezu der eine. Nach meiner Einschätzung ist die Stelle längst vergeben, in Wahrheit wird nur die Form gewahrt. Da Hamburg nun nicht gerade in der Nähe von München liegt, hat man eben auch von hier Bewerber berücksichtigt.»

«Alles klar. Aber die Hoffnung stirbt zuletzt. Ich drücke Ihnen die Daumen.»

«Danke.»

«Gut, Sie haben die Anträge wahrscheinlich noch nicht ausgefüllt. Das sollten Sie dann heute noch tun. Ich mache intern einen Vermerk, dass Ihre Meldung am Tag unseres Telefonats erfolgte. Kann ich sonst noch etwas für Sie tun?»

«Wie? Das versteh ich nicht so ganz.»

«Wollen Sie eine Beratung von mir? Wie Sie in Zukunft vorgehen müssen, um wieder eine Stelle zu finden?» Katharina riss die Augen auf. Gab es da etwa Tricks, die ihr nicht bekannt waren? Unbekannte Jobbörsen? Nur der Arbeitsagentur bekannte Datenbanken? Voller offener Germanistenstellen mit feiner fünfstelliger Dotierung, die darum buhlten, von ihrem Mauerblümchendasein erlöst zu werden?

«Ich glaube, ich deute Ihre Zurückhaltung richtig», fuhr die Dame der Arbeitsagentur fort. «Sie haben das nicht nötig, verfügen selbst über entsprechendes Know-how.»

«Ja, ich werde mich natürlich ordentlich ins Zeug legen.» Katharina hatte sich wieder gefangen. «An mir soll es nicht liegen.»

«Prima.» Die Sachbearbeiterin erhob sich, streckte Katharina die Hand hin. «Natürlich werden auch wir uns anstrengen. Und sollte das Schicksal anders entscheiden, von Ihrer Altersstruktur her wären da verschiedene Fördermaßnahmen noch denkbar. Schauen wir also mal.»

«Jawoll.»

Damals Kaiserwetter, heute Hamburger Schmuddelwetter. Trotzdem tigerte Katharina die grüne Meile der Außenalster einmal hoch und einmal wieder zurück. Anders, glaubte sie, würde sie ihren Stress nicht loswerden. Genau richtig, um abzuspannen. Wind macht den Kopf frei.

Der Hamburger Nordwest-Föhn brachte die alten Weiden zum Rauschen und bescherte ihr einen kurzen Sprühregen. Nur ein paar Jogger und unverdrossene Hundebesitzer trotzten dem Wetter. Blätter wirbelten durch die Luft, es roch nach modrigem Laub, in einer der angelegten Sumpfzonen ratschte eine Ente. Katharina steuerte auf die Aussichtsbucht zu und schaute über die Alster. Drei Segler lagen hart im Wind und fegten über das Wasser, das so grauschwarz war wie der Himmel.

Doch es wurde immer noch nicht besser.

Von meiner Altersstruktur her ... Fördermaßnahmen ... Die Worte hatten sich in ihrem Verstand festgebissen wie ein Pittbull in dem Arm eines Frisbeespielers. Dieses Miststück! Spielt die Engagierte und Verständige, freut sich aber gleichzeitig wie Rumpelstilzchen, einer promovierten Germanistin in absehbarer Zeit einen Call-Center-Job anzudienern. Oder einen dieser geilen Online-Redakteur-Jobs, wo es dann heißt: Frau Dr. Allrounderin, ihr Content ist zum einen nicht schnittstellengerecht, weil zu lang, zum anderen communityfremd. Ihr Schreibsound riecht wie das Mieder meiner Urgroßmutter nach einem Spaziergang um den Wörthersee ...

Ihr Handy klingelte.

Sie schilderte Janina kurz das Gespräch, dann traten ihr Tränen in die Augen, weil ihre Schwester sie daran erinnerte, endlich die beiden versprochenen Wellness-Wochen zu buchen.

«Danke, aber mir ist jetzt einfach nicht danach», erwiderte sie mit erstickter Stimme.

«Geht's denn wenigstens ein bisschen mit deinem Ex? Habt ihr miteinander gesprochen?»

«Dieter ist mir für fünf Sekunden auf dem Flur begegnet, bekam einen Riesenschreck und hat sich sofort verdrückt. Total kindisch.»

«Ja, und jetzt?»

«Du meinst, ich soll ein paar Post-its auf meine Möbel kleben, eine Bücherliste machen und ein Umzugsunternehmen kontaktieren?»

«Elegant ausgedrückt, und es entspricht auch ziemlich unseren Vorstellungen.»

«‹Unseren›?»

«Denen von Papa, Burghard und mir. Vor allem aber denen von Oberkommissar Horst Eppler.»

«Ach.»

«Nur ach? Wegen des Herrn Mr. Horst Oberkommissar, gelle?»

«Ja, Eppler natürlich!», fauchte Katharina und genoss die wohlige warme Wolke, die da plötzlich in ihrem Bauch wuchs.

«Sicher.» Janina klang, als würde ihr jemand stecken, dass ein Pfannkuchenteig tatsächlich mit Eiern gemacht wird. «Also, dieser euer Lieblingsbulle will dich interviewen, was du über angebliche Weinproben der Uni Hohenheim weißt. Kannst du dir einen Reim darauf machen?»

«Ich glaub schon. Na ja, dümmer, als die Polizei erlaubt, sind wohl höchstens wir.»

«Burghard und du?»

«Jaa.»

«Reg dich ab. Gut, warum ich auch anrufe: Für dich habe ich jetzt exklusiv eine kleine Handybeichte auf Lager. Der Kellmann muss es zwar nicht dem Eppler erzählen, aber wenn, dann ist mir lieber, dass du auch Bescheid weißt. Also, ich hatte da mal was mit unserem Vorzeigeglatzkopf. Na ja, eigentlich eher doch nichts. Anders gesagt: Ich wollte mal Vamp spielen, bin ihm dabei ein bisschen an die Wäsche.»

«Nora-Joyce-Methode sozusagen.»

«Hm. So weit kam es gar nicht.»

«Details?»

«Da war gar nix. Bloß ein bisschen mit der Hand am Ding-Dong. Dann äußerte der Harald, ich sollte solche Überfälle künftig besser unterlassen. Er wäre nicht so einer und seiner Platin-Ingrid treu.»

«Deswegen also deine Sympathie für sie.»

«Das hat mich verletzt. Aber gib zu: Der Harald hat was.»

«Schon richtig.» Katharina erbarmte sich, ihrer Schwester entgegenzukommen. Schockiert war sie nicht. Irgendwie hatte sie dies alles immer geahnt …

«Ehrlich, mehr ist jetzt wirklich nicht. Ich erzähl's dir eben, damit du es nicht vom Eppler erfährst. Der Harald hat mich vorgewarnt, er wollte restlos sämtliche Geheimnisse auf den Tisch bringen, die er mit allen Personen hatte, die Rainer Schlag kannten. Trotzdem sitzt er jetzt in U-Haft.»

«Kann ich mir denken.»

«Weiß die kluge Kathi also mehr. Na ja, übrigens fahndet der Eppler auch nach der Schlag.»

«Fahndet?»

«Nein. Nicht so. Er fragte mich, ob ich vielleicht wüsste, wo sie steckt. Aber gut, ich mach Schluss. Bist ja bald zurück. Hoffentlich.»

Raus aus der Arbeitsagentur, rein in die Ermittlungen und Geheimnisse. Was Janina betraf, bekam Katharina auf einmal

Angst um ihre Schwester. Da taten sich Abgründe auf, die drohten, Janina in absehbarer Zeit in die Katastrophe zu stürzen. Vielleicht ist sie tief im Herzen völlig verzweifelt und kämpft seit Jahren gegen den immer stärker werdenden Drang zur Promiskuität an, überlegte sie. Nachher ist sie in so einem Swinger-Club auf der Schwäbischen Alb eine ganz große Nummer.

Katharina beschloss, ihre Schwester behutsam darauf anzusprechen. Allein des kleinen Markus wegen, da stand sie jetzt in der Verantwortung.

Wesentlich beschwingter als noch vor einer Stunde ging sie ihres Wegs. Der Wind brauste herrlich, und das Nieseln war auf einmal einfach schön. Vielleicht könnte ich ihn ja, wie sagt man doch gleich, umdrehen? Aber wie? Oder womit?

Versuchsweise änderte Katharina ihren Gang. Jetzt müsste er etwas mehr wackeln, dachte sie. Vielleicht sollte ich mir das merken. Denn so tun die das doch auch in den Bars. Mit dem Unterschied, dass bei denen die Apfelbäckchen schier und blank sind.

16

Es war kurz vor zehn, bis zur Abfahrt des ICE um 12.17 Uhr hatte sie also noch zweieinhalb Stunden Zeit. Katharina schloss ihren Koffer in ein Schließfach und marschierte vom Dammtor-Bahnhof in Richtung Innenstadt. Sie hatte den Kragen ihrer Lederjacke hochgeschlagen, denn der Wind war an diesem Tag noch stärker als gestern.

Ausschlafen ist doch wirklich was Schönes, dachte sie. Jetzt kann ich sogar ein kleines bisschen feiern: Der Antrag ist abgegeben, Dieter übernimmt die Wohnung, und obwohl seine Neue einzieht, kann ich den Hausschlüssel behalten.

Gutgelaunt wartete sie an der Ampel der Esplanade und kaufte sich am Eingang der Colonnaden ein Croissant. Im Zweitausendundeins-Laden finde ich bestimmt etwas für Burghard, überlegte sie. Irgendeinen abgedrehten Fotoband oder eine Exoten-CD. Kleine Geschenke erhalten eben und so weiter.

An der Kreuzung Staatsoper-Theaterstraße machten zwei Skater auf sich aufmerksam. Mit Höchsttempo sprangen sie über die kniehohen Betonklötze, crossten über den Gustav-Mahler-Platz und verschwanden in der Büschstraße. Nicht nur Katharina sah ihnen nach. Die Skater waren nicht nur unbehelmt, sondern auch ohne Protektoren.

Und morgen sind sie tot, fallera …

Im selben Augenblick zuckte sie zusammen: War das nicht …

Kein Zweifel: Die Frau im schwarzen Kostüm und mit dem weißen Kopftuch war niemand anders als Gertrud Schlag. Gebeugten Hauptes kam Rainer Schlags Witwe aus der Büschstraße, in der Hand ein altmodisches Netz mit mehreren Packungen Brauner Kuchen.

Sie ist kaum wiederzuerkennen, dachte Katharina betroffen. Also ist sie wohl Hamburgerin, deshalb damals der Vergleich, ich würde lieber Saure Kutteln verkaufen, als den Seglern auf der Außenalster zuzuschauen.

Jetzt hatte auch Gertrud Schlag sie entdeckt. Sie lächelte und nickte Katharina zu.

«Ach, dass wir uns unter diesen Umständen gerade hier begegnen, Frau Grüninger. So ein Zufall.»

«Ja. Aber in zwei Stunden sitze ich bereits wieder im Zug. Wie geht es Ihnen, oder ist diese Frage einfach nur dämlich?»

«Aber nein. Ich musste einfach mal raus. Meine alte Schulfreundin hat mich eingeladen. Aber allzu lange möchte ich ihr jetzt nicht zur Last fallen. Darf ich Sie denn auf einen Cappuccino grad hier ins Balzac einladen?»

«Sie meinen, weil ich Germanistin bin und Balzac irgendwie dazu passt?»

«Sozusagen.»

«Warum nicht. Gerne. Es ist doch etwas ungemütlich. Dass Sie das nur im Kostüm aushalten …»

«Im Vertrauen, Frau Grüninger: Das sind die Wechseljahre.»

So angesagt das Balzac sein mochte, so leer war es um diese Zeit. Aber das störte weder Katharina noch Gertrud Schlag. Denn der Cappuccino war nicht nur heiß, sondern fast so aromatisch und kräftig wie ein Espresso. Und so kamen sich Katharina und Gertrud Schlag rasch näher. Als Katharina von ihren zerplatzten Träumen erzählte, machte Gertrud Schlag ihr Mut. Manchmal müsse man eben einen Umweg in Kauf nehmen, um ans Ziel zu kommen, sagte sie und drückte aufmunternd Katharinas Hand.

«Umwege sind das Salz, das unser Leben würzt.»

«Es rieselt einem aber auch durch die Finger.»

«Sicher. Vielleicht bin ich da jetzt auch zu philosophisch. Damit die Umwege gelingen, mieten Sie sich am besten ein flottes Auto und fahren einfach los. Psychologen sagen so etwas. Und mir hat es Glück gebracht.»

«Wie das?»

«Meine erste Ehe mit einem rechthaberischen Finanzbeamten wurde mir von meinen Eltern sozusagen aufgedrängt. Schon damals, ich war Sekretärin bei einem Tabakgroßhandel, zog es mich aber in den Süden. Dann kam das Jahr 1986 und damit das erste Stuttgarter Weindorf auf dem Rathausmarkt. Ich begleitete eine Kollegin, die gerade ihren Führerschein gemacht hatte, in ihrem Mietwagen an die Ostsee. Aufgekratzt kamen wir am Sonntagabend zurück, wollten noch etwas Nachklang haben …»

«Jetzt sagen Sie nicht …»

«Doch, wir landeten in dem Weindorf. Den Rainer trieb es damals von zu Hause weg, weil auch er sich gerade einen Rosenkrieg lieferte. Nur einmal übrigens war er mit seinen Weinen hier in Hamburg … und genau das hat das Schicksal gewollt: dass wir uns kennenlernen.»

«Entschuldigen Sie, das darf doch nicht wahr sein!»

«Ach Gott, seine Ermordung hat damit ja nichts zu tun.»

Gertrud Schlag senkte den Blick, presste die Lippen aufeinander. Es ging Katharina nah. Ein Kloß bildete sich in ihrem Hals. Unwillkürlich musste sie an ihre Mutter denken. Sie hat die Lippen auch oft so aufeinandergepresst, erinnerte sie sich. Irgendwann kamen wir dann dahinter, dass sie es tat, wenn sie Kopfschmerzen hatte. Als sie endlich zum Arzt ging, war es bereits zu spät.

Gertrud Schlag hatte sich wieder gefasst, lächelte.

«Vielleicht tue ich dem Kellmann ja unrecht …»

«Er sitzt in U-Haft, Frau Schlag. Ach, übrigens: Der Herr Oberkommissar fragt, wo Sie denn weilten. Ich bekam gerade einen Anruf meiner Schwester.»

«In U-Haft?» Ein Leuchten ging über Gertrud Schlags Gesicht. «Dann ist was dran. So täuschen kann ich mich doch nicht …»

«Haben Sie denn gewusst, warum Ihr Mann in Hohenheim Weinproben untersuchen ließ?»

«Doch wohl, um dem Kellmann was anzuhängen, oder? Und wenn er jetzt in U-Haft sitzt, scheint ja alles klar. Rainer hat ihn erpresst und musste sterben. Lassen Sie mich raten: Kellmann hat seine Rieslinge aufgesäuert. Und mein Mann war so dumm, ihm genau das zu stecken. Wollte wohl unseren unter Druck gekommenen Vermögensstand aufbessern. Schließlich sind die Kellmanns betucht. Die tun bloß immer arm.»

«Aha. Weiß das auch unser werter Horst Eppler?»

«Jetzt wird er's bestimmt wissen, dass die, sagen wir es unverfänglich, reichlich entzückende Ingrid ein paar Immobilien in der Schweiz besitzt.»

«Vielleicht hätten Sie das gleich erzählen sollen?»

«Nein. Dass die Kellmanns glauben, ich würde sie verdächtigen, dafür dürften sie Verständnis aufbringen. Alles andere aber, also gewissermaßen privat Mordmotive zu erfinden, wäre üble Nachrede. Und so etwas kann ich mir überhaupt nicht leisten.»

«Ich verstehe. Die Winzerehre.»

«Eben. Jedenfalls trafen Rainer und ich die Kellmanns einmal zufällig in Luzern, auf einem der Raddampfer, die da auf dem Vierwaldstättersee verkehren. Beide strotzten vor Zufriedenheit. Warum? Sie hatte gerade ein Chalet verkauft. Ich fragte: Etwa Ihr Elternhaus? Madame Kellmanns Antwort: Zum Glück nicht. Nur das vom Großvater.»

«Da kann man schon neidisch werden …»

«Oder auf dumme Gedanken kommen wie mein Mann.»

Gertrud Schlag schien die Aufregung gut zu tun. Sie hatte wieder Farbe bekommen, wirkte viel lebendiger als noch vor einer Stunde. Katharina aber ärgerte sich von Sekunde zu Sekunde mehr über ihre Gutgläubigkeit. Ganz schön abgebrüht, diese Kellmanns, dachte sie. Und du, Madame Platini, scheinst eine wahnsinnig gute Schauspielerin zu sein. Mich jedenfalls hast du voll eingewickelt.

Katharina steigerte sich so sehr in ihren Ärger hinein, dass sie begann, Rachepläne zu schmieden. Wie sie wohl gucken würde, überlegte sie, wenn ich ihr von Janinas Anschlag auf das hoffentlich schönste Teil ihres Mannes erzählte?

Nervös schaute sie auf die Uhr und erschrak. Es war bereits Viertel vor zwölf. In einer halben Stunde ging ihr Zug.

Die beiden Frauen umarmten sich zum Abschied. Katharina versprach Gertrud Schlag noch, sie bald zu besuchen, kurz darauf eilte sie durch Sturm und Regen die Colonnaden hoch, und das mit zunehmend schlechtem Gewissen. Sie hatte vergessen, bei Zweitausendundeins für Burghard ein Mitbringsel auszusuchen. Das konnte nur ein schlechtes Omen sein.

Es blieb einfach keine Zeit mehr, noch einmal zurückzugehen, beruhigte sie sich im Geiste, als ihr Zug über die Elbbrücken gen Süden rollte. Außerdem, wäre ja sowieso alles Quatsch. Ich muss lernen, den Tatsachen ins Auge zu sehen. Er ist nun mal andersrum.

17

Janina fiel aus allen Wolken, als Katharina sie im Auto von Schwester zu Schwester fragte, ob die Sache mit dem Sex bei ihr vielleicht aus dem Lot geraten sein könnte.

«Wie kommst du denn darauf? Nur wegen des Telefonats?»

«Ehrlich gesagt, ja.»

«Mal andersherum gefragt, Kathi: Warum beschäftigt dich das eigentlich?»

«Na ja, bei Opa Grüninger schlummert ein Wonneproppen, hingegen könnte dein Mann bald die indische oder chinesische Staatsbürgerschaft beantragen. Mit anderen Worten …»

«Ja, ich bin viel allein. Aber wir haben es fetzig nachgeholt, als Paul hier war, wenn du das meinst», sagte Janina trocken, setzte den Blinker und überholte auf der Augsburger Straße einen gemächlich dahinschleichenden Rettungswagen.

Es war Sonntagmittag, die Luft lau, der Himmel hellgrau. Ein Mittelmeertief war im Anmarsch, daher war es schwach windig. Janina hatte sich in den Kopf gesetzt, endlich einmal wieder auf den Cannstatter Wasen zu fahren. Schließlich sei das Volksfest dort das zweitgrößte der Welt, und überhaupt sei ihr heute nach einer Maß Bier.

Kaum hatte Janina den Rettungswagen hinter sich gelassen, wurde auch sie überholt – von einem schwarzen Geländewagen. Katharina blieb das Herz stehen. Denn wieder hielt sich der Wagen neben Janinas Peugeot, beschleunigte dann und ließ anschließend dreimal die Bremslichter aufflammen.

«Ruhig!», schrie Janina. «Ein Mercedes GL, nicht mehr ganz neu. Halt die Klappe … *halt deine Klappe*!»

Katharina dachte natürlich gar nicht daran: «Ich hab sie, seine Nummer! Dieses Schwein!»

«Woher?», blaffte ihre Schwester.

«Esslingen.»

Sie kritzelte das Kennzeichen auf einen Block und kramte das Handy aus ihrem Rucksack. Eine Minute später sprach sie mit Oberkommissar Eppler, der zufälligerweise auf dem Wasen unterwegs war. Sie verabredeten sich auf dem Parkplatz vor dem Riesenrad, wo Janina schnell jenen Platz fand, den Horst Eppler für sie frei hielt. Im offenen beigen Trenchcoat und mit Ausweis in der Hand stand er in der einzigen freien Lücke.

Und im Gegensatz zu den vorherigen Malen schien er ausnehmend gut gelaunt.

«Da ist die Polizei ja wirklich einmal dein Freund und Helfer.»

Janina hatte das Fenster heruntergekurbelt und strahlte über das ganze Gesicht, weil der Herr Oberkommissar ihren Wagen mit übertriebener Geste in die Lücke winkte.

«Wusste gar nicht, dass du auf den stehst», nuschelte Katharina.

«Halt du jetzt endlich dei Gosch», raunzte Janina leise zurück und strahlte, als wäre nichts gewesen.

«Und wer holt die Damen ab, wenn ich fragen darf?»

Horst Eppler grinste. Der Kopfnote seines Duftes zufolge musste er schon länger auf dem Wasen unterwegs sein. Katharina machte einen Mix aus Fruchtgummis, gebrannten Mandeln und Glühwein aus. Als sie Eppler die Hand hinstreckte, mischten sich auch Zigaretten- und Bierdunst dazu.

«Sie meinen von wegen Promille und so?», fragte Janina.

«Auch, schließlich bin ich von der Mordkommission.»

«Ja schon, aber …»

«Denken Sie doch einmal nach: Soll ich potenziellen Selbstmord aufgrund zu erwartender Verkehrsdelikte unter Alkoholeinfluss dulden?»

«Sie wirken, wie soll ich sagen, außergewöhnlich aufgeräumt, Herr Oberkommissar», sagte Katharina und folgte Epplers Blick, der auf die Rücklichter des Peugeots geheftet war.

«Weil ich gute Nachrichten habe.»

«Echt?»

Horst Eppler schien entweder bereits eine Maß verkonsumiert oder ein besonders leckeres Festzelt-Göggele verspeist zu haben. Zumindest hatten sowohl Janina als auch Katharina keine andere Erklärung für den Umstand, dass der Oberkommissar die Rückleuchten des Peugeot betätschelte. Sanft pochte er mit dem Knöchel gegen die rechte rote Abdeckung, breitete dann die Arme aus und sagte: «Der Mercedes mit dem Esslinger Kennzeichen wurde erst vor einem Monat wieder zugelassen.»

«Das besagt wenig», verteidigte Katharina sich tapfer. Sie spürte, wie ihr das Blut zu Kopf schoss. «Ein derartiges Verhalten gleich zweimal kann kein Zufall sein. Schließlich ist dieser Mercedes ein etwas älteres Modell. Ein Gebrauchtwagen, nicht wahr, Janina? Hast du doch sofort erkannt.»

Janina nickte. «Richtig. Der Täter könnte denselben Wagentyp schließlich noch einmal gekauft haben.»

«Zugegeben, aber …» Horst Eppler machte eine spannungsgeladene Pause und schaute beide Frauen oberlehrerhaft an. «Aber sein jetziger Fahrer war zur, nennen wir es einmal ‹Problemzeit› in Südtirol.»

«Dann hat er eben einen Zwillingsbruder!»

«Wäre auch möglich, fein.» Längst entsprach Horst Epplers Ton dem eines Kindergartenpädagogen.

Hilflos sahen Janina und Katharina sich an, während der Oberkommissar sich daranmachte, das linke Rücklicht zu streicheln.

«Also?», fing Janina sich zuerst. «Was haben die beiden dummen Frauen falsch gemacht?»

«Nichts. Sie konnten nicht wissen, dass der Fahrer des Mercedes ein äußerst rüstiger Achtzigjähriger ist und sein Fahrzeug zum fraglichen Zeitpunkt beim Händler noch auf dem Hof stand.»

«Und warum veranstaltet jener rüstige Greis dann dieses Theater?»

«Weil er Ihnen fast ins Heck gebretzelt wäre, Janina. Denn erstens scheinen Ihre Blinkleuchten defekt zu sein, zweitens Ihr Rücklicht. Ihre Nebelschlussleuchte dagegen strahlt umso heller. Und so was stört rüstige Mercedes-Geländewagenfahrer. Aber nicht nur die, sondern auch die Verkehrspolizei. Weshalb ich mir jetzt Ihren Autoschlüssel erbitte. Sie dürfen hier bis morgen Abend stehenbleiben, spätestens bis dahin sollte die Beleuchtung Ihres Fahrzeugs wieder intakt sein.»

Horst Eppler lehnte sich gegen das Heck des Peugeot und streckte den rechten Arm aus. Kurz darauf klingelte Katharinas Handy. Burghard.

«Wieder im Ländle, schöne Frau?»

«Du bist jetzt still. Ganz, ganz still, hörst du? Sonst passiert hier gleich ein Mord.»

Sie drückte das Gespräch weg.

Sanft fasste Janina sie bei den Schultern und murmelte, dass es ihr leidtue. Katharina nickte. Sie hatte Tränen in den Augen. Zum Glück hatten die Götter ein Einsehen mit den beiden Frauen: Weil er einem kleinen Mädchen auswich, das mit einem Riesenteddy bepackt war, verstolperte sich der Herr Oberkommissar und streifte mit seinem beigen Trenchcoat unsanft den schlammigen Fahrradträger eines … Geländewagens.

Nach Geisterbahn und zweimal Achterbahn entschied Janina, es sei jetzt genug. Katharina war es recht. Sie fühlte sich nicht so ausgelassen wie ihre Schwester. Stattdessen haderte sie mit sich, Burghard so rüde abgefertigt zu haben.

Wir hätten Freunde bleiben können, dachte sie. Jetzt habe ich auch das aufs Spiel gesetzt. Ihn aber anzurufen, wie Janina ihr geraten hatte, dazu konnte sie sich auch nicht durchringen.

«Und jetzt ein Bier», schlug Janina vor. «Zünftig, kompromisslos, auf der Bank und mit Rucki-Zucki.»

«Ja, und wenn eine Maß nicht reicht, dann zwei. Jetzt lassen wir's krachen.»

Die Schwestern hakten sich unter und strebten in eines der drei großen Wasenzelte. Ohne nachzudenken wählten sie das Schwabenbräu-Zelt, neben dem Dinkelacker- und Stuttgarter-Hofbräu-Festzelt eines der drei Titanenzelte. Und sie hatten Glück, oder besser gesagt: Die Zeit war gut gewählt. Obwohl es der letzte Tag war, fanden sie auf Anhieb einen Platz im riesigen Innenraum.

«So sieht's also aus! Der Schwabe tut sich immer dem Bayern beugen!», rief Katharina. «Hier ist alles auf alpenländisch gestylt … sogar die Madeln.»

«Nix. Die Dirndl sind original Stuttgart-Design.»

«Echt?»

«Super, oder? Dirndl und Gott Eros reichen sich die Hand. Bestimmt hören sie tausend Mal am Tag: Ja, wir tragen Unterwäsche, Herrgottsack!»

Als die Kapelle wieder zu spielen begann, hatte Janina gerade die Bestellung aufgegeben: zwei Maß und zwei halbe Göggele mit Pommes. Katharina schloss für einen Moment die Augen und ließ die Atmosphäre auf sich wirken. Passiert natürlich mir, dass sie jetzt «An der Nordseeküste» spielen, dachte sie und lächelte in sich hinein. Einen flüchtigen Moment lang dachte sie an ihre ungewisse Zukunft, doch da legte in der Nähe irgendwo ein Männerchor los, und die Kapelle spielte einen Tusch. Und weil an der Bank vor ihr Haxen aufgetragen wurden, knurrte ihr plötzlich der Magen.

Endlich, die Maß!

«Auf uns!»

«Auf uns!»

Sie lachten und ließen die Krüge krachen. Aug in Aug gönnten sie sich einen Riesenschluck, und als sie die Krüge absetzten, nickten sie, als wollten sie sagen: Ja, jetzt zählen nur noch Durst und Genuss.

«Bank, Maß, Göggele und Musik. Das sind fünfzig Prozent Leben. Hast du gewusst, dass es gute zwei Monate dauert, so ein Zelt mit allem Drum und Dran aufzubauen? Eine halbe Million Euro musst du reinstecken, bis das erste Fass angestochen wird.»

«Kann ich mir vorstellen», sagte Katharina. «Aber bevor unser Göggele kommt: Was sind für dich die anderen fünfzig Prozent, die das Leben angenehm machen?»

«Da such ich noch.»

«Na dann, darauf gehört es sich noch einmal, dass wir anstoßen.»

Sie hoben die Krüge und prosteten sich zu. Und da die Göggele ihrem niedlichen Namen alle Ehre machten, bestellten sie gleich noch einmal ein halbes dazu.

Dazu gab's Life is Life.

Skandal im Sperrbezirk.

Anton aus Tirol.

Und das war's dann auch schon mit der Maß.

«Zwischen Leber und Milz ist noch Platz für ein Pils.» Janina winkte einem der Madeln: «Zwei Halbe?»

«Des müsst ihr wissen», sagte das Madl, die in ihrem kniefreien rosaroten Hänge-Dirndl aussah, als würde sie nicht arbeiten, sondern gerade Urlaub machen.

«Also zwei», bestätigte Katharina. «Wie schaffen Sie es, so frisch auszusehen?»

«Viel Wasser trinken und guter Sex.»

«Wie, hier?», rief Janina.

«Quatsch, alles genetisch bedingt. Aber mein Schönheitsfleck ist leider nur ein Melanom.»

Janina und Katharina blieb der Mund offen stehen, während die Dirndl-Schönheit die beiden leeren Krüge auf ihr Tablett schob und schon die nächsten Gäste ins Auge fasste.

«Aber das mit dem Wasser und dem guten Sex stimmt», sagte Janina. «Und weil das so viele wissen, blüht deswegen die Spielzeugindustrie. Toys und so, klar?»

«Huch, willst du mir einen Rat geben?»

«Nein.» Janina schüttelte energisch den Kopf. «Ich will nur sagen: Wir alle haben viel zu wenig Spaß und so.»

Die zwei Halben wurden gebracht.

«Auf den Spaß!», rief Janina und schaute einem schlanken, ganz in Weiß gekleideten Jungen mit Gel-Frisur nach.

«Janne, Himmel, der ist noch Schüler.»

«Stell dir vor, ich träumte mal, ich hätte drei solcher Jungbullen im Lädle. Ich konnte sie nicht sehen, aber wusste, dass sie alle nackt waren. Das hat mich so was von scharf gemacht … leider bin ich kurz darauf aufgewacht.»

«Da hat Paul aber Glück gehabt.»

«Nee, ich … weil ich ja stolze Toy-Besitzerin bin.»

Obwohl sie drei Halbe intus hatte, spürte Katharina, dass sie rot wurde. Aber dann begann sie mit ihrer Schwester um die Wette zu kichern. Und weil einem in einem Bierzelt immer die besten Ideen kommen, jubelte sie, als Janne ihr vorschlug, Burghard einen kleinen Wasenkorb zu schenken.

Aufgekratzt kamen sie bei Burghard an, und zum Glück für

Janina war er auch zu Haus. Mit lautem Hilfeschrei stürzte sie an ihrem Vermieter vorbei auf die Toilette, während Katharina ihm wortgewandt die Vorzüge eines Wasen-Geschenkkorbes auseinandersetzte. «Guck mal, so ein schönes großes Lebkuchenherz ... und dann dieser herrliche Golden Delicious in Rot ... und der Flauschteddy mit den lustigen chinesischen Chemikalien im Pelz.» Natürlich war das längst nicht alles. Und so klaubte sie auch die Tüte mit den gebrannten Mandeln hervor, nahm eine heraus und schob sie Burghard in den Mund. «Eine für mich und eine für meine Schwester.»

Beherzt biss sie zu.

Und wurde fast schlagartig wieder nüchtern. Denn selbst drei Halbe Wasenbier halfen nur bedingt gegen den Schmerz, wenn ein kariöser Zahn mit alter Füllung auf eine ebenso alte gebrannte Mandel traf.

18

«Wie wunderbar, die Frau Dr. Grüninger! Kürzlich war Ihr Vater zu Besuch, sozusagen. Ich konnte ihm ein Kompliment aussprechen, so gut sah's bei ihm aus. Da bin ich jetzt gespannt, ob Sie mithalten können.»

«Mh.»

«Sie merken es natürlich sofort, Frau Grüninger: Ich mag es, wenn sich die Familie auch die Ärzte teilt. Ihre Schwester war übrigens länger nicht mehr hier. Hoffentlich nur, weil sie noch bessere Zähne als Ihr Herr Vater hat?»

«Mh.»

«Prima. Also, Sie haben da eine nette Goldkrone, drei anständige Füllungen und ein kleines Problem. Ansonsten sind Ihre Zähne tadellos.»

«Mmmh!»

«Jawohl. Ihre Zähne sind tadellos, sprach der Zahnarzt zum Skelett. Aber Ihr Zahnfleisch, gell … Ihr Zahnfleisch.»

Dr. Thomas Schlag lachte gerne, was gut zu seinem Lockenkopf passte. Und dass er über diesen Witz immer noch lachen konnte, bewies Katharina einmal mehr, dass sie den Notfalltermin gleich morgens um acht mit hoher Wahrscheinlichkeit eben diesem besonderen Temperament verdankte. Andererseits, sagte sie sich im Stillen: Möchtest du gleich in der Frühe eine Frau auf dem Behandlungsstuhl haben, die trotz ihres Katers noch nicht den Weg unter eine Dusche gefunden hat? Würde dir das Spaß machen? Bestimmt nicht. Ergo würdest auch du Strategien entwickeln, dir das Leben angenehmer zu machen. Und ein Thomas Schlag tut dies eben, indem er Witze erzählt.

«Spritze, oder sind wir tapfer?»

«Mm … che.»

«Alles klar. Wären Sie jetzt bloß Kasse, hätt ich gar nicht erst gefragt.» Noch weiter konnte Katharina Mund und Augen auch nicht mehr aufreißen, aber so krachledern Dr. Thomas Schlags Humor auch sein mochte: Er war schnell. Und vor allem verstand er sein Handwerk. Sie spürte die Einstiche der Spritze so gut wie nicht, und weil es auf der Welt nichts Schöneres gab, als wenn Schmerzen sich verflüchtigen, war sie Burghard sogar dankbar, dass er ihr Dr. Schlag empfohlen hatte.

«So, ein kleines Weilchen warten wir jetzt, dann machen wir uns an die Arbeit.» Thomas Schlag klang jetzt ernst und vertrauenerweckend. Sanft strich er Katharina über die Wange und verfügte sich in den anderen Behandlungsraum.

«Ruhen Sie sich aus», sagte seine Assistentin. «So ein Wasentag schlaucht schließlich. Trotzdem sind Sie schuld, dass ich meine Wette verloren hab.»

«Wie das?»

«Unsere Gebrannte-Mandeln-Wasen-Wette. Der Herr Doktor meint, es sei jedes Jahr dasselbe. Mindestens ein Fall! Er hat deswegen schon einmal ans Ordnungsamt geschrieben: Zehn Prozent des Verkaufserlöses je Tüte sollten an die Krankenkassen abgeführt werden.»

«Und ich bin dieses Jahr sein erstes Wasenopfer?»

«Ja. Fast hätte ich also die Wette gewonnen.»

«Das tut mir jetzt leid …»

«Gestraft sind Sie ja schon!»

«Stimmt.»

Die Wange wurde taub, Gaumen und Zunge pelzig. Katharina schlug die Beine übereinander. Dass eine Zunge derart groß ist, dachte sie und bewegte den Kiefer. Eine Weile später schaute sie an die Wand. Thomas Schlag schien in seiner Freizeit anspruchsvolle Hochgebirgstouren zu unternehmen: Ein Foto zeigte ihn strahlend und Schulter an Schulter mit einem anderen Mann hinter einem Gipfelkreuz. Katharina schloss die Augen, Männerfreundschaften. Gestern hatten sie und Janne noch kurz David kennenlernen dürfen, Burghards besten Freund.

David heißt er, überlegte sie und versuchte, die Zunge zu bewegen. Mit ihm war er in Norwegen gewesen. Und wer von beiden ist bei denen jetzt die Frau?

Im Nebenzimmer hob Thomas Schlag sehr deutlich die Stimme. «Ich sagte, Sie dürfen jetzt nach Hause gehen, Frau Gottweil. Nach Haus. Und zwei Stunden nix essen. Haben Sie das verstanden? Ja, zwei Stunden.»

Gleich darauf öffnete seine Assistentin die Tür. «Sie sagt, ihr Hörapparat pfeift immer», erklärte sie ihm über die Schulter hinweg. «Deshalb würde sie ihn nie tragen.»

Der Arzt folgte ihr grinsend. «Hat mein Vater auch immer behauptet. In Wahrheit wollte er bloß seine Ruhe haben.»

«Ihr Vater war schwerhörig?» Katharina hob kurz den Kopf, ließ ihn aber sofort wieder sinken, weil Thomas Schlag den Behandlungsstuhl absenkte.

«Ja. Und er hat kein Geheimnis daraus gemacht. Ich glaube aber, es hat niemanden interessiert. Sicher ist es dem einen oder anderen mal aufgefallen, aber mein Vater hat mit seiner Schwerhörigkeit nicht anders gelebt als einer, der kurzsichtig ist.»

Dr. Schlag rückte die OP-Lampe zurecht, Katharina öffnete den Mund. Es war äußerst angenehm, über gewisse Sachen nachdenken zu können, während der Bohrer sirrte und der Absaugschlauch gurgelte. Rainer Schlag trug auf jeden Fall kein Hörgerät, als Burghard und ich ihn gefunden haben, überlegte sie. Er hätte also gar nicht hören können, wenn jemand die Ventilation ausstellt. Was bedeutet: Genau darauf muss sein Mörder spekuliert haben. Woraus zu folgern ist: Er muss Rainer Schlag gut gekannt haben.

Ob die Polizei von der Schwerhörigkeit wusste?

Aber bevor sie Thomas Schlag diese Frage stellen konnte, klärte dieser sie darüber auf, dass er eine Parodontose-Behandlung empfehle: «Ansonsten können Sie zufrieden sein. Wie der Vater so die Tochter.»

«Langsam. Welche Kosten kommen da auf mich zu?»

«Da Sie eine Zusatzversicherung haben, keine. Also … geben Sie sich einen Ruck. Damit tun Sie sich was Gutes und mir auch.»

Thomas Schlag lachte so offen heraus, dass er damit selbst seine Assistentin ansteckte.

«Gut, ich mach's. Aber nur, wenn Sie mir sagen, ob Sie oder Ihre Mutter Kommissar Eppler etwas von der Schwerhörigkeit Ihres Vaters erzählt haben.»

«Also ich schon. Was meine Mutter ihm alles aufgetischt hat, weiß ich natürlich nicht. Aber um Ihnen reinen Wein einzuschenken: Rainer Schlag war nur mein Stiefvater. Mein leiblicher Vater ließ meine Mutter sitzen, als er erfuhr, dass sie schwanger war. Und das tatsächlich auf diese Art: Du, ich geh mal kurz Zigaretten holen.»

«Traurig.»

«Wie man's nimmt. Neun Jahre später ging es für mich und meine Mutter dann ja zum Glück bergauf.»

«Sie meinen, weil sie Ihren Stiefvater kennenlernte?»

«Ja. Und die Liebe schien zumindest am Anfang groß genug gewesen zu sein, dass meine Mutter ihrer geliebten Hansestadt den Rücken kehrte. Auch mir ist das gut bekommen. Ich war ein Keuchhusten-Kind, genas in der neuen Umgebung und dem neuen Klima aber schnell. Sich mit neun Jahren woanders neu einzuleben, ist kein Problem. Am meisten litten meine Großeltern unter der Trennung.»

«Sieht ja so aus, als hätten Sie es geschafft.»

«Mag sein. Auf jeden Fall ist dreiunddreißig für Kreditinstitute das noch kalkulierbare Alter, um einem Zahnarzt dreihunderttausend Euro zu leihen. Also bitte, bitte: Machen Sie einen neuen Termin.»

Mit diesem Tag war nichts weiter anzufangen. Rauchgrau lastete der Himmel auf der Neckarebene und hielt Kälte und Nässe fest. Die Welt schien ohne Farben zu sein, und selbst das restliche Laub an den Bäumen sah fahl aus.

Katharina war es nur recht. Sie würde sich jetzt pflegen, die Seele baumeln lassen und den Tag in den luftigsten Leggins und in ihrem ausgelutschtesten Sweatshirt verbringen.

Noch als sie die Wohnungstür aufschloss, hatte sie das Gefühl, eine Rindszunge in der Mundhöhle mit sich herumzuschleppen. Aber schon als sie ihre Hände wusch, spürte sie, dass die Betäubung abzog.

Ich werde jetzt gar nichts machen, entschied sie gutgelaunt. Heute Nachmittag rufe ich meinen Lieblingsoberkommissar an und frage ihn wegen des Hörapparats. Wenn ich eines genau weiß, dann, dass Rainer Schlag keinen getragen hat, als ich ihn fand. Burghard wird das bestätigen.

Und dann melde ich mich bei Burghard, um mich bei ihm auch in Jannes Namen zu entschuldigen. Wir waren unausstehlich. Entsetzlich. Nie wieder Wasen. Ja, und dabei sag ich ihm kurz und schmerzlos, dass er mir eben gefällt, oder besser: gefallen hat. Sorry, Mr. Dr. Rücklin, ich weiß, ich weiß. Schwamm drüber, nehmen Sie's einfach als Kompliment.

Ihre unkomplizierte und bodenständige Verständnisbereitschaft rührte sie selbst so sehr, dass ihr die Tränen in die Augen traten. Aufseufzend suchte sie Kissen und Decken zusammen, stellte den Fernseher an und schwang sich aufs Sofa. Noch war es zu früh, um irgendwelchen Gaumengenüssen zu frönen … abgesehen davon, durfte sie ja sowieso nichts essen.

Aber in einer Stunde einen Cappuccino, das muss sein. Papa hat sich schließlich nicht umsonst diese High-Tech-Maschine angeschafft. Hinterher ein schnuckeliges Bad und dann mal sehen, welche Sonderangebote an Klamotten das Internet so hergibt.

Sie stopfte sich Kissen ins Kreuz, wickelte sich in eine der beiden Kamelhaardecken und zappte durch die Kanäle. Rote Rosen, Frauentausch? Oder die Dokumentation auf arte über ein Fischervolk aus Madagaskar? Katharina konnte sich nicht entscheiden, aber wozu auch, wenn es noch etwas viel Schöneres gab als fernsehen. Und das war: sich vom Programm einlullen zu lassen. Katharina hatte auf einmal das Gefühl, ihre Augenlider würden Klimmzüge machen. Ihr war köstlich warm, wie herrlich war es, diese Müdigkeit zu spüren und sich ihr hinzugeben, dem Schlaf in die Arme zu laufen.

Die Gedanken, wie sie sich verwirbeln … Ich schwebe schon, gleich …

Sie brauchte eine halbe Minute, bis ihr klar wurde, es nicht bis ins Reich der Träume geschafft zu haben. Aber daran war nicht der Fernseher schuld, sondern ihr Handy. Und weil wieder einmal das Thema des Kopfsatzes von Mozarts g-Moll-Sinfonie dudelte, war Katharina sich gewiss: Eine Schwester ist nicht alles, eine Schwester mit Handy aber auf jeden Fall eine Erfindung des Teufels.

«Janne …», sie konnte nur krächzen, «du könntest einen Job als Totenerwecker …»

«Spar dir dein Geschwätz für nachher! Sie haben es auf die teuersten Flaschen abgesehen gehabt! Der Keller ist geplündert, Einbruch.»

«Was?»

«Wie ‹was›? Hast du was geraucht? Oder dein Gehirn beim Zahnarzt gleich mit ausgespuckt?»

«Könntest du vielleicht …?»

«Einen Scheiß tu ich. Komm sofort. Aber Taxi, hepp!»

«Hepp», wiederholte Katharina tonlos und starrte auf den Fernseher. Eine alte Madagassin zerlegte gerade einen Rochen, während eine junge Frau ihrem bestimmt schon zweijährigen Jungen die rechte Brustwarze in den Mund schob. «Aber Taxi, hepp.»

Sie wunderte sich, so ruhig zu sein. Wahrscheinlich lag es daran, dass sie den Schaden nicht allzu hoch einschätzte. Und Janne war doch versichert, oder?

Sie spritzte sich Wasser ins Gesicht und trank eine halbe Flasche Schwaben-Sprudel. Die Rindszunge hatte sich zurückgebildet, und Schmerzen hatte sie so gut wie keine. Katharina bestellte ein Taxi, zog Jeans, Pullover und Stiefeletten an und betrachtete sich im Spiegel des Flurs. Wer bin ich eigentlich?, fragte sie sich halblaut und starrte auf ihre Lippen. «Ich weiß es nicht mehr.»

«Ja, fat», begrüßte sie der türkisch-deutsche Taxifahrer. «Ich darf Sie wieder fahren.»

«Entschuldigung … aber …»

«Doch, damals. Als Polizei den Mann auf der Straße fand.»

«Ach, Sie sind das! Ja, dann hallo! Das ist ja toll.»

«Geht klar. Ich hab gutes Gedächtnis. Familie und so. Kurde. Mein Alder ist jetzt wieder auf Besuch bei PKK.»

«Was hat das mit einem guten Gedächtnis zu tun?»

«Wenn du an Grenze zu Irak nicht unterscheiden kannst, wer Freund und wer Feind, du wirst …» Es folgte die allbekannte Geste Handkante-Kehle. «Übrigens, ich bin Halim. Und das heißt: Ich bin gut im Charakter. Haben Sie heute Abend schon was vor?»

«Halim …»

«Kleiner Scherz. Nicht übelnehmen.»

«Alles klar.» Halim drückte so kräftig aufs Gaspedal, dass Katharina in den Sitz gedrückt wurde. Eben Taxi, hepp, dachte sie und fuhr amüsiert fort: «Übrigens will ich nach Cannstatt. In die Altstadt. Kennen Sie zufällig das Schwabenlädle?»

«Eh krass. Da kauft mein Tante oft.»

«Echt? Auch rote Zwiebeln für einen Zwiebelkuchen?»

«Ja fat. Sie kennen Talha? Ey, ich fahr Sie für die Hälfte.»

«Nein, natürlich nicht, Halim. Aber gestatten Sie die Frage: Ihre Tante spricht wie eine in Stuttgart geborene Urschwäbin, Sie dagegen sind, na ja, was das Hochdeutsch betrifft, noch am Üben.»

«Korrekt. Mein Tante ist doppelt lang hier. Hat mit zwölf Mann geheiratet. Der hat sie mitgenommen hierher. Arbeitet bei Bosch. Am Ofen. Polräder für Lichtmaschinen ausglühen. Ich bin Tantes Liebling, weil sie kann kein Kinder kriegen.»

«Ihr Mann hält zu ihr?»

«Korrekt. Er liebt sie. Ist jetzt gegen Klischee von Muslim-Männer, die dann Frauen verstoßen, okay?»

«Stimmt. Aber mit zwölf Jahren ein Mädchen zu verheiraten, ist doch immer noch ein reales Klischee, oder?»

«Wird weniger. Aber bei Talha andersrum: Sie hat ihr Mann verführt. Kopf gedreht, Sie verstehen? Talha ist ein Vollfrau.»

«Das stimmt. Grüßen Sie sie von mir, Halim, ja?»

«Geht klar.»

Halim rollte langsam durch die nur schwachbesuchte Fußgängerpassage auf das Schwabenlädle zu. Das Wetter war einfach zu schlecht, als dass diesmal Passanten das Ereignis diskutierten. Und so sah es aus, als parke der Streifenwagen nur deswegen vor dem Lädle, weil die Beamten dort einkaufen wollten.

«Ey fat, schon wieder …»

«Der Keller meiner Schwester wurde geplündert. Wein weg.»

«Krass. Aber Versicherung zahlt.»

«Das hoffen wir.»

Halim nickte. Katharina zahlte, stieg aus. Als sie das Lädle betrat, bediente Janina gerade eine Kundin. Es sah alles aus, als sei nichts geschehen, aber Janina hatte ja auch nur von einem Einbruch in den Keller gesprochen.

Die Schwestern nickten sich zu. Die Kundin kaufte Wurst- und Krautsalat ein und ließ sich vier Maultaschen einschweißen. Erst als sie den Laden verlassen hatte, sagte Janina einsilbig: «Die Polizei ist unten bei der Spurensicherung.»

«Deswegen bin ich ja auch gleich mit Taxi-Hepp gekommen.»

«Ja, mach dich nur lustig. Wie war's beim Zahnarzt?»

«Kein Problem.»

Janina nickte zerstreut. Katharina sah sich um. Am liebsten hätte sie ihre Schwester nach Rainer Schlags Schwerhörigkeit gefragt, aber jetzt gab es für Janne Wichtigeres. Sie stand noch sichtlich unter Schock, sah übernächtigt und verwirrt aus. Wie eine aus dem Nest gefallene zerrupfte Amsel, dachte Katharina mitleidig. Aber da ist noch etwas, das spüre ich.

Plötzlich überfiel sie eine dumpfe Ahnung: «Du hast schon mit der Versicherung telefoniert?»

«Eben das ist es ja!», platzte es verzweifelt aus Janina heraus. «Sie wollen den Schaden nicht übernehmen, höchstens ein bisschen kulant sein. Also ungefähr fünfzehn Prozent.»

«Und warum? Mit welcher Begründung?»

«Ich hätte nach dem ersten Einbruch fahrlässig gehandelt, den Einbruchschutz nicht entsprechend angepasst. Das hätte man mir übrigens auch schriftlich mitgeteilt.»

«Das sieht nach sehr schlechten Karten aus.»

«So ist es. Und das heißt: Ich bleib auf dem Schaden sitzen.»

«Minus fünfzehn Prozent. Wie hoch ist er eigentlich?»

«Glück im Unglück.» Janina holte tief Luft und streckte sich. «Inklusive Mehrwertsteuer wären es vom Umsatz her knapp viertausend Euro. Aber, na ja, ist mein Handel zwar noch klein, ein wenig mehr als Arbeit bringt er ein … Ich hab 1500 Euro für die Weine hingelegt.»

Katharina riss die Augen auf. Sie versuchte das zu verstehen. Natürlich musste ihre Schwester ein wenig mehr pro Flasche verlangen, aber wenn bei diesem Umsatz circa 700 Euro Mehrwertsteuer anfielen: Wie hoch war dann bitte schön ihre Spanne? Katharina bemühte sich angestrengt, die Zahlen richtig zuzuordnen und sich nicht zu verrechnen, aber sie kam immer wieder auf dasselbe Ergebnis. Und das hieß: Janne blieben über fünfzig Prozent.

«Du, du willst sagen …»

«Ganz normal. Jeder muss schauen, wo er bleibt.» Janina klang auf einmal etwas schrill, wie Katharina fand. Und plötzlich sah sie auch nicht mehr wie ein gefallenes Vögelchen, sondern wie ein hungriger Geier aus. «Andere haben eine noch höhere Spanne … Was glaubst du, wie hoch die von Bayer und von der Apotheke fürs Aspirin ist?» Janne stemmte die Arme in die Seite, als hätte Katharina sie gerade beleidigt.

«Ist ja gut, reg dich ab. Wie schön, dass ich jetzt kein schlechtes Gewissen mehr haben muss, wenn ich bei dir Wellness-Urlaub einreiche. Mit Verlaub, Schwesterherz: Ich glaube, ein Schaden von 1500 Euro tut dir nicht arg weh.» Katharina klang so spitz, wie sie konnte. Und ich hab noch Mitleid mit ihr gehabt, ärgerte sie sich. Dabei ist sie eine Krämerseele. Wütend fauchte sie: «Und bilde dir nicht ein, ich zahle das Taxi. Wozu bin ich eigentlich hergekommen?»

«Ja, soll ich diesen emotionalen Stress allein aushalten? Dass man es auf mich abgesehen hat? Diese Drecksbande, die da klaut, hat mich vor Wochen ausspioniert. Und ich garantiere dir: Denen ihr Oberkundschafter war das damals, als du hier verkauft hast.»

«Ach, jetzt bin ich schuld, oder was?», blaffte Katharina. «Du hast sie wohl nicht mehr alle!»

«Als ob ich nicht genau wüsste, wie sehr du triumphierst, dass es mir dreckig geht», giftete Janina zurück. «Aber wart's ab: Wenn du erst mal auf Hartz IV bist ...»

Das war zu viel. Katharina schossen die Tränen in die Augen. Ohne ein Wort zu verlieren, verließ sie das Lädle und donnerte die Tür ins Schloss. Wut und Schmerz wühlten in ihrer Brust, raubten ihr fast den Atem. Weg hier war das Einzige, was sie denken konnte. Weg, weg. Weder spürte sie den feuchtkalten Nebelhauch, der in Bad Cannstatts Gassen hing, noch hatte sie auch nur einen Blick für Geschäfte und Fachwerkfassaden übrig. Ohne Ziel stakste sie am Wilhelmsplatz auf die U- und S-Bahnen zu und setzte sich in den nächstbesten Zug. Er fuhr in Richtung Innenstadt.

Erst nach einer Station kam sie ein wenig zu sich. Dass alles immer so enden muss, dachte sie voller Gram. Über meinem Schicksal hängt ein Unstern. Hamburg spuckt mich aus und jetzt sogar meine Heimatstadt. Ich hab mir die ganze Zeit etwas vorgemacht.

Wieder traten ihr Tränen in die Augen. Der Tag hatte eigentlich gut begonnen, aber nur wenige Stunden später hatte sie schon keine Schwester mehr.

Am Hauptbahnhof stieg sie aus. Sie wählte den Weg über das elektrische Laufband in die Königstraße und beschloss, ins Museum zu gehen. Dann fiel ihr ein, dass Montag war.

Was jetzt?

Da klingelte ihr Handy.

Janne.

Willst du dich entschuldigen? Das ist zu spät.

Trotzdem nahm sie das Gespräch an, hielt das Handy an ihr Ohr. «Du musst zurückkommen», hauchte Janina verzweifelt. «Weil … der Eppler ist hier. Ich sitz schon in seinem Wagen.»

«Ach, du warst es?»

Janina verstand nicht, worauf sie anspielte. «Jaja», stammelte sie. «Ich häng da jetzt auch mit drin. Der Strohberg ist tot, der Kellermeister, weißt du? Erschlagen. Und das mit einer Flasche Wein, einem Lemberger, wie ich ihn auch im Lädle führ.»

19

Stammtisch, und sie waren die Ehrengäste. Zumindest drückte Harald Kellmann sich so aus, als er dem Wirt vom «Greifen» beschied, die Damen Grüninger würden heute von den Winzern der «Winzergilde am Rotenberg» freigehalten. Janina und Katharina hätten also nach Herzenslust essen und trinken können, aber erstens war ihnen nicht nach Schlemmen zumute, zweitens wollten sie beide abnehmen, und drittens wussten sie, dass eine derartige Einladung waschechter Schwaben niemals so ernstgemeint war wie zum Beispiel die Aufforderung, Kehrwochenpflichten nachzukommen.

Vor dem Weinrankengestell des Stammtischs brannte zum Gedächtnis der Toten je eine Bienenwachskerze. Ruhig strahlte der goldene Schein auf die hinter Plexiglas geschobenen Konterfeis von Rainer Schlag und Max Strohberg.

«Die erste Runde geht auf mich», sagte der Wirt, als er an den

Tisch trat, um die Bestellung aufzunehmen. «Ich hab beide gern g'habt. Zwoi Köpf mit Charakter.»

«Stimmt. S' waren ordentliche Leut», pflichtete Harald Kellmann ihm bei. «Keiner von beiden hat das verdient. Möge der Herrgott die Drecksäue, die sie auf dem Gewissen haben, in der Hölle schmoren lassen.»

«Ja, amen.»

«Amen.»

Katharina und Janina stimmten in das Gemurmel mit ein. Sie fühlen sich etwas deplatziert in der Runde, aber Harald Kellmann hatte darauf gedrängt, dass sie kämen: Es sei mit den Kollegen abgesprochen, niemand hätte etwas dagegen. Katharina kam es seltsam vor, dass er bereits am Telefon geklungen hatte, als sei er sozusagen zum Gildesprecher gewählt worden. Tatsächlich aber schien es, als sei er nach dem Verdacht, Rainer Schlag ermordet zu haben, wieder voll rehabilitiert. Schließlich war er längst aus der U-Haft entlassen.

Mit den Bieren wurden Brezeln und Butter gebracht, ein Wurstsalat und zwei Flädlesuppen für die Damen.

«Also …», Harald Kellmann hob sein Hefeweizen, «Harald und Max, wo auch immer ihr jetzt sein mögt: In Gedanken und Herzen sind wir heute bei euch.»

«Ja, macht's gut.»

Der Wunsch war etwas einfältig, aber der Winzer, der ihn zum Besten gab, traf damit genau den Ton. Gläser klirrten aneinander, und auch Janina und Katharina gönnten sich einen ersten ordentlich großen Schluck. Katharina fiel auf, dass die Stimmung nicht eigentlich bedrückt war, und Angst schien erst recht niemand zu haben.

Als ob alle genau wissen, dass es damit zu Ende ist, dachte sie. Jedenfalls tun sie alle nicht so, als müssten sie die Tränen zurückhalten. Rainer Schlag und Max Strohberg scheinen in den Herzen der Winzergilde nicht unbedingt einen herausragenden Platz gehabt zu haben. Vielleicht täusche ich mich aber auch.

Ein Winzer schlug mit der Gabel gegen sein Weizenglas und bat um Aufmerksamkeit: «Also, ich will nicht pietätlos sein, aber wie geht's jetzt weiter? Der Max war unser Önologe und hat vom Fach an sich viel verstanden. Vor allem war er einer, der hier Rebflächen besaß, also direkt aus unseren Reihen hervorgegangen ist.»

«Peter, auch wenn deine Frage elend wichtig ist: Könnten wir sie noch kurz hintanstellen? Die Damen hier sind nämlich in erster Linie da, weil sie ein paar Fragen an uns haben. Und vielleicht gibt's ja gleich noch eine echte Überraschung.»

«So? Dann schafft ihr für die Polizei? Ihr seid die reizenden Außenposten, oder was?» Winzer Peter hatte Mund und Augen aufgerissen und spielte den Empörten. Etliche lachten, Katharina wiegte den Kopf, und Janina legte in übertrieben schauspielerischer Geste den Finger auf die Lippen. «Sesselfurzer seid ihr beide auf jeden Fall nicht. Schließlich ist schon längst Dienstschluss.»

Dieser Spruch verfing schon weniger, aber das machte es Katharina nur leichter, ihre Frage zu stellen: «Mich oder uns interessiert vor allem eins: Der Rainer Schlag war schwerhörig. Hat er eigentlich immer seinen Hörapparat getragen?»

«Meistens haben wir schon laut mit ihm reden müssen», sagte Peter als Erster. «Woraus wir ja schließen können, dass er seinen Apparat nicht ständig getragen hat.»

«Ja.» Harald Kellmann nickte, und auch in den anderen Gesichtern las Katharina nur Zustimmung. «Jetzt wollen wir aber wissen, warum diese Antwort so wichtig ist.»

«Das kann ich sagen», begann Katharina selbstbewusst und warf ihrer Schwester einen bedeutungsvollen Blick zu. «Als ich und Dr. Rücklin Rainer Schlag fanden, trug er unserer Meinung nach keinen Hörapparat. Die Polizei aber behauptet das Gegenteil, wie ich aus einem Telefonat mit Oberkommissar Eppler erfuhr. Und jetzt frage ich die erlauchte Gilde: Wenn der Rainer Schlag sich sogar draußen im Alltag hörgerätabstinent verhielt: Wird er dies nicht erst recht in seinem Reich, seiner sogenannten Manufaktur, getan haben? Dr. Rücklin und ich sind jederzeit bereit, unter Eid zu schwören: Rainer Schlag trug kein Hörgerät. Dass er trotzdem risikobewusst handelte, beweist die erloschene Kerze zu seinen Füßen.»

Die Gesichter der Winzer wurden kantig. Jeder verstand, was Katharina andeutete: Jemand musste in der Zeit vom Auffinden des Toten bis zu seiner Bergung im Gärkeller gewesen sein, um Rainer Schlag den Hörapparat einzusetzen. Was wiederum hieß: Der Mord war von langer Hand geplant.

Doch damit nicht genug. Denn was bedeutete dies alles im Hinblick auf den jüngsten Mord? Warum musste Max Strohberg, der Önologe der Winzergilde, sterben? Wem stand er im Weg? Und noch mindestens eine weitere Frage blieb zu beantworten: Hatten beide Morde womöglich mit dem Einbruch ins Schwabenlädle zu tun?

Doch bevor dieser Themenkreis auf den Tisch kam, erhob sich ein Raunen. Katharina sah, wie sich Harald Kellmann erhob und auf einen stattlichen Mann im schwarzen Anzug, der an der Theke stand, zutrat. Die Augen des Mannes blitzten, und ein mildes Lächeln spielte um seinen sinnlich weichen Mund.

«So, das ist die angekündigte Überraschung, Kollegen», hob Harald Kellmann an. «Der Herr Gschwend, ich glaube, jeder von euch weiß, wer er ist. Und bevor ihr losmault: Ich war es, der ihn eingeladen hat. Wenn er euch also jetzt hier etwas sagen möchte, dann, weil ich ihn vorher dazu aufgefordert hab.»

Katharina und Janina rückten ein wenig zusammen, damit Martin Gschwend Platz am Stammtisch fand. Janina schien ihn ebenso zu kennen wie alle anderen Gildemitglieder, freilich spürte Katharina, dass es niemanden gab, der ihm wohlgesinnt war. Was, wie sie fand, kaum an der Person an sich liegen konnte. Martin Gschwend verströmte nicht nur eine warme Aura, sondern wirkte auf angenehme Art zurückhaltend. Dazu leistete er sich ein unverschämt gut duftendes Aftershave, das Janinas Augen seltsam aufleuchten ließ.

Den würdest du wohl gern näher kennenlernen wollen, wie?, dachte Katharina. Allein schon, um die Marke seines Rasierwassers herauszubekommen.

Mit Interesse hörte sie sich an, was Martin Gschwend zu erzählen hatte. Dabei wurde immer klarer, was für ein Kaliber er in puncto Geschäftsangelegenheiten war. Er war niemand anderes als der Chef der Prendo-Lebensmittelkette. Seit rund vier Jahren expandierte Prendo im Großraum Stuttgart mit der einfachen Geschäftsidee, Qualitätsprodukte zu Discount-Preisen anzubieten. Prendo hatte Standard-Öko-Gemüse genauso im Angebot wie exotische Bohnensorten aus Mittelitalien oder österreichische Ziegenmilch. Im Grunde beruhte sein Erfolg auf der ins Große übertragenen Geschäftsidee Janinas. Und da er ein Perfektionist war, verfolgte er den Plan: Ein württembergischer Edel-Lebensmittel-Discounter müsse auch entsprechende württembergische Spitzenweine im Angebot haben. Dazu gehörten nun einmal vor allem jene Weine, die rund um die prestigeträchtige Württembergische Grabkapelle an- und ausgebaut wurden.

In ruhigem Ton erzählte Martin Geschwend vom Erfolg Prendos. Er zog ein paar Fotokopien aus seiner Mappe, die allesamt notariell beglaubigt waren: «Sie ersehen daraus, dass die Umsätze tatsächlich im Schnitt um 18,6 Prozent gestiegen sind, wobei ich nicht verschweige, dass wir 2009 mit nur 12 Prozent das schwächste Plus erzielt haben.»

«Aber immerhin 12 Prozent», konnte sich Katharina nicht verkneifen zu wiederholen. «Andere Unternehmen gingen in die Knie, beantragten Kurzarbeit und so weiter.»

«Ja, die Lebensmittelbranche ist auf der Produktionsseite krisenresistenter als beispielsweise Automobil-, Maschinen- oder Klavierbau», fügte Gschwend nickend hinzu. «Wenn etwas Leib und Seele zusammenhält, sind es Essen und Trinken. Im Prinzip sind sie unsere letzte Fluchtburg.»

«Alles schön und gut», meldete sich ein Winzer. «Aber nun dürfen Sie auch die anderen Karten auf den Tisch legen, Herr Gschwend. Was führt Sie zu uns?»

«Nicht mehr und nicht weniger als drei, ich möchte sagen, Neuigkeiten. Die eine ist unmittelbar die Folge des Mordes an Rainer Schlag, die anderen beiden sind möglicherweise davon beeinflusst.»

«Jetzt machen Sie es aber spannend», rief Winzer Peter.

«Was nicht meine Absicht ist», antwortete Martin Gschwend. «Also, zum ersten: Gertrud Schlag hat den Betrieb ihres Mannes an mich verkauft. Zweitens habe ich in meiner Mappe einen von Ihrem Önologen unterzeichneten Vertrag über eine exklusive Weihnachtsaktion mit Wein für Prendo, und drittens wird Harald Kellmann den Verbund der Winzergilde verlassen und für Prendo Premiumweine lesen und ausbauen.»

20

Es irritierte Katharina nicht länger, dass Burghard es sichtlich genoss, mit zwei Frauen auszugehen. Dazu war sie viel zu erschöpft. Und das lag vor allem daran, dass sie genauso wie ihre Schwester nicht mehr ging oder zünftig voranschritt, sondern eher daherstapfte. Waden und Knie hatten wehzutun begonnen, die Füße brannten. Und die Stiefel, die ihre zarten Germanistinnenfüße bargen, waren inzwischen so verdreckt, dass sie wohl nur noch mit einem Hochdruckreiniger sauber zu bekommen waren.

Was war geschehen? Nichts. Bis auf den Umstand, dass sie im lehm- und lössgesättigten Heckengäu wanderten, in gut fünfhundert Metern Höhe. Burghard hatte sie vorgewarnt: Der Weg führe an Feldrainen vorbei, ginge über von Schafen zerstampfte Wiesenpfade und über zum Teil matschige, waldschattige Kieswege. Sie sollten also nicht die besten Schuhe anziehen. Auch, weil es einfach zu herrlich sei, ein paar Abstecher auf die Streuobstwiesen zu unternehmen. Sich dort mit den übrig gebliebenen Äpfeln zu stärken entschädige für alle Strapazen.

Es war ein Oktobertag wie aus dem Bilderbuch, warm und sonnig, die Luft klar. Die Düfte des Herbstes waren so intensiv wie die sonnendurchwärmten Farben. Das Rot der Hagebutten, das grüngelbe Laub von Weißdorn- und Schlehenbüschen, das Blau der Wacholderbeeren. Stahlblau wölbte sich der Himmel über das Heckengäu, es duftete nach Dung und Lehm, nach Fallobst und feuchtem Laub, nach Freiheit und Sehnsucht.

Lehm- und Kieselklumpen klebten unter den Sohlen und machten die Schuhe bleischwer. Endlich kam unter einer verwachsenen Kiefer eine Bank in Sicht, auf der sie sich erschöpft niederließen.

«Und wie heißt nun unser Ziel?», wollte Katharina wissen. «Schön ist es hier. Das steht fest.»

«Wir sind auf dem Venusberg.»

«Wie?»

«Kein Witz.»

«Aha. Du meinst, im Sommer ist das hier ein Geheimtipp für Liebespaare und so?», fragte Janina. «Nach der Art: Im Dunkeln ist gut munkeln?»

«Wenn sich die Umarmungswilligen mit Taschenlampen bis hierher durchschlagen? Vielleicht.»

«Aj, aj, aj … dann stöhnt's und seufzt's und winselt's im Grase, dann ächzt es im Gestrüpp, dann …»

«Janne, bitte.»

«Wird's dir wieder peinlich, Käthe?»

«Ja, wenn du gleich wieder ans Fleischliche denken musst!»

«Es ist eben lauschig hier.»

«Das ist es in der Tat», bemerkte Burghard amüsiert.

Sie sahen von ihrem Platz über die luftige und von vereinzelten knorrigen Kiefern und Wacholderbüschen bewachsene weite Hecken- und Wiesenlandschaft. In der Ferne grasten Schafe, und über den schmalen Ackerstreifen kreisten Krähen und vereinzelte Greifvögel. Sie waren nicht die einzigen Besucher, die über die gut ausgeschilderten Wanderwege hierhergefunden hatten; zwei Jungs spielten mit einem Frisbee, ein Stück weiter hüpfte ein Mädchen durch das mit Feldsteinen ausgelegte Labyrinth, während Mutter und Vater mit einem Fernglas die Vogelwelt beobachteten.

«Sodele», seufzte Katharina.

«Jetzetle», sekundierte Janina.

«Soll das heißen, die Damen verspüren Appetit?»

«Sie belieben, sich vornehm auszudrücken, Dr. Rücklin.»

Janne strebte auf einen Wacholderbusch zu und knabberte an einer Beere.

«Alles klar. Also … ich zahl das Essen, ihr die Getränke.»

«Ah ja, auch schwäbische Einladung genannt», warf Katharina ein.

«Man tut, was man kann.»

Burghard erhob sich und bot Katharina den Arm. Die musterte ihn eindringlich und überlegte, ob sie nun empört oder nur amüsiert sein sollte, da hörte sie Janne kichern: «Du glaubst auch alles, Kathi. So geizig ist er nun doch nicht. Aber schauspielern kann er, wie?»

«Danke für das Kompliment, Janina, aber ich mein's wirklich so. Ihr habt doch Geld dabei, oder?»

«Bemüh dich nicht, wir laden dich ein», sagte Katharina kurz angebunden. Sie machte sich von Burghard los und ging ein paar Schritte voraus. Vor dem Hintergrund ihrer drohenden Arbeitslosigkeit kam ihr dieses Spiel einfach zu blöd vor. Schließlich drehte sie sich um und rief ihrer Schwester zu: «Immerhin hat er die Benzinkosten getragen. Dazu der Verschleiß der Reifen und dann noch die Nervenbelastung, mit zwei Untertürkheimerinnen durchs Heckengäu zu streifen … Das kostet natürlich.»

«Seh ich genauso, Kathi», rief Janina treuherzig, aber um ihre Mundwinkel zuckte es verräterisch. «Vielleicht muss er später sogar noch seinen Mann stehen, da ist es wichtig, ihn vorher ein bisschen zu päppeln.»

«Du bist unmöglich!»

Brüsk wandte Katharina sich wieder um und stampfte stur auf dem mit einer Heckenrose ausgeschilderten Weg vorwärts. Ich muss endlich Tacheles mit ihr reden, nahm sie sich vor. Janne ist auf dem besten Weg, ins Gerede zu kommen. Sie setzt mutwillig ihre Ehe aufs Spiel. Und das kann ich unmöglich zulassen, allein schon wegen Markus.

Der Kleine wurde von seinem Großvater gehütet, den die Ereignisse der letzten Wochen weitgehend unbeeindruckt ließen. Dass Önologe Strohberg mit Großhändler Gschwend eine Weihnachtsaktion ausgekungelt hatte, fand er keineswegs verwerflich. Es sei für beide Parteien eine Win-Win-Situation, denn die Exklusivität der Gilde sei längst angestaubt. Wenn jetzt das Schlag'sche und Kellmann'sche Wein-Know-how über Prendo vermarktet werde, sei dies nichts anderes als eine innovative Fokussierung auf neue Genießerschichten.

Obwohl ihr der Magen knurrte, verfiel Katharina zunehmend ins Grübeln. Janina hatte den Schock über den Mord wirklich schnell verdaut, ganz anders als damals bei Rainer Schlag. Sicher, Max Strohberg war nicht mit einer ihrer Flaschen erschlagen worden, sondern nur mit einer Flasche, die auch sie im Lager des Lädles hatte – freilich nur sie.

Katharina schaute sich kurz um, weil Janina auflachte. Einträchtig ging sie neben Burghard her und schien es sichtlich zu genießen, von ihm unterhalten zu werden.

Da guck sie dir an … der Warme und die Promiske, eine neue Extrembeziehung. Wäre doch was fürs Frühstücksfernsehen.

Sie presste die Lippen aufeinander und ging noch einen Tick schneller.

Bin ja nur eifersüchtig, dachte sie, dann stockte ihr der Atem: Was ist eigentlich, wenn sie dich wieder einmal angelogen hat? Wenn sie und der Schlag in Wahrheit eine längere Affäre hatten? Vielleicht hat der Strohberg ja Wind davon bekommen? Wenn ja … Janne und er wären ideale Erpressungsopfer gewesen. Dass sie da jetzt in Champagnerlaune durch die Gegend läuft, wäre nur allzu verständlich. Da sie aber ein Alibi hat – wer würde eigentlich noch vom Tod des Chefönologen profitieren?

Doch so sehr sie sich auch anstrengte, außer Janina fiel ihr niemand ein.

Sie schüttelte den Kopf. Was war bloß in sie gefahren? Aus reiner Eifersucht strickte sie infamste Unterstellungen zusammen.

«Käthe!», hörte sie Burghard rufen.

«Ja?» Hoffnungsvoll drehte sie sich um. Der Anblick war niederschmetternd. Janne hatte sich bei Burghard eingehängt, als hätte sie ihm gerade das Ja-Wort gegeben.

«Du rennst, als seist du auf der Flucht.»

«Falsch. Ihr hängt mir im Nacken.»

«Du bist ja eifersüchtig», zwitscherte Janina.

«Gar nicht, du blöde Kuh.»

«Dooch.»

«Mund halten, bitte. Beide. Onkel Burghard fährt jetzt ganz schnell eine Stärkungsstation an. Mit scheint, ihr seid ein wenig unterzuckert, versteht ihr?»

«Total. Gleich sind wir bewusstlos.»

Von wegen unterzuckert … schälte sich ein Gedanke aus Katharinas Kopf. Wenn du wüsstest, was wir sind, solltest du dich statt mit Rahmbraten besser mit einer Packung Viagra stärken.

21

Katharina hatte es sich auf der Couch gemütlich gemacht und war damit beschäftigt, diverse Wellness-Angebote zu sichten. Da es ihr an diesem Abend zu still im Haus war, hatte sie den Fernseher angestellt. In den 18-Uhr-Nachrichten wurde gerade die frohe Botschaft verkündet, dass es einigen einst notleidenden Banken schon wieder unwahrscheinlich gut ginge. Da klingelte das Telefon.

Besser gesagt, Katharinas Handy nudelte die Anfangstakte des Rolling Stones-Klassikers «I can't get no satisfaction». Und wenn diese Geräusche erklangen, kam nur ein Anrufer in Betracht: Dieter.

Danke, liebe Schicksalsgöttin, murmelte Katharina. Danke, dass du mich daran erinnerst, dass Mittwoch ist. Denn die Nachricht, die ich jetzt zu hören bekomme, ist eine klassische Mittwochsnachricht. Das ist so und wird auch in Zukunft immer so bleiben.

«Mach es kurz, bitte. Und sag, dass es dir leidtut.»

Dieter, ihr Ex, räusperte sich: «Ja, es ist der DIN-A4-Umschlag von der Münchener Uni. Sie sagen ab. Schade, ich hätte mich für dich gefreut. Wirklich. Ganz, ganz echt. Aber du weißt selbst, dass du das nicht persönlich nehmen darfst. Es gehört eben zum Spiel. Die Stelle war bestimmt schon vergeben, bevor sie überhaupt ausgeschrieben war.»

«Danke dir. Und sonst?»

«Wir könnten von vorn anfangen, Katharina.»

«Du willst mir jetzt nicht erzählen …»

«Doch. Seit sie eingezogen war, ging es mit uns bergab. Zu viel Nähe, zu viele Fehler, die jeder am anderen entdeckte. Und dann das Erschrecken: kaum Gemeinsamkeiten.»

«Also gar keine bis auf gewisse zusammen zu absolvierende Übungen.»

«Ja … sozusagen. Also?»

«Was also?»

«Kommst du zurück?»

Gut, dass sie nichts im Mund hatte. Denn sonst hätte sie sich derartig verschluckt, dass sie am nächsten Morgen nur noch tot hätte aufgefunden werden können. Dieter war zwar schon immer ein Pragmatiker gewesen, aber dass er allen Ernstes glaubte, die letzten Monate wie einmal Falschparken abhaken zu können, deutete darauf hin, dass er gerade einen Hirninfarkt erlitten haben musste. Im Klartext: Dieter war jetzt Pflegestufe zwei und Anwärter auf eine geriatrische Reha – womit er als Lebensabschnittsgefährte ein für alle Mal ausgedient hatte.

Katharina spürte einen Kloß im Hals, gleichzeitig jagte ihr kalte Wut durch den Körper. Ohne irgendetwas zu antworten, drückte sie das Gespräch weg. Sie sprang vom Sofa und stellte den Fernseher aus. Ihr Herz pochte heftig, mit einem Mal kam sie sich von allem und jedem verhöhnt vor.

Alle benutzen dich doch nur, belferte ihre innere Stimme. Der eine bildet sich ein, er wäre Herr über Zeit und Gefühle, der andere glaubt, Wörter und Gesten seien nichts als Spielzeug. Bunt und lustig und unverbindlich. Was bildeten diese Männer sich eigentlich ein? Woraus bezogen sie ihre Selbstsicherheit? Hatten sie irgendwelche geheime Drüsen, die noch geheimere Hormone für die perfekte Ego-Steuerung produzierten?

Das Handy vibrierte. Eine SMS.

Tschuldigung. Bin ein Arsch, Dieter.

Dreißig Sekunden später dudelte es wieder: «I can't get no ...»

«Aber nur, weil wir auch mal gute Zeiten hatten, du Idiot.»

«Eben. Die tiefe Sehnsucht, alles mit einem Klick reparieren zu können, steckt wohl in jedem Mann. Lego-Denken: aufbauen, kaputt machen, dann einfach wieder neu und von vorne. Wie geht es dir?»

«Wie schon! Wenn man alles Schlechte weglässt, so lala.»

«Oh.»

Dann platzte alles aus ihr heraus. Die Aufregung wegen der beiden Morde, das Unbehagen wegen Janina, die, um es nur anzudeuten, eher das Gegenteil von einem Mauerblümchen sei, und natürlich der Frust, Gefühle für einen Mann entwickelt zu haben, der vom anderen Ufer war.

Dieter hörte geduldig zu und resümierte: «Er war also mit seinem Freund im Wohnmobil in Norwegen unterwegs, hat dich bislang kein einziges Mal angefasst, macht sich aber einen Spaß daraus, dich und Janina gegeneinander auszuspielen. Ergo ist er schwul.»

«Ja, oder was denn sonst?»

«Nur mal zum Vergleich, wobei ich eigentlich blöd bin, dich daran zu erinnern: Im ersten Semester war ich mal mit einem Studienfreund drei Wochen wild auf der Insel Oleron campen. Wir fingen entweder Krebse oder zerbrachen uns die Köpfe, wie wir bei gewissen Kommilitoninnen punkten könnten. Eine davon warst du.»

«Ich verstehe.»

«Aber nochmal kurz zu den Morden beziehungsweise zu dem Mord an dem Önologen. Für mich ist die Sache klar. Der Mörder kommt bestimmt aus den Reihen der Winzergilde.»

«Aha.»

«Ja. Denk doch mal nach: Du hast gerade erzählt, dass dich deine Schwester informiert hat, der Kellmann würde nun doch nicht für diesen Prendo-Menschen produzieren.»

«Stimmt. Er hat einen Brief an alle verfasst, Janne hat ihn mir vorgelesen. Kellmann schrieb, er bitte um Entschuldigung. Er habe den Vertrag mit Gschwend nur gemacht, weil er sich von der Winzergilde im Stich gelassen fühlte. Eine Affekthandlung sozusagen. In Wahrheit stehe er aber fest zur Gilde.»

«So.»

«Ah, ich ahne, worauf du hinauswillst. Lass mich mal laut denken: Du meinst, der Sinneswandel rührt daher, dass Harald Kellmann kalte Füße bekommen hat. Oder drastisch ausgedrückt: Todesangst.»

«Genau.»

«Das hieße, ein Finsterling hat dem Kellmann eine Botschaft zukommen lassen, die besagt: Önologe Strohberg wurde für seinen Verrat bestraft, so wie jeder bestraft wird, der der Winzergilde den Rücken kehrt oder kehren will. Das bedeutete, auch Rainer Schlag hätte insgeheim die Fühler zu Martin Gschwend ausgestreckt. Was noch herauszufinden wäre. Auf jeden Fall wirft es neues Licht auf seine Weinproben. Irgendwie ist es bezeichnend, dass es vor allem Harald Kellmanns Weine und die der Winzergilde waren, die Rainer Schlag hat analysieren lassen.»

«So ist es. Wäre ich Ermittler, ich würde danach fragen, wer von den Winzergildenmitgliedern gewissermaßen der eingefleischteste Traditionalist ist.»

«Das war bestimmt Rainer Schlag.»

«Und wie steht es um den Kellmann?»

«Du meinst, in Wahrheit hat er seinen Sinneswandel von Anfang an geplant? Um von sich abzulenken und sich als Opfer eines unbekannten Erpresser-Mörders zu stilisieren?»

«Du hättest Kriminologie studieren sollen.»

«Danke, immerhin hast du die Rädchen im Denkgetriebe angestoßen. Aber leider muss ich jetzt los. Danke für deinen Anruf.»

Katharina fühlte sich geradezu überwach. Alles machte Sinn. Die Motivlage hat sich verschoben, überlegte sie, während sie die Decken auf dem Sofa zusammenlegte, denn Harald Kellmann ist nicht mehr der Hauptverdächtige, weil er von Rainer Schlag erpresst wurde, sondern weil er gewissermaßen als Rächer vom Dienst auftritt.

Nichts hielt Katharina jetzt mehr zu Hause. Bei so vielen und vor allem so schwergewichtigen Vermutungen konnte sie unmöglich allein bleiben. Sie musste raus und ihre Gedanken mitteilen, sonst würde sie platzen.

Und zu wem zuerst? Zu Janina oder zu Burghard?

Zu beiden, entschied sie. Und dabei werde ich Burghard auf den Zahn fühlen. Keine Interpretationen mehr – klare Fragen, klare Ansagen.

Ein Taxi?

Ja. Jetzt hatte sie sich eines verdient.

«Wenn Halim in der Nähe ist, schicken Sie bitte ihn, okay? Ja, danke.»

Von Halim gefahren zu werden bedeutete diesmal vor allem eines: zu warten. Eine geschlagene halbe Stunde lang. In der Zwischenzeit überlegte Katharina, ob sie ihr Kommen ankündigen oder lieber mit Tür und brandneuen Infos ins Haus fallen sollte.

Gut, es sind eher Vermutungen. Aber sie haben Hand und Fuß. Auf jeden Fall bin ich gespannt, ob Burghard auch der Meinung ist, unser Lieblingskommissar solle selbst darauf kommen. Schließlich ist er der Polizist, wir hingegen sind nur die Doofen, die es juckt, zwei Mordfälle aufzuklären.

Ein Blick in den Spiegel?

Katharina drehte sich, tänzelte ein wenig auf den Zehenspitzen und entschied sich für die enge ausgewaschene Jeans. Und statt der beigen Ballerinas die halbhohen dunkelblauen Pumps.

Genau, und mit Push-up ist es auch einfach besser. Zum sandfarbenen Cashmere-Pulli passte der Lippenstift auf jeden Fall. Und wenn schon, denn schon: ein Sprüherchen Parfüm.

Gut, dass ich die Strähnchen hab machen lassen. Mit gespreizten Fingern fuhr sie sich durch ihr Haar, trat einen Schritt zurück und legte den Kopf schief.

Endlich, das Taxi.

Halim entschuldigte sich wortreich: «Doch wenn Sie schon Wunsch hatten, dass ich Sie fahre. Da hab ich Kollegen gepfeift: Nix ihr, weil die ist für mich.»

«Das ehrt mich ja irgendwie … aber modernes Zeitmanagement ist das nicht, Halim.»

«Korrekt. Aber Sie sehen echt super aus, da hat sich für mich schon gelohnt.»

«Danke.»

«Und? Wie geht?»

«Die beiden Morde sind hier natürlich das Thema. Leider gibt es auch noch keine Hinweise, wer hinter dem Einbruch ins Lädle meiner Schwester steckt.»

«Schaden groß?»

«Wie man's nimmt. Aber echt dreist! Knapp einhundert Flaschen oder acht Zwölferkartons.»

«Klaust du mit zwei in einer Minute. Dieb wartet drei Monate, dann ab zu eBay.»

«Und die Polizei? Die sind doch nicht blöd, die recherchieren doch auch.»

Sie zuckte zusammen, weil Halim so heftig zu lachen begann. «Haben gar nix an Leute dafür. Vor allem für eBay in Polen!»

«Halim, Sie sind so gut informiert, wie Sie fahren», versuchte Katharina ihren Chauffeur aus der Reserve zu locken. Offensichtlich besaß Halim bezüglich gewisser Lebenswirklichkeiten tiefere Einsichten als eine ehrbare arbeitslose Germanistin. Selbst wenn sie gerade mal wieder typisch deutsche Unterstellungen ritten: Dass Halim mit Taxifahren allein völlig ausgelastet war, schien ihr ein wenig unwahrscheinlich.

Dieser verstand sie sehr gut und antwortete so würdevoll er konnte: «Tante Talha hat Spruch, der auch meiner ist: Viel wissen heißt, nix verarschen lassen. Nix verarschen lassen heißt, immer korrekt bleiben.»

«Sehr weise.»

«Ja, ey. Tante Talha ist starke Frau.»

Halim lächelte. Katharina entspannte sich. Halim fuhr ungewöhnlich langsam, als wolle er jede Sekunde mit ihr genießen. Längst war es dunkel, vereinzelt stocherten die Scheinwerfer durch Nebelschwaden. Das sanfte Schnurren des Diesels hatte etwas Einlullendes an sich.

Plötzlich breitete sich ein schales Gefühl in ihr aus. Irgendwie ist es lächerlich, jetzt gleich bei ihm aufzukreuzen, dachte sie. Aber wenigstens kann ich mir nun vorstellen, wie der Wein verscherbelt werden könnte. Wahrscheinlich gibt es im Osten riesige Hehlerlager, vom Anorak bis zur Zahnseide wird dort alles zu finden sein. Janne, lass alle Hoffnung fahren.

Katharina seufzte laut: «O Gott …»

«Alles klar?»

«Ja, keine Sorge. Ich dachte nur gerade, wie fühlt man sich, wenn man weiß, in Zukunft immer damit rechnen zu müssen, beklaut zu werden? Wenn also die Einbrüche in die Keller wirklich nichts mit den Morden zu tun haben.»

«Ich wette: Das sind zwei krass andere Paar Schuh.»

«Wie? Ach so …»

«Und Tante Talha hat sowieso immer recht.»

«Wie nun?»

«Ganz einfach: Sie lassen sich nicht mehr verarschen von falsche Zusammenhänge. Nächster Schritt ist jetzt: Korrekt bleiben und mit neue Methode Mörder finden.»

Eigentlich hätte sie es sich ja denken können, dass Janina längst nach Hause gegangen war. Quatsch, du hast es so gewollt. Von Anfang an. Deshalb hast du auch Halim angefordert. Dein Unterbewusstsein hat dich handeln lassen.

Sie drückte die Klingel. Und auf einmal bekam sie nicht nur feuchte kalte Hände, sondern heftiges Herzklopfen.

Mach schon auf.

«Besuch aus Untertürkheim …»

Der Türsummer.

Ruhig nahm sie eine Stufe nach der anderen. Das Treppenhaus roch nach frischem Bohnerwachs, über allem aber lag der würzige Duft des Schwabenlädles.

Die Tür ging auf.

«Du kommst perfekt zum richtigen Zeitpunkt. Ich hab Heike schon viel von dir erzählt. Und selbst wenn sie ihr Näsle net so oft ins Buch steckt wie du: Was gute Tropfen anbelangt, ist sie sensibler als wir beide zusammen.»

22

Wie sie den Abend überstanden hatte, wusste Katharina hinterher nicht mehr. Anders gesagt: Nach einer Flasche Trollinger konnte und wollte sie sich auch nicht mehr so genau daran erinnern.

Jetzt aber lag sie plötzlich wach. Die Digitalanzeige des Nachttischweckers zeigte 00:17, und irgendwie war der Rausch plötzlich verflogen.

Klar doch, jetzt kommt das Gefühlsdessert! Her damit. Aber bitte ohne Tränen.

Sie schielte zu dem Wäschehaufen, der auf dem Boden lag, und kämpfte mit sich, ob sie aufstehen und ihre Kleidung ordentlich hinlegen sollte. Aber dafür war sie dann doch zu geschwächt.

Heike Mahle.

Keine Angst, nicht die von dem mit der Kolbentechnik. Leider nicht verwandt.

Jetzt holten sie die Töne und die Wortmelodie, die Sätze und Scherze wieder ein. Heike Mahle, die typisch bodenständige Brünette. Ein bisschen lausbübisch, schlank, hübsch und mit jener Schwätzbegabung gesegnet, die Burghard nicht minder begeisterte wie die Sportschaltung seines TDI-Polos. Katharina seufzte resigniert. Wie die beiden zusammenpassten! Wie sie harmonierten! Topf und Deckel in Luxusausführung.

Heike Mahle: Ich kenn sogar auch ein Gedicht! Weil der Burghard sagt immer, wer es wie ich mit dem Wein hat, der braucht wenigstens a bissle Poesie.

A bissle Poesie, ja, genau das traf es. Und so stammte das Gedichtchen dieser brünetten Schluckspechtin auch nicht aus den hehren Gefilden der Hochkultur, sondern aus den transzendenten Eingebungen eines Jürgen von der Lippe.

Katharina drückte sich die Enden ihres Kopfkissens gegen die Ohren, doch es half nichts. Heike Mahles Timbre schwang nur noch lauter in ihrem Kopf: *Große Männer, große Geister, war'n auch im Saufen große Meister. Haben gern ein' draufgemacht, sich dabei kaputtgelacht, und es dann noch voll gebracht.*

Tatsächlich hatten sie zu dritt vier Flaschen Trollinger geleert. Die erste hatten Burghard und seine ehemalige Lieblingskollegin am Institut für Sonderkulturen und Produktionsphysiologie, Fachgebiet Weinbau, zum Vorglühen verschlissen. Die nachfolgenden drei wurden dann gebührend angebetet … und zum Henker: Der 2007er von diesem Schnaitmann war so prächtig, dass sie tatsächlich kurz träumte, Heike Mahle sei in Wahrheit nur Burghards Schwester und nicht die, wie er stolz erzählte, allerbeste Kindergartenfreundin.

Klar, so eine trinkt jeden Kerl unter den Tisch.

Katharina sah die wohlgeformte Hand mit den roten Fingernägeln auf Burghards Oberschenkeln rumklopfen, als wäre dies exakt die richtige Stelle, den männlichen Hormonkreislauf hochzufahren. Wie ging doch gleich ihr Lieblingsspruch? Guter Wein, maßvoll genossen, tut auch in größeren Mengen nicht schaden.

Aber nicht nur den Trollinger hatte Burghard aus dem Lädle. Besonders demütigend war, dass er all die zusätzlich aufgefahrenen Spezialitäten ebenfalls da gekauft hatte, Tuttlinger Kässpätzle, Welzheimer Bio-Wurstsalat, Ziegenkäse aus dem Voralpenland. Die chilischarfen Rettiche und Zuckertomaten stammten von einem Super-Ökohof aus dem Südschwarzwald, allein die Laugenwecken waren von einem Stuttgarter Bäcker.

Essen, Trinken, Schwätzen, Schnaufen … gell?, Katharina, so muss man es halten, und wenn man dann noch nicht gekündigt ist, kann man gar nicht anders als glücklich sein.

Immerhin hatte Burghard seine Schlemmer-Heike auf diesen kleinen Fauxpas aufmerksam gemacht. Wonach Mahle-Mäuschen, das überdies zulangen konnte, als hätte es einen Müllverbrennungsreaktor im Bauch, sich ihr mit den Worten zuwandte: Nett bös sein Katharina, aber mit der Arbeitslosigkeit ist es wie mit dem Rotwein – was gleich wieder auf die Flasche kommt, taugt eher weniger. Aber ein, zwei Jährle auf Lager, das bildet den Charakter. Und das heißt: Zeit nutzen und neue Ziele, sprich, Kunden, anvisieren.

Zum Wohl!

Zugegeben, Mahle-Mäuschen hatte da schon eine ganze Flasche vernascht und etliche tausend Gehirnzellen verheizt, trotzdem war dieser Vergleich selten dämlich.

Und er, er hat am Schluss bloß noch gegrinst. Die typische So-und-jetzt-steig-auf-Miene.

O Gott im Himmel, und ich dachte, er sei andersrum. Dabei hat er seine Traumfrau längst gefunden.

Als das Telefon klingelte, hatte sie Tränen in den Augen. Und schrecklichen Durst dazu.

«Ja?»

«Du, Käthe, weißt du, was unsre Heike gerade noch von sich gegeben hat?»

«Nö … wie, sie ist noch da?»

«Ja, klar. Wo sie jetzt dermaßen hacke ist … und's Taxi wär ja wohl etwas teuer.»

«Jaa? Was denn?»

«Sie hat gemeint, und das war ihr letzter Satz: Schad um die Flasch.»

«Was?»

«Ja. Schad um die Flasch, die der Strohberg über den Schädel gekriegt hat. Schließlich war des ein Lemberger, großes Gewächs. Janina nimmt knappe fünfunddreißig Euro dafür. Ist das eine Schande?»

«Das wolltest du mir sagen?»

«Ja.»

«Und warum?»

«Weil … die einen sterben bereits an einer Flasche, hingegen die anderen dazu einen vollen Keller brauchen.» Burghard hatte genug getrunken, um seinen Kalauer umwerfend zu finden. Er explodierte förmlich vor Lachen, und tatsächlich hörte Katharina am anderen Ende der Leitung irgendetwas scheppern. Sie stierte auf ihren Kleiderhaufen, hielt den Hörer locker im Schoß. «So … jetzt aber a gut's Nächtle», kam es schließlich aus dem Hörer. «Das war ein prima Abend. Adele.»

«Ja … adele.»

«Bist du noch dran?»

«Leider.»

«Also, träum schön.»

Aufgelegt.

Fühlte sie sich jetzt besser? Ein kleines bisschen schon.

Denn wenn einer was vorhat, wünscht er der anderen doch nicht «träum schön», oder? Sex geht heute sowieso nicht mehr, dachte Katharina zufrieden. Und morgen früh, katerbedingt, erst recht nicht. Gell, Heike Mahle-Mäuschen? Wie schon der große Shakespeare einst in seinem Macbeth dichtete: Der Trunk ist's, der die Buhlerei befördert. Aber leider ist es auch gewiss: Zwar fördert er das Verlangen, doch schwächt das Tun.

23

Sieh es pragmatisch, also ohne Emotionen: Besser ein Ende mit Schrecken als ein Schrecken ohne Ende.

Janina klang wie eine Oberschwester, und mit ihrer großen weißen Kittelschürze und den mit Gummiband gebändigten Haaren sah sie auch fast so aus. Sie stieß die Kuchengabel in den Kuchen, als sei dies die passende Geste, mit der sie ihre Schlussfolgerung unterstreichen müsse.

Wochenende, später Samstagnachmittag.

Katharina hatte sich bei ihrer Schwester den Frust von der Seele geredet, beide saßen in der geräumigen Kiefernholz-Wohnküche, auf die Paul immer stolzer gewesen war als seine Frau. Eine dicke rote Kerze flackerte auf dem honiggelben Tisch. Es gab italienischen Kaffee aus der Espressokanne, dazu ein Stück sächsische Eierschecke. Janina hatte eine Fertigmischung ausprobiert, die Paul bei seinem letzten Einkauf mitgebracht hatte.

Katharina nickte.

Sie hatte Markus auf dem Schoß und schaute aus dem Küchenfenster des Reihenhauses an der Goldbergstraße auf sanft ansteigende Rebzeilen. Ein Winzer zeigte einem halbwüchsigen Jungen, wo die Rebe geschnitten werden musste, drückte ihm schließlich die Rebschere in die Hand und ließ den Jungen machen. Er nickte zufrieden, bückte sich dann und riss ein Wildkraut mit langer Wurzel aus der Erde. Jetzt wird er erklären, dass hier ein Pflänzlein schmarotzt und dem Weinstock kostbare Nährstoffe entzieht. Morgen kommt er dann mit der Hacke ... auf dass der Nachwuchs gleicht lernt: Mühsam ist die Arbeit des Weingärtners und der Lohn trotz aller Sorgfalt immer von der Laune der Natur abhängig.

Janina redete sich derweil in Fahrt. Und irgendwie erwischte sie dabei einen Ton, dem etwas Predigerartiges anhaftete. Und etwas von einer Rüge. Erkenne, oh Schwesterherz, wie weise das vierte Gebot unseres Herrn ist, das da heißt: Du sollst dir kein Bildnis machen. Denn das hast du gemacht. Unablässig hast du Indizien gesammelt, die beweisen sollten, er ist nicht geschaffen für den Bund, der Mann und Frau zuweilen glücklich werden lässt. Trotzdem hast du gelockt und gegurrt, in der Hoffnung, ihn möge der Blitzschlag treffen, auf dass er für sich erkenne: Es ist nicht gut, dass ich auf den Schoß des Weibes verzichte. Du hast dich verrannt, Katharina, einer Suggestionserfüllung hinterhergeträumt! Burghard sollte denken: Wohlan, hinfort werde ich die Finger nicht mehr nach dem Fleische meines besten Freundes ausstrecken, sondern jenes begehren, das lange Jahre in Hamburg im Germanistischen Institut reifte.

«Was faselst du denn da? Schwul ist ja gar nicht mehr aktuell. Soll ich jener anderen Person jetzt kampflos das Feld überlassen oder nicht?» Katharina patschte Markus' Händchen zusammen und summte Backe-Backe-Kuchen. «Jene Person heißt übrigens Heike Mahle, liebe Schwester. Deinem Lieblingsvermieter liegt sie sehr am Herzen. Dass beide noch getrennte Lebenssphären haben, liegt höchstwahrscheinlich darin begründet, weil sie sich schwertun, ihr Kindergartenverhältnis offiziell zu legalisieren.»

«Das meinst du.»

«Ja, das meine ich.»

«Könnte nicht vielleicht alles ganz anders sein?»

«Willst du mir Hoffnung machen?»

«Vielleicht. Aber zunächst solltest du endlich deinen wirren Phantasien Ade sagen. Und das funktioniert am besten so: Hebe dich weg von hier in eine Wellness-Einrichtung, verfüge dich dann wieder nach Hamburg und fang mit Dieter von vorne an.»

«So, wie du es alle Vierteljahr mit Paul machen musst? Janne, bitte, das ist jetzt keine Provokation, sondern nur eine traurig nüchterne Feststellung.»

«Drum habe ich ja mein Lädle.»

«Hoffentlich nur das.»

«Spiel bloß nicht den Moralapostel», antwortete Janina streng. «Ich sag dir jetzt was: Ich werde nichts versprechen. Jeder hat das Recht, wenn sich der Moment bietet, ein Zipfelchen Lebensqualität zu erhaschen.»

«Ein Zipfelchen, wie süß.»

Katharina schaute auf. Gleich flippt sie aus. Eins, zwei, drei ...

Aber Janina konnte sich beherrschen. «Zipfelchen», wiederholte sie abschätzig. «Das ist gerade so, als wenn du es bei einem Achtele belassen würdest.»

Die Schwestern maßen sich mit Blicken, dann begannen beide loszuprusten. Markus krähte fröhlich mit, worauf Katharina mit dem Kuli, der auf dem aufgeschlagenen Kreuzworträtsel-Heft lag, in großen Lettern das Wort PRAGMATISCH malte. Und falls sich mit diesem Begriff das Gefühlsleben regeln ließe, dann bestimmt auch das wirkliche Leben, das zuweilen aus Mord und Totschlag bestand.

Janina befand, Katharinas Verdacht habe etwas für sich. Sie könne sich gut vorstellen, dass in der Winzergilde ein selbsternannter Obergerechter die beiden Winzer auf dem Gewissen habe. Harald Kellmann allerdings traue sie solche Untaten nicht zu. Wenn einer das Zeug dazu gehabt hätte, dann eigentlich am ehesten Rainer Schlag.

«Ja. Dasselbe hab ich auch gedacht. Ich werde einmal bei

Frau Schlag vorfühlen, ob meine Theorie stichhaltig ist. Ich hatte sowieso vorgehabt, sie zu besuchen. Wir haben einen ganz guten Draht zueinander.»

«Hamburg verbindet, wie?»

«Tja, die Alster vermisst nicht nur sie.»

«Dafür haben wir unseren Max-Eyth-See.»

«Mach dich nicht lächerlich.»

«Wieso?», fragte Janina künstlich verschnupft.

Statt einer Antwort klingelte es. Katharina setzte Markus seiner Mutter auf den Schoß und drückte den Knopf der Gegensprechanlage.

«Ein Brief!», schepperte eine Kinderstimme.

«Post ist schon lange vorbei», rief Katharina misstrauisch.

«Ich hab trotzdem was.»

Kopfschüttelnd betätigte sie den Türöffner der Vorgartenpforte.

Draußen erwartete sie in der Dämmerung ein vielleicht zwölfjähriger Junge in weißem Trainingsanzug auf einem Fahrrad. Er wedelte mit einem weißen Kuvert, und kaum, dass Katharina es ihm abgenommen hatte, radelte er los.

Ohne Socken, nur in Turnschuhen. Wie unverantwortlich.

Für die Besitzerin des Schwabenlädles, stand auf dem Kuvert. Die Buchstaben waren mit lila Filzstift geschrieben.

Im selben Moment begriff sie.

«Halt!» Doch es war längst zu spät. Der Junge war schnell. Als sie wieder zurück zur Vorgartenpforte gehastet war, sah sie nur etwas Weißes, das längst die Kreuzung hinter sich gelassen hatte und gerade rechts in die Fellbacher Straße einbog. Wut stieg in ihr hoch. «Na, warte, euch heizen wir ein. Da könnt ihr Gift drauf nehmen.»

Sie rannte zurück, riss das Kuvert auf. Eine klare Ansage in ungelenken lila Druckbuchstaben: *Nur 1000 Euro dann Wein zurück. Keine Polizei sonst Feuer. Wir sind ehrlich.*

Atemlos pfefferte sie den Brief auf den Küchentisch. Janina, die so tat, als wäre nichts geschehen, spazierte, ein Schlaflied summend, mit Markus durch die Küche. Sie nickte nur, legte den Finger auf den Mund.

«Soll ich nicht doch anrufen?», flüsterte Katharina.

«Nein, warte.» Quälend lang zogen sich die Minuten hin, bis Markus endlich im Bett war. Als Janina wieder in die Küche trat, war ihr Gesicht grau und maskenhaft. «Die würden ernst machen», sagte sie tonlos.

«Und was ist, wenn das der Auftakt endloser Schutzgelderpressungen ist?» Erschrocken riss Janina die Augen auf, begann zu zittern. Katharina trat auf sie zu und nahm sie in den Arm. «Keine Angst, alles wird gut», murmelte sie und streichelte ihr über den Rücken, obwohl sie jetzt selbst weiche Knie hatte. «Alles wird gut.» Janina seufzte ein paarmal heftig, schniefte. Nach einer Weile legte sich das Zittern, schließlich zog es sie auf die Küchenbank.

«Das ist wohl jetzt die Ladenbesitzertaufe», sagte sie tonlos. «Ganz glatt geht es eben nicht. Irgendwann bist du im Fokus irgendwelcher Neider oder von anderem Gesocks. Was meinen die mit ‹Wir sind ehrlich›? Es könnte ja auch eine Drohung sein. Nach dem Motto, wenn ihr die Polizei einschaltet, wird garantiert abgefackelt.»

«Wenn du nicht zahlst, bliebe alles beim Alten.»

«Die lassen doch nicht locker. Außerdem die Nervenbelastung, das halte ich nicht aus. Und irgendwann kommen sie dann ja doch mit einer anderen Forderung.»

«Stimmt, entschuldige. Der Junge … ich würde mal tippen, Rumänien oder Moldawien.»

«Das sind doch Klischees.»

«Die Klischees sind, weil sie zu einem gewissen Grad stimmen. Aber auch, wenn ich mir jetzt widerspreche: Müsste ich jetzt mit der Pistole auf der Brust entscheiden, ich würde die tausend Euro zahlen. Mein Gefühl sagt mir: Die Flaschen bekommen wir dann zurück.»

«O ja, das Gefühl! Das Fundament allen Wissens!» Doch statt ironisch zu klingen, brachte Janina nur ein gebrochenes klägliches Hüsteln zustande. «Ich stell mir gerade mal den Eppler vor. Der würde uns mit seinem blasierten Der-Onkel-versteht-euch-ja-Lächeln angucken und dann wahrscheinlich zu gackern beginnen. Bloß, ich seh es genauso wie du. Irgendwas sagt mir: Reg dich ab, zahl, und dann ist alles vorbei.»

Janina seufzte schicksalsergeben. Katharina nahm den Brief, hielt ihn gegen das Licht, beschnupperte ihn und befühlte das Papier: «Ganz normales Kopierpapier. Und wenn es Spuren gäbe, habe ich die jetzt verwischt. Wie schön, dass uns diese Ganoven wenigstens gleich ihre Bankverbindung mitgeteilt haben. Neben dem Swift-Code steht unter anderem RU.»

«Und das steht für Russland.»

Die Schwestern sahen sich schweigend an. Jede wusste, was die andere dachte: Dass sich hinter dem Namen *Michail Timofejewich Chernigow* ein unauffälliger Bürger versteckte, von dessen Konto für einen kleinen Obulus Auslandsüberweisungen umgelenkt wurden. Selbst wenn sie hier jetzt die Polizei einschalten sollten, ein Betrag von 1000 Euro war viel zu klein, als dass sich der Ermittlungsaufwand lohnte. Bei einem entsprechenden Ersuchen um Hilfe würde man in Russland erst einmal ganz verdutzt tun, dann versprechen, dem Verdacht nachzugehen, um schließlich nach etlichen Monaten mitzuteilen: Sorry, das Konto existiert gar nicht mehr.

«Also?», flüsterte Janina. «Spielen wir halt ein wenig, oder?»

Katharina nickte. «Und wenn ich nicht recht habe, verzichte ich auf Wellness.»

«Falsch. Die machen wir dann zusammen. Und dann schnappen wir uns den Masseur, bis es uns zu den Ohren wieder rauskommt.»

«Janne!»

«Ach, ist doch wahr! Ist doch das Einzige, was die Kerle können.»

Können? Oje … Katharina verkniff sich jede Antwort. Jetzt war es besser zu schweigen. So nickte sie nur und versuchte, eine ebenso entschlossene John-Wayne-Miene aufzusetzen wie ihre Schwester. Die verschwand in die Stube und kam mit einer Flasche und zwei Schnapsgläsern zurück. Katharina lächelte: Jetzt war es so weit! Manchmal half eben nur noch Oma Lisas Drei-Königs-Geschütz, auf den Caspar, den Melchior und den Balthasar. Angewandt auf die jetzige Situation, hieß das: Der Erste für die Janne, der Zweite für die Käthe und der Dritte für die Hoffnung an sich.

Als Janina das Glas geleert hatte, schimmerten Tränen in ihren Augen.

«Was ist?»

«Nichts», antwortete Janina. «Ich bin einfach nur glücklich. Jetzt habe ich endlich wieder eine richtige Schwester.»

24

Nichts schweißt so zusammen wie ein Geheimnis. Katharina und Janina waren schnell übereingekommen, weder ihrem Vater noch Burghard etwas zu erzählen.

Und natürlich weihten sie auch Oberkommissar Eppler nicht ein.

Die Überweisung tätigten sie per Laptop am Sonntagabend, und gleich am Montagmorgen wurde diese Tat mit einem guten Omen belohnt. Ein Kunde auf der Durchreise kaufte, wie er sich ausdrückte, drei «Bestechungskartons» mit je sechs Flaschen Spitzenwein: Kellmann'sche Trockenbeerenauslese, einen Sechser Eiswein der Winzergilde Rotenberg und eine im Barrique ausgebaute Cuvée Cabernet aus dem Hause Schlag.

Erleichtert lächelte Katharina in sich hinein. Wann hatte Janina das letzte Mal so unbeschwert am Telefon geklungen? Lang ist's her, dachte sie. Und selbst, wenn nachher alles umsonst ist: Wir haben über diese Krise wieder zusammengefunden. Und das ist wichtiger als alles andere.

Sie war mit Markus am Rotenberg unterwegs und spazierte durch die schöne aufgelockerte Gartenlandschaft in Richtung Uhlbach. Die Luft war klar und sonnig, die Herbstfärbung ein Fest für die Augen. Katharina knipste einem Hagebuttenzweig die Dornen ab und gab ihn Markus in die Hand. Dieser lag in seinem Kombikinderwagen und versuchte sofort, den Zweig zu schwenken. Erst nach einer Weile fielen ihm die beiden roten Hagebutten auf, die Katharina am Zweig gelassen hatte. Anscheinend gefielen sie ihm nicht, denn er ließ den Zweig fallen.

«Was? Die sind doch so schön rot», sagte Katharina, hob den Zweig auf und legte ihn dem Kleinen wieder in den Schoß. «Soll ich dir eine abzwacken? Aber nicht dran verschlucken.»

Sie hielt Markus die Hagebutte vor die Nase, der jetzt interessiert danach griff. Sofort führte er sie zum Mund, doch dabei fiel sie ihm aus der Hand. Unwillig greinte er los. Katharina machte ihn auf eine Krähe aufmerksam, die einen Komposthaufen durchpflügte.

Markus gähnte. Auch Katharina fühlte plötzlich, dass sie müde wurde. Dabei führte der Weg bergab, und sie war bestimmt noch keinen halben Kilometer gelaufen. Schon ist man wieder reif für eine kleine Vesper, dachte sie. Das kommt eben davon, wenn man zum Frühstück bloß eine Schale Müsli isst.

Sie schaute auf die Uhr, tatsächlich ging es bereits auf zwölf Uhr zu. Damit war die Chance groß, irgendwo einkehren zu können. Katharina schwenkte auf die Markgräflerstraße ein und hatte schließlich das Zentrum von Uhlbach mit der Andreaskirche und dem romantischen Fachwerk-Rathaus erreicht.

Es war jetzt angenehm warm, die Luft weich, die Sonne dagegen geradezu stichig. Katharina zog ihre Lederjacke aus und schob die Ärmel ihres Pullovers hoch. Sie fuhr sich durchs Haar und rollte die leicht steif gewordenen Schultern.

«Also, happ, happ, bist du bereit? Ja? Oder willst du schlafen?»

Den Kopf auf der Brust, döste Markus vor sich hin. Katharina hob ihn aus dem Kinderwagen und stieg die Stufen zum Restaurant hoch.

Die gemütliche Stube schien bis auf ein Wandererehepaar noch leer, doch kaum, dass sie sich umgesehen hatte, rief jemand ihren Namen.

Gertrud Schlag. Und sie war nicht allein. Mit ihr am Tisch saß Martin Gschwend. Er vor einer Weißweinschorle, sie vor einem Tonicwater.

«Das ist ja eine Überraschung. Dabei hatte ich heute vor, Sie anzurufen. Ehrlich.»

«Ja, dann passt es doch jetzt wunderbar», antwortete Gertrud Schlag, und wieder fühlte Katharina sich von der warmen, fast schon mütterlichen Aura dieser Frau angezogen. «Setzen Sie sich doch her. Der Martin will sowieso gleich gehen.»

«Gerne, ich muss nur jemanden bitten, den Kinderwagen zu holen.»

Katharina gab Bescheid und setzte sich Martin Gschwend gegenüber. In seinem dunkel schimmernden Anzug sah dieser wie ein Banker aus, der aufgeschlagene Tageskalender vor ihm verstärkte diesen Eindruck noch.

«Es ist alles gesagt, Frau Schlag», verabschiedete sich Martin Gschwend. «Wenn Harald Kellmann bei seinem Nein bleibt, soll er das. Aber ich sag Ihnen noch einmal: Das tut er nur aus reiner Opposition.»

Er und Frau Schlag erhoben sich, reichten sich die Hand. Gertrud Schlag wirkte ein wenig nervös, was am plötzlich strengen Blick des Prendo-Bosses liegen mochte. Seine einnehmende Aura scheint er diesmal an der Garderobe abgegeben zu haben, dachte Katharina, und offenbar hat er auch sein Aftershave vergessen. Doch als sich Martin Gschwend ihr zuwandte, wirkte er bereits wesentlich gelassener. Er bestellte Grüße an Janina und scherzte zum Abschied, dass er bereit wäre, sich nicht lumpen zu lassen, würde sie ihm ihre Zulieferer verraten.

«Da könnten wir eigentlich meine Schwester außen vor lassen», sagte Katharina verschwörerisch. «Etliche Namen können Sie auch von mir haben. Ich meine nämlich, dass ich diese, sagen wir Sondergratifikation, besser gebrauchen kann.»

«Oh, Sie haben da ja ein gewisses Potenzial», entrüstete sich Martin Gschwend zum Schein. «Da sag mir einer noch, die Geisteswissenschaftler leben nur im Elfenbeinturm.»

«Schön leben lässt es sich darin schon. Aber leider sind wir Kultur-Spinnerten dann doch auch moralisch.»

«Gut so. Die eigene Schwester zu hintergehen ... wäre ja auch wirklich unerhört.»

Beide lachten, worauf sich Martin Gschwend mit einem Diener von Katharina verabschiedete. Ihr entging nicht, dass Gertrud Schlag sie überaus aufmerksam musterte. Als wolle sie herausfinden, ob dies ein Mann für mich wäre, dachte sie amüsiert. Oder es liegt an ihm hier, diesem Wonneproppen. Sie prustete ein wenig, weil Markus es sich in den Kopf gesetzt hatte, ihr seinen Zeigefinger in die Nase zu bohren. Und weil ihm das natürlich nicht gelang, griff er ihr ins Haar und überließ sich erneut fröhlichen Urlauten.

«Da tät ich auch jauchzen, bei so einer hübschen Tante», meinte Gertrud Schlag und krabbelte Markus am Bauch.

«Schön, dass wenigstens er das findet», seufzte Katharina und schlug die Speisekarte auf. Sie winkte nach der Bedienung, bestellte Maultaschen in der Brühe und eine Weißweinschorle.

Gertrud Schlag lächelte. «Sie sind viel zu pessimistisch. Der Richtige ist längst unterwegs.»

«Sie meinen, er steht nur im Stau?»

«Könnte sein. Ich tippe aber eher auf eine Reifenpanne.»

«O ja … vielleicht sind die Zündkerzen defekt?»

«Genau … die Kabel … Marderbiss.»

Es war schön ruhig im Lokal, die Atmosphäre so beschaulich, als nähme die Zeit gerade ein wenig Urlaub. Katharina ließ sich die Maultaschen schmecken, und auch Markus schien sehr davon angetan. Er machte sein Mündchen erst wieder zu, nachdem er auch ein Stückchen Maultasche hatte kosten dürfen. Katharina stellte ihn auf ihren Schoß und streichelte ihm den Rücken.

Oh, Frau Schlag, dachte sie im Stillen: Schauen Sie ruhig genau hin, er kommt nach der Mama … nicht nach Ihrem möglicherweise untreuen Mann.

«Gibt es», sie zögerte, «eigentlich Fortschritte in den Ermittlungen?»

«Nein. Der Herr Oberkommissar sagt, es gäbe einfach keine verwertbaren Spuren.»

«Verstehe.» Katharina rang mit sich, ob sie Gertrud Schlag jetzt schon mit ihrer und Janinas Theorie vertraut machen sollte. Aber warum eigentlich nicht? Welcher Zeitpunkt wäre besser? Vorsichtig begann sie zu erzählen. Rainer Schlags Witwe nickte ab und zu zustimmend und bestellte sich vor Aufregung schließlich einen Magenbitter.

«Das würde Sinn machen», sagte sie. «Harald Kellmann ist vom Deal mit Martin zurückgetreten, weil er erpresst wird oder tatsächlich ein Schmierenstück veranstaltet. Er hat schließlich Geld genug. Dazu passt, dass er jetzt plötzlich den edlen Winzer in sich entdeckt. Mein Mann und Max Strohberg dagegen mussten sterben, weil sie mit Prendo ins Geschäft kommen wollten.

«Ihr Mann also auch?» Katharinas Herz begann schneller zu schlagen. Wenn Gertrud Schlag jetzt ja sagte …

Diese schaute sich um und nickte schließlich: «Es wäre eine Bombe geworden», sagte sie leise. «Ausgerechnet Rainer, der Qualitätsfanatiker. Aber wer heute über die Runden kommen will, muss auch ein wenig auf die Masse schauen. Na ja. Auf gut Deutsch: Rainer hat unsere Immobilie in den letzten Jahren immer wieder belastet, belasten müssen. Und da der Martin überall seine Ohren hat … Kurzum, irgendwer hat ihm gesteckt, dass die Finanzsituation bei den Schlags angespannt ist. Vor ein paar Wochen dann nahm er Kontakt auf.»

«Und wie?»

«Ganz einfach, er suchte ihn abends in den Reben auf.»

«Gibt es Zeugen?»

«Sie meinen … Rainers Mörder hat dies beobachtet?»

«So weit wollte ich gar nicht gehen, aber Sie könnten recht haben.»

«Ich weiß es nicht. Zumindest hat mein Mann mir nichts erzählt.»

Markus hatte inzwischen längst sein Bäuerchen gemacht. Jetzt war er müde und begann, immer lauter zu greinen. Katharina legte ihn in den Kinderwagen und zahlte gleich am Tresen. Sie war viel zu aufgestachelt, um noch länger sitzen zu können, und bot Gertrud Schlag an, sofort Horst Eppler zu informieren. «Eitelkeit hin oder her – schließlich geht es um zwei Morde.»

«Natürlich. Sie können mich ja anrufen und mir schildern, wie der Herr Oberkommissar es aufgenommen hat. Aber viel besser wäre es: Kommen Sie doch einfach mal vorbei.»

«Gerne.»

«Und grüßen Sie Ihre Schwester.» Gertrud Schlag forschte lächelnd in Katharinas Gesicht. Sie ist eine souveräne Frau, dachte Katharina. Und sensibel dazu. «Wissen Sie», fuhr Gertrud Schlag fort, «mein Großvater pflegte zu sagen: Eine kluge Geschäftsfrau ist die, welche nie vergisst, dass sie auch eine Frau ist. Janina sollte einmal ausspannen.»

Katharina fühlte, wie sie rot wurde. «Das wird sie schon noch», sagte sie schnell. «Bald. Tschüßle, bis demnächst.»

«Ja, hoffentlich.»

25

Manchmal schien es doch Dinge im Leben zu geben, die Hand in Hand liefen. Zumindest war dies am nächsten Morgen so. Sowohl Janina als auch Burghard waren mit ihrer Vorgehensweise einverstanden, und das Schönste war, selbst Oberkommissar Horst Eppler, der überraschend vor der Tür stand, entpuppte sich plötzlich sozusagen als gezähmter Beamter. Er rührte bei Katharina im Wohnzimmer in einer Tasse Pfefferminztee und gab freimütig zu, dass sein Besuch eigentlich eine Flucht sei. Sein gerade mal wieder verkorkster Magen könne auf einmal nämlich die Büroluft nicht mehr ertragen. Möglicherweise erleide er gerade seine erste psychosomatische Krise.

«Sie sehen, Frau Grüninger, mein Anliegen, bei Ihnen nach dem Rechten zu sehen, ist eigentlich nur ein Vorwand für meinen Chef.» Horst Eppler genehmigte sich einen ersten Schluck und nickte, als wolle er sagen: So muss er schmecken, ein richtiger Pfefferminztee. Tatsächlich wirkte er angeschlagen. Seine Haut war fahl, und erst jetzt fiel Katharina auf, dass die Falten, die von der Nase zum Mund verliefen, echte Magenfalten waren. Behutsam stellte er die Tasse auf die Untertasse, lehnte sich zurück und schlug die Beine übereinander.

Sein Blick war müde, seine Augen irgendwie verschattet. «Leider verlaufen unsere Ermittlungen gegenwärtig zähflüssig», fuhr er nach einer längeren Pause fort. «Unter uns: Ich fürchte, wir müssen ganz von vorn anfangen.»

«Ah, dann bedenken Sie doch bitte einmal, was ich Ihnen jetzt erzähle. Es klingt vielleicht etwas spinnert, aber als ich Frau Schlag gestern damit konfrontierte, wirkte sie wie elektrisiert.»

«Tatsächlich? Schießen Sie los.»

Das ließ Katharina sich nicht zweimal sagen. Ohne zu stocken, ließ sie ihren Überlegungen freien Lauf. Horst Eppler zückte sein Notizbuch, pfiff einmal sogar durch die Zähne. Als Katharina geendet hatte, gönnte er sich mehrere Schluck Pfefferminztee. Schließlich räusperte er sich und gab zu, die Vermögensverhältnisse der Schlags durchleuchtet zu haben.

«Und nicht nur die der Schlags. Mit anderen Worten: Ich bin bei vielen auf rote Zahlen gestoßen. Bei den Kellmanns nicht.»

«Dann …»

«Bitte keine vorschnellen Schuldzuweisungen, Frau Grüninger. Wir wissen beide, dass Harald Kellmanns Frau ihren Mann für die Tatzeit entlastet. Und mein Bauch sagt mir, dass wir nicht daran zweifeln sollten.»

Katharina nickte. Wenn sie aufmerksam in sich hineinlauschte, glaubte auch sie immer weniger an einen Täter, der Harald Kellmann hieß.

«Was trotz allem heißt, dass Sie klipp und klar in Erfahrung bringen werden, warum Harald Kellmann von Prendo wieder abgerückt ist.»

«Sie sagen es, Frau Grüninger.»

Horst Eppler trank den Rest des Tees und erhob sich. Scheinbar interessiert besah er sich in der Schrankwand die Zündspule, die Erich Grüninger für den Rest seiner Tage daran erinnern sollte, dass er ein Boschler war. Sie war nicht die einzige Devotionalie in der Wohnung. Eine schöne dunkelorangene Zündverteilerkappe zierte im Schlafzimmer den Schreibtisch, umfunktioniert als Stifthalter.

«Ihr Herr Vater … sagen Sie: Was meint eigentlich er zum Diebstahl des Weins? Ihre Schwester erzählte, er sei ein Connaisseur alter Schule?»

«Och, der hat, ich glaube, dass ich das sagen darf, der hat es gerade mehr mit seiner neuen Lebensabschnittsgefährtin als mit alten Weinen.»

«Ist ja auch was Schönes. Und Janina und Sie, die beiden Damen, sehen die Tat inzwischen auch gelassen? Sie fühlen sich nicht eingeschüchtert?»

«Nein, nein.» Katharina ergriff ein leichter Schwindel, gleichzeitig hatte sie das Gefühl, im Hals einen speziellen Schleimhauttrockner stecken zu haben. «Zum Glück ist man ja schon ein bisschen älter», schwindelte sie weiter drauflos. «Da sieht man Etliches doch gelassener als noch mit sechzehn.»

«Ja, als mit sechzehn … Da braust es den lieben langen Tag, lauter Gefühle und Pläne. Alles scheint möglich, alles ist ein Abenteuer.» Oberkommissar Horst Eppler drehte sich zu Katharina um und sah sie nachdenklich an. Die Magenfalten schienen weniger tief zu sein, aber der müde melancholische Ausdruck seiner Augen hatte sich sogar noch verstärkt.

O Gott, wenn er wüsste … wenn er wüsste. Katharina glaubte, plötzlich einen Stein im Bauch zu haben, und war nahe dran, dem Oberkommissar von der ominösen Aufforderung zu erzählen. Aber dann dachte sie an Janina und die Warnung: keine Polizei. Denn sollte sie am Treffpunkt zuschlagen und die Täter stellen, würde sie Janina anschließend auch vor möglichen Racheakten beschützen? Selbst wenn diese Menschen mit einer Vandalismusattacke nur einmal das Lädle verwüsteten, dieser Schaden wäre weitaus höher als das Schutz- oder Lösegeld, das sie jetzt zahlte. Und dann noch ständig diese Angst …

Katharinas Gedanken überschlugen sich. Nein, ich bleibe standhaft, hämmerte es durch ihren Kopf. Ich gebe nicht klein bei! Ich darf es einfach nicht!

Horst Eppler indessen stand in der Stube, als habe er vergessen, wie er hieß und was ihn hergeführt hatte. Schließlich seufzte er laut auf und sagte: «Sie haben's gut. Können jetzt hier bleiben und müssen nicht zurück in ein Büro. Ich bin glatt neidisch.»

«Aber Herr Oberkommissar! Ich bin arbeitslos. Denk ich an meine Rente in der Nacht, bin ich um den Schlaf gebracht. Frei nach Heinrich Heine.»

«Jaja … die Dichter.» Horst Eppler zog sein Notizbuch hervor. «Irgendwann habe ich in der Straßenbahn mal ein Gedicht gelesen, das ‹Geheimnis› betitelt war. Es ging ungefähr so: *Ein unglückselig Geheimnis trag ich mit mir herum. Allen Leuten wollte ich's vertrauen und bleib doch lieber stumm. Ach, reden möchte ich, gar singen von früh bis spät: Doch nur heimlich rege ich die Lippen, g'rad wie zu einem Gebet.* Die Dichterin heißt Anna Ritter. Ich hab es für meine Belange etwas umgedichtet. Schließlich bin ich Polizist. Trotzdem hoffe ich, dass ich Ihnen jetzt etwas sympathischer bin.»

«Aber g…, gewiss doch.» Katharina konnte nur noch stammeln. Sie war mit ihrer Kraft am Ende und musste sich setzen. Doch zum Glück verabschiedete sich der Oberkommissar. Mit wackligen Beinen geleitete ihn Katharina zur Tür und ruhte sich anschließend erst einmal fünf Minuten auf der Toilette aus.

26

Sie hatte es ja gewusst, Burghard war in festen Händen! Zugegeben, was seine geschlechtliche Präferenz betraf, hatte sie ein wenig danebengelegen. Aber selbst Janina gab ihr recht: Es habe schon einen gewissen Beigeschmack, wenn zwei erwachsene

Männer wochenlang allein in einem Wohnmobil unterwegs seien und einer von beiden sich für Lyrik interessiere.

«Mach dir keinen Kopf! Es war nichts, er hat dich nicht enttäuscht, ausgenutzt oder sonst was. Du hast wie jede Frau gehofft und dich in deine Gefühle verliebt. Das ist ganz normal.»

«Jaja, Frau Schwester. Trotzdem bekomme ich das Bild so schnell nicht aus dem Speicher.» Tapfer wehrte Katharina den Kloß im Hals ab, der sich schon wieder neu bildete. Janne und sie waren in der Cannstatter Altstadt unterwegs, um die Vorräte der Hausapotheke aufzufüllen und Kosmetikartikel und Windeln einzukaufen. Ein spontaner Entschluss, Janne hatte dafür das Lädle einfach eine halbe Stunde früher geschlossen. «Ihr hier unten seid alle so erzbodenständig und gefühlspatent. Ich bin da eben dünnhäutiger.»

Janne lachte trocken auf. «Ich versteh dich doch! Da klingelst du, weil du mit Mr. Dr. Rücklin kriminalistische Theorien beplauschen wolltest, aber nicht er macht die Tür auf, sondern sein Mahle-Mäuschen: im Bademantel, geduscht, Handtuch um den Kopf, die Fußnägel frisch lackiert.»

«Bitte! Nicht mehr.»

«Doch. Da hilft nur Konfrontationstherapie.»

Zum Glück hinderten die Regale der gerade betretenen Drogerie Janina daran, weiterzureden. Zielstrebig schob sie mit dem Einkaufswagen los, während Katharina sich wie verloren im Geschäft umsah.

Ich werde es überleben, verdammt nochmal, sagte sie sich. Begreife das Zeichen! Deine Zeit hier ist um, sie ist abgelaufen. Ich muss zurück nach Hamburg. Gegen eine Frau wie Heike Mahle kannst du nicht ankommen. Ohne einen Blick für die Waren lief sie durch die Regalreihen. Irgendwann hielt sie zwei Haartönungen in den Händen, war unfähig, sich zu entscheiden. Besser gesagt, es war ihr völlig egal.

«Also nehmen wir diesmal L'Oréal.» Janne nahm ihr eine

Packung aus der Hand, die andere stellte sie ins Regal zurück. «Komm, ich bin fertig. Und Mahle-Mäuschen wird es auch sein, wenn Markus erst mal aufgewacht ist.»

In jeder Hand eine Plastiktüte, eilten sie zurück. Das Wetter war ein Nicht-Wetter, kalt und grau, alles Licht schien eingeschlafen zu sein. Jeder hatte den Kopf zwischen die Schultern gezogen. Niemand schlenderte, kein Straßenmusikant spielte gegen die im Schritt fahrenden Lieferanten mit ihren nagelnden Dieselmotoren an, kein Skater ratterte, kein MP3-Player plärrte.

«Willst du Markus holen?», fragte Janne.

«Ja. Schließlich hab ich ihn weggegeben.»

«Herrje, Kathi … jetzt bist du melodramatisch.»

«Und ich steh dazu.»

Hocherhobenen Hauptes nahm sie die Stufen. Der Kloß in ihrem Hals war fort, trotzdem hatte sie das Gefühl, um Jahre gealtert zu sein.

Wenigstens war es still hinter der Tür, Markus war also noch nicht aufgewacht.

Burghard öffnete.

«Ah, unsere liebe Tante Käthe, wie schön. Geht's dir gut?»

«Wie bitte? Ja, ich dachte … dein Besuch …»

«Die Heike ist gerade fort, trifft sich mit einer Kollegin. Sie meinte, Onkel Burghard schafft das auch mit dem Kleinen. Zumal er noch schläft. Kommt doch hoch.»

«Ja … äh. Janina ist gerade nochmal kurz …»

Im selben Moment hörten sie Frau Dürrschmieds ruhiges schwäbisches Timbre: «Sie, Frau Grüninger, da war grad so ein Rotzlöffel. Weil Sie fort waren, hat er bei mir geklingelt, damit ich Ihnen diesen Brief aushändige.»

Papierrascheln.

Dann ein erstickter Schrei.

«Kathi!»

«Hier oben!»

«Was Schlimmes?» Frau Dürrschmied klang so besorgt wie neugierig.

«Halb, halb, oder wie man's nimmt.»

Katharina hörte ihre Schwester die Treppen hocheilen und bekam im selben Augenblick mächtig Herzklopfen. Ein Rotzlöffel mit einem Brief? Dafür gab es wohl nur eine Erklärung.

Fieberhaft suchte sie nach einer Ausrede, aber ihr fiel einfach keine ein. Himmel, wir haben verabredet, diese Sache allein durchzuziehen, rief sie ihrer Schwester im Stillen zu. Du aber tigerst auf einmal hier hoch, als bräuchtest du Beistand.

Auf ihren fragenden Blick hin nickte Janina. «Komm … ich weiß. Aber wir weihen ihn ein. Es ist besser.»

«Oh, wie aufmerksam.» Burghard trat mit einer entsprechend einladenden Geste zur Seite. «Ich versteh zwar nichts, aber irgendwie fühle ich mich geschmeichelt.»

«Scheint mir auch so», murmelte Katharina. Sie zuckte zusammen, als Burghard sie an der Schulter berührte. Reflexartig drehte sie sich um und sah in ein Augenpaar, das sie wohlgefällig musterte.

Janina war derweil ins Wohnzimmer geeilt, wedelte mit dem Brief und rief: «Krank! Total krank! Aber voll genial!»

«Wasele?» Burghard setzte sich und griff nach dem Brief, den Janina ihm hinhielt. Er las ihn einmal, zweimal, dann begriff er. «Und ihr beide glaubt diesen Scheiß? Und wieso ‹Restbetrag in kleinen Scheinen›?»

«Wie bitte? Du hast was getan?»

Katharina rang um Fassung.

«Ganz einfach: Drei Viertel gab's online, das letzte Viertel aber kriegen sie nur in bar. Und weil sie sich auf diesen Deal einlassen, bin ich hundert Prozent sicher: Ich bekomme meine Flaschen zurück.»

Sprach's, erhob sich und ging ins Schlafzimmer, wo Markus aufgewacht war. Katharina und Burghard sahen sich mit demselben verblüfften Gesichtsausdruck an. Still lauschten sie Janinas glucksenden Koselauten. Katharina hatte das Gefühl, als flatterte ein Schwarm Schmetterlinge in ihrem Bauch.

Aber dann bohrte sich ihr ein Name ins Gehirn: Heike Mahle … Mahlemäuschen. Mich guckt er ja nur so an, weil ich ihn so hungrig und verdattert ansehe, dachte sie. Mehr ist nicht. Ist nicht.

«Also, ich bin natürlich bei jedem Schabernack dabei», sagte Burghard leise. «Denn mehr als schiefgehen kann's auch nicht … würde zumindest Heike jetzt sagen.»

27

Eine nervenaufreibende Woche noch sollte es dauern, bis das «Geschäft» abgewickelt wurde. Eine Woche, in der Katharina das Gefühl hatte, ihr linker Oberkörper befinde sich zwischen zwei unsichtbaren Schraubzwingen. Wenn sie mit Markus spazieren ging, zwang sie die Anspannung, immer mal wieder stehen zu bleiben, um tief Luft zu holen. Noch häufiger hielt sie inne, schaute sich um und spähte Straßen und Wege aus. Aber nichts war irgendwie auffällig oder gar bedrohlich.

Janne hat das Lädle, unser Herr Vater seine neue Flamme, ich dagegen meinen zahnlosen Neffen und im Herzen eine gehörige Portion Gefühl von Alleinsein.

Um nicht zu sehr ins Grübeln zu kommen, suchte sie Zerstreuung, wo es nur ging. Sie besuchte die Wilhelma, schlenderte über Schlossplatz und Königsstraße und brachte Stunden in der Staatsgalerie und den Museen im Alten Schloss zu. Irgendwann am Freitag rief schließlich Burghard an und fragte, ob sie Lust habe, mit ihm und Heike ins Planetarium zu gehen.

«Geht klar, warum nicht? Immer noch besser, als sich Horrorszenarien, die bei gewissen Geschäften passieren könnten, auszumalen.»

«Du, das ist nicht gerade ein Kompliment für mich. Übrigens auch nicht für Heike. Morgen reist sie wieder nach Hause.»

«Na ja, nun, mir ist irgendwie nicht nach Smalltalk oder Komplimenten zumute. Verständlich, oder? Schließlich steht da noch etwas an.»

Sie rückte den Kinderwagen ein wenig zur Seite, damit an der Haltestelle Staatsgalerie drei Fahrgäste die Straßenbahn verlassen konnten. Vor zwei Minuten hatte sie am Charlottenplatz die Linie U4 genommen, mit der Absicht, zurück nach Untertürkheim zu fahren.

«Verstehe, hast schon recht. Mir liegt das auch auf dem Magen. Aber gut, wo bist du jetzt?»

«Kurz vor der Haltestelle Neckartor.»

«Wunderbar. Also steig aus, mach kehrt und genieße die Fahrtkultur der SSB. Addio.»

«Wie sehr du doch immer das Positive zu sehen verstehst. Und sieh mal, da lese ich gerade: *Manche Worte gibt's, die treffen wie Keulen. Doch manche schluckst du wie Angeln und schwimmst weiter und weißt es noch nicht.* Von Hofmannsthal.»

Die mit riesenformatigen prächtigen Herbstwaldbildern geschmückte Station war menschenleer. Katharina überlegte, ob sie zu Fuß gehen sollte, entschied dann aber, lieber wieder eine Station zurückzufahren. Selbst wenn ich genügend Zeit habe, dachte sie, ich bin schon den ganzen Vormittag gelaufen. Und da es ihm ja unheimlich wichtig ist, dass ich mich lyrisch weiterbilde, will ich ihn mal nicht enttäuschen.

Katharina presste die Lippen aufeinander. Warum nur tat sie sich das wieder an?

Sie wird triumphieren, dachte sie. Mir zeigen, dass er ihr mit Haut und Haar verfallen ist, sie die Einzige an seiner Seite ist, die seiner würdig ist, diese blöde Gans.

Katharina schaute auf die Bahnsteiguhr. In einer Stunde wollten sie sich treffen, also hatte sie noch genug Zeit. Denn von der Haltestelle Staatsgalerie bis zum Planetarium war es gerade einmal ein Viertelstündchen zu laufen.

Leider wachte Markus im selben Moment auf, als sie den Vorraum des Planetariums erreichte. Ist ja auch eine echte Schnapsidee, dachte Katharina ärgerlich und hob Markus aus dem Wagen. «Haben wir mal wieder gar nicht an dich gedacht, hm? Was sollst du auch in einem Planetarium? Weißt du was, wir sagen kurz Grüß Gott, und dann treten wir den Heimweg an.»

Markus schien sie sehr gut zu verstehen. Er begann zu strahlen und zu brabbeln und kräftig mit seinen Füßchen zu stampfen. Kurz darauf sirrte ein enthusiastisches «Wie süß» durch die Luft. Katharina versteifte sich. Heike Mahle kam mit Siebenmeilenschritten auf sie zu, von Burghard war weit und breit nichts zu sehen.

Eigentlich ist sie ja in Ordnung, dachte Katharina, als Mahlemäuschen Markus an den Händchen nahm und ihn freudestrahlend anlachte. Ihr ein wenig puppenhaftes Gesicht glänzte wie frisch eingecremt, ansonsten aber hatte sie keinerlei Make-up, noch nicht einmal Lippenstift aufgelegt, wie Katharina feststellte.

«Ich möchte ja auch gern so etwas», sagte sie fröhlich, «aber da kann sich der Papa anstrengen, so viel er will.»

«Hat er das denn wirklich schon genug getan?»

Katharina wunderte sich, dass sie ihre Frage ohne anzüglichen Nebenton herausbrachte. Gleichzeitig aber hatte sie das Gefühl, in ihrem Bauch brodele flüssiges Metall. Zum Glück war Burghard noch nicht da. Denn das hätte sie jetzt nicht mehr ausgehalten.

«Ja, ja, der Papa.» Aus Heikes Stimme schwand der Glanz, mit einem Mal sah sie unglücklich aus. «Er will gerne Kinder. Aber das, was die Mama dafür braucht, ist leider ein wenig anders als bei normalen, gesunden Frauen.»

«Oh … das tut mir leid.»

«Unser lieber Freund Burghard hat, als ich es ihm erzählt habe, ganz wunderbar reagiert. Er hat mich in den Arm genommen und mir ins Ohr geflüstert: Normale, gesunde Frauen gibt es viele, mich aber nur ein einziges Mal. Das werde ich nie vergessen.»

«Das glaube ich sofort.» Ohne Markus hätte sie den Kloß in ihrem Hals nicht mehr schlucken können. Obwohl er wieder an ihrem Haar herumzupfte, musste sie all ihre Kraft aufbringen, die Beherrschung zu wahren. «Ich hab das Gefühl, die Idee, sich gemeinsam die Sternenwelt erklären zu lassen, war etwas voreilig», presste sie hervor. «Markus muss nach Haus, fürchte ich. Er braucht sein Fläschchen.»

Heike Mahle lachte auf: «Natürlich. Weißt du noch, unser kleiner feucht-fröhlicher Abend?»

«Sicher …»

«Mein letzter Satz war: Schad um die Flasch.»

«Hat er mir erzählt. Am Telefon.»

«Echt?»

«Ja. Es war ihm wichtig, wegen dieses Mordes an einem der Untertürkheimer Winzer. Aber warum?»

«Ganz einfach: weil ein Weinliebhaber niemals mit einer Flasche, die um die dreißig Euro liegt, zuschlagen würde. Euer Önologe wurde doch in seinem Weinkeller umgebracht, oder?»

«Ja.»

«Also überleg doch mal: Wer tut denn so etwas?»

«Ich versteh dich ja. Aber wer war's dann? Na ja, warte, lass mich kombinieren.»

Katharina vergaß für einen Moment ihren Kummer und begann, zunächst stockend, dann zunehmend flüssiger zu reden. «Fazit also: Irgendwelche Kriminelle sind in den Privatkeller des

Önologen Strohberg eingedrungen, um wie bei meiner Schwester ein paar Flaschen zu räubern. Leider aber hat er sie dabei überrascht …»

«Und bäng.»

«Scheint so. Und das heißt …» Katharina konnte nicht mehr weitersprechen. Sie hatte plötzlich das Gefühl, eiskalte Hände schlössen sich um ihren Hals und begännen, sie zu würgen. Lieber Gott im Himmel! Auf was hatten Janne und sie sich da eingelassen? Da auch in Harald Kellmanns Keller eingebrochen worden war, hatte diese Theorie viel für sich. Mit anderen Worten: Janne hatte sich auf ein Geschäft mit Schwerkriminellen eingelassen! Und die fackelten nicht lange, wenn sich jemand ihren Plänen widersetzte.

«Geht's dir nicht gut? Du siehst auf einmal echt elend aus.»

«Wohl, weil ich nur gefrühstückt hab», entgegnete Katharina schnell. «Jetzt aber ist es gleich drei Uhr.»

«Da waren wir zum Glück klüger: Auch wenn's nur Fast Food war. Aber siehe, da kommt er endlich, der Herr der Schöpfung. Und wie es so seine Art ist: auf den letzten Drücker.»

Burghard entschuldigte sich mit Parkplatzproblemen. Katharina fiel auf, dass er übernächtigt aussah und von seinem sonst großherzig jungenhaften Lächeln nichts mehr übrig war. Für einen kurzen Moment sahen sie sich eindringlich in die Augen. Burghard presste die Lippen aufeinander, nickte. Seine Blicke schienen zu sagen: Wir werden das Ding schon schaukeln, aber ehrlich, auch ich habe verdammten Respekt vor dieser Tour.

«Dann bis Allerheiligen», verabschiedete er sich von Katharina. «Eigentlich ist es ja der Märtyrertag schlechthin.»

«Ach, ihr habt da was vor?»

Mahlemäuschen klang nicht nur eifersüchtig, sie schaute auch so.

«Volles Programm», ergänzte Katharina.

Voller Genugtuung sah sie, wie Heikes Blicke immer fragender und hilfloser wurden. Und als ob Burghard sie auch noch quälen wollte, fasste er Katharina besitzergreifend um die Hüften und erklärte, indem er Heike ansah: «Oh, du Allerherzliebste mein, spricht der Dichter: Sei froh, dass du da nicht mit von der Partie bist. Und auch wenn es sibyllinisch klingt: Wisse, was die Grüninger-Sisters und ich da durchziehen wollen, das tun nur hoffnungslos Verrückte oder Verliebte.»

28

Sie waren schon eine gute halbe Stunde unterwegs, als Janne sich aufstöhnend gegen die Stirn schlug: «Hat eigentlich mal irgendwer darüber nachgedacht, wie wir sechsundneunzig Flaschen transportieren?»

«In einem, meinem und diesem Polo, liebste Janina.» Burghard schaltete zurück und überholte einen Trecker mit zwei Anhängern voller Rüben. «Und ob es sechsundneunzig Flaschen sind, wird noch abzuwarten sein.»

«Alle oder keine», sagte Janne trotzig.

«Meine Güte, zehn Kisten werden hier doch auch noch reinpassen. Zur Not packen wir uns je zwei auf den Schoß.»

«Auf den Schoß … auf den Schoß.» Janina verfiel in eine Art Singsang, aber nur, um trocken zu schließen: «Aber bitte nicht bloß eckige Kisten!»

«Kannst du vielleicht mal mit diesem total überflüssigen Mist aufhören?», blaffte Katharina vom Rücksitz.

«Genau, und zwar in Plieningen … in Plieningen», nahm Burghard Janinas Ton auf, als sie gerade das Ortsschild der bereits im Frühmittelalter besiedelten Fildermetropole passierten. Heute durfte Plieningen sich rühmen, Stuttgarts südlichster Stadtteil zu sein und solch herausragende Institutionen wie die

Universität Hohenheim und das über die A 8 gespannte futuristische Zweifinger-Parkhaus der Messe Stuttgart zu besitzen.

Katharina schluckte eines der wüsteren Schimpfworte hinunter. Sie verschränkte die Arme und presste die Lippen aufeinander. Wie alles passt, dachte sie wütend. Erst macht er sich den Spaß, Janne und mich als die Grüninger-Sisters zu titulieren, und dann spielt er uns auch noch gegeneinander aus.

«Nehmen wir die B 27, oder wählen wir die abwechslungsreichere Landpartie?»

Burghard schaute sich zu Katharina um, als wolle er sich vergewissern, ob sie sich nur ärgere oder wirklich litt.

«Landpartie», entschied Katharina. «Wir haben massig Zeit.»

«Genau, und lieber zu dritt auf der Fahrt Angst haben als zu dritt auf dem Parkplatz.»

Niemand hatte das Bedürfnis, Janinas Satz zu kommentieren, jeder teilte nämlich seine Aussage. Es war noch eine gute Stunde bis zum Ziel, das zum einen phantastisch, zum andern so romantisch wie unwirklich war. Jene Gemeinschaft gutorganisierter Gauner, die es auf preisexklusive württembergische Weine abgesehen hatte, hatte Janina zu einem der Top-Sehenswürdigkeiten Württembergs beordert: Schloss Lichtenstein.

Allerdings nicht direkt vor das Schloss, aber doch nur ein winziges Stückchen von ihm entfernt. Der Wein, so die spröde Auskunft, lagere auf den Stufen des Alten Forsthauses, ein Bote würde den Restbetrag abholen.

Die Zeit schien einzurosten, die Minuten knirschten lautlos. Die Dämmerung tunkte Straßen, Gebäude, Felder und Wälder in ein abstumpfendes Nichtlicht, selbst die bunte Laubfärbung wirkte, als ringe sie nach Luft. Nürtingen und Metzingen hatten sie bereits hinter sich, bis Reutlingen waren es noch ungefähr acht Kilometer.

«Nicht überholen», nuschelte Katharina irgendwann, weil

Burghard bereits seit ein paar Minuten hinter einem Bierlaster rollte und sich seine Stirn mehr und mehr umwölkte. «Langsam, eins nach dem andern», fuhr sie mit verfremdeter Stimme fort. «Was sollen wir denn mit den zehn Minuten anfangen, die wir dann zu früh am Ziel sind? Bedenke Er doch: Er hat noch bestimmt fünfzig Jahr zu leben. Fünfzig Jahr! Das macht sechshundert Monate und Tage, Stunden, Minuten! Was will Er denn mit der ungeheuren Zeit alles anfangen? Teil Er sich ein, Burghard.»

«Jawohl, Frau Katharina.»

«Ach, es wird mir ganz angst um die Welt, wenn ich an die Ewigkeit denke. Beschäftigung, Burghard, Beschäftigung! Es schaudert mich, wenn ich dran denk, dass sich die Welt in einem Tag herumdreht. Was für eine Zeitverschwendung, wo soll das noch hinaus?»

«Jawohl, Frau Katharina.»

«Burghard, Er sieht immer so verhetzt aus. Ein guter Mensch tut das nicht, ein guter Mensch, der sein gutes Gewissen hat. Red Er doch was, Burghard. Was ist heut für Wetter?»

«Schlimm, Frau Katharina. Schlimm. Kein Wind und alles tot und grau und wie gestorben. So ein Wetter macht mir den Effekt wie eine Maus.»

«Haaallo! Bin ich noch im richtigen Film, oder habt ihr nur einen Sprung?»

«Liebste Janina, lass dich nicht irritieren. Wir haben nur ein wenig aus dem göttlichen Woyzeck unseres lieben Georg Büchner zitiert. Enorm passend, findest du nicht?»

Janina antwortete nicht. Der Stadtverkehr in Reutlingen bot ein wenig Zerstreuung, und weder sie noch Katharina hatten jemals dieses Stop-and-go-Tempo so sehr genossen. Doch schließlich dünnte der Verkehr wieder aus. Sie passierten Unterhausen und waren wenig später in Honau. Es ging bergauf, der Albtrauf, der Steilabfall der Schwäbischen Alb, kam in Sicht. Die

Landschaft wurde wild und urtümlich, einzelne schroffe Felsvorsprünge zerschnitten die dichte buntfahle Pracht des Traifelbergwaldes.

Burghard schaltete zurück. Die Straße wurde steil und wand sich in Serpentinen den Traufhang hoch. Es war dunkel, und irgendwie hatte die Zeit plötzlich einen Sprung nach vorne gemacht. Für einen kurzen Moment kam das Schloss Lichtenstein in Sicht, verschwand aber nach der nächsten Kehre. Noch zwanzig Minuten bis zur Übergabe. Der Albtrauf wirkte abweisend und tröstlich zugleich, und als sie die Hochfläche erreicht hatten, kam es Katharina vor, als habe sie die Vergangenheit und die alte Welt hinter sich gelassen. Auf einmal gab es nur noch Gegenwart und Zukunft.

Wenn ich diesen Albtraum überstanden habe, packe ich die Koffer, schwor sie sich. Bloß weg. Dann zwei Wochen Wellness, irgendwo an der Nordsee. Dieter kann mich ja besuchen … schließlich hatten wir auch gute Jahre.

Katharinas Herz begann heftiger zu schlagen, denn sie hatten den Kreisverkehr erreicht. Die erste rechts, dann noch ein Stück auf der L 230.

«Niemand hinter uns, niemand vor uns.» Burghard schaltete langsam in den vierten Gang, fuhr untertourig. Mit fünfzig schlichen sie über die Albhochfläche, an kleinen Äckern und romantischen Wiesen mit vereinzelten Wacholderbüschen vorbei. «Wie lange wollen wir eigentlich warten? In einer Viertelstunde ist es so weit. Was ist, wenn weder Wein noch Mensch sich blicken lassen?»

«Dann sind sie auf den Geschmack gekommen und geben sich deswegen eben mit siebenhundertfünfzig zufrieden.»

Janina sprach leise und gepresst, Burghard nickte, bremste, bog ab. Jetzt wurde es ernst. Die Straße zum Schloss und zum Alten Forsthaus führte in weitläufigen Bögen durch dichten Herbstwald. Mit einem Mal war es völlig dunkel und so einsam, als bewege man sich auf das Ende der Welt zu. Aber das war alles andere als unverständlich, denn die Türen des Schlosses Lichtenstein waren heute für Touristen geschlossen.

«Und beim Forsthaus vorne wird kaum mehr los sein», dachte Katharina laut für alle. «Das Gasthaus hat bis sechs geöffnet, das Candle-Light-Dinner aber beginnt erst um sieben.»

«Ja. Und siehe da: Der Herr im Himmel lässt uns nicht allein.» Katharina schaute sich um. Zwei Scheinwerfer fingerten hinter ihnen durch die Dunkelheit. Aber schon schwenkten sie rechts ab, dieses Fahrzeug also wollte direkt zum Schlossparkplatz. «Ist ein Pkw. Kein Kleinlaster.»

«Ja.»

Katharina schluckte, hielt die Luft an. Dann standen sie im Hof des Alten Forsthauses. Die mittelalterlich anmutenden Fenster des Gebäudes leuchteten schwach, ein wenig Licht spendeten nur die Laternen rechts und links der glasüberdachten Eingangstür. Kübelkoniferen zierten den Treppenaufgang, an der Fassade hingen hier und da noch einzelne Blätter wilden Weins.

Burghard zog den Zündschlüssel.

Es war totenstill.

«Noch sieben Minuten», murmelte er und stieg aus.

Janina öffnete die Tür, Katharina ebenfalls.

Die Luft war kalt und klar, es roch ein wenig nach Rauch und Bier.

Burghard schritt die Stufen hoch … erst langsam, dann plötzlich schnell: «Der Wein! Direkt neben der Tür, hinter den beiden Zypressen.»

Katharina und Janina stürzten die Treppe hoch. Sie zögerten nicht, sondern packten sofort zu. Keine zwei Minuten später war der Wein verladen.

Janina umarmte ihre Schwester, da ertönte in der Ferne das hochtourige Geräusch eines Motorrades, das schnell näher kam.

«Ist doch klar. Da hat irgendwer die Kisten hier abgestellt, und ein anderer kommt, die Scheine zu holen.»

Burghard hatte kaum ausgeredet, da schoss eine Geländemaschine auf den Hof. Gleichzeitig heulte irgendwo ein Automotor auf.

«Geld!», brüllte die Gestalt mit dem Helm.

«Hier.» Janina hielt dem Crossfahrer die Geldscheine hin.

«Alles klar.»

Der Mann steckte die Geldscheine ein, wendete, gab Gas. Keine Sekunde später drehte ein Motor hoch, und plötzlich war der Hof in gleißendes Scheinwerferlicht getaucht.

Reifen quietschten, ein roter VW-Passat schleuderte quer über die Zufahrt des Hofes, versuchte, dem Crossfahrer den Weg abzuschneiden. Vier Männer sprangen aus dem Auto, zwei hielten Pistolen in den Händen.

«Stehenbleiben», brüllte der eine, und der andere zückte gar seine Waffe. Doch es war zu spät, beziehungsweise war der Fahrer des Passat ein Stück zu weit in den Hof gefahren. Der Crossfahrer schwenkte zur Seite und gab Gas. Das Vorderrad der Maschine stieg in die Luft, und in einer ätzenden Zweitakt-Benzinwolke raste er tollkühn nur auf dem Hinterrad die Straße entlang, bog nach wenigen Sekunden in den Wald und war verschwunden.

«Verdammte Sauerei!» Die Stimme kam nicht nur Katharina bekannt vor. «Scheißdreck nochmal!» Niemand anders als Horst Eppler walzte fuchsteufelswild auf sie zu. «Ihr kranken Deppen … was habt ihr euch bloß dabei gedacht! Ich schwör's euch: Ihr kriegt ein Verfahren an den Hals, das sich gewaschen hat.»

«Beruhigen Sie sich: Es ist doch alles gutgegangen!» Katharina hatte sich als Erste wieder gefasst. «Meine Schwester hat bekommen, was sie wollte.»

«Himmel nochmal, Ihr Wein interessiert mich einen Scheißdreck!» Horst Eppler zückte sein Handy und bellte, die Aktion sei gescheitert. Alle vorhandenen Streifenwagen der Gegend sollten nach einer Crossmaschine ohne Nummernschild Ausschau halten. «Einen Scheiß! Versteht ihr mich? Ich ermittle in einem Mordfall, keinem Bagatelldelikt.»

Das war das falsche Wort, zumindest in Janinas Ohren.

«Bagatelldelikt? Sie haben wohl einen Sprung, was? Anstatt herauszufinden, wer diese Bande ist, schreien Sie mit einer Gosch herum wie einer, der hackevoll ist!»

«Ach ja? Und ich Depp bau' Ihrer Schwester noch Brücken, denk mir irgendwelche kranken Blödsinnsverse aus, damit sie den Mund aufmacht. Für wie dumm halten Sie mich? Glauben Sie, mir ist Ihre Überweisung nach Russland entgangen? Wir müssen davon ausgehen, dass diese Verbrecher einen Mord begangen haben!»

«Wissen Sie das genau? Oder sagt Ihnen das nur Ihr Bauch, Herr Oberkommissar?», bemerkte Katharina betont schlicht und deswegen erst recht provokant. «Mein Bauch sagt mir nämlich: Rainer Schlag wurde nicht auf diese Weise ermordet!»

«Ich rede von Max Strohberg, Sie großer weißer Vogel! Himmel, Ihr verdamm…» Hätte einer seiner Kollegen ihm nicht die Hand auf den Arm gelegt, Horst Eppler wäre noch ausfälliger geworden.

Brüsk wandte er sich ab und winkte dem Fahrer, die Zufahrt zum Hof freizugeben. In der Zwischenzeit waren nämlich zwei große Limousinen herangerollt. Die Damen und Herren, die sich darin chauffieren ließen, sahen genau so aus, wie man sich Candle-Light-Dinierende vorstellt: die Herren im Anzug, die Damen mit Perlenketten und Nerzschals um den Hals.

Die Limousinen parkten neben dem Polo. Man grüßte und nahm gemessenen Schrittes die Stufen zum Lokal. Als die Tür zufiel, konnten Burghard, Katharina und Janina dem Passat bereits beim Wenden zusehen. Wieder quietschten Reifen.

Dann war es still.

Und alles, bis auf die romantische Beleuchtung, wieder dunkel.

Burghard räusperte sich. «Ehrlich gesagt, ich hatte ab und zu das Gefühl, dass uns irgendwer folgt. Unser Berserker-Kommissar hat uns also die ganze Zeit beschatten lassen. Ist ja auch was Schönes. So gesehen waren wir so sicher wie in Abrahams Schoß.»

«Und jetzt?» Katharina überkam ein Frösteln, lehnte sich, ohne nachzudenken, an Burghard. Der legte einen Arm um sie und zog sie an sich.

«Gibt es in Honau im Forellenhof Fisch und Riesling. Und zwar satt. So viel, bis unsere Nerven funken: Stopp, ist wieder alles in Ordnung.»

Katharina hob fragend den Kopf. Burghard lächelte.

Und dann endlich küsste er sie.

Katharina schwindelte. Sie begriff nichts und doch alles. Vor lauter Seligkeit und Glück drohten ihr die Beine wegzubrechen. Doch Burghard hielt sie fest.

Küsste sie wieder und wieder. Auf den Mund, die Wangen. Küsste ihr das Haar und auf die Stirn.

«Aber …»

«Du bist ja so was von bescheuert, Schwester. Deine Heike ist seine Kollegin, meine Liebe. Mehr nicht. Und sie ist verheiratet. Aber das hat dein Germanistenköpfle nicht raffen können, gell? Übrigens gibt's im Honauer Forellenhof bestimmt nette Doppelzimmer. Denn irgendwo muss der Fisch ja hin …»

«Janina, es reicht», sagte Burghard sanft, aber bestimmt. «Halte bitte schön deinen genussfreudigen Mund, oder ich schlag im neuen Jahr noch einmal fünf Prozent auf die fällige Mieterhöhung drauf.»

«Du Ausbund …»

«Gerne doch. Und damit hier jetzt wirklich alle Karten auf den Tisch kommen: Deine Schwester ist nicht du, ich bin nicht Rainer Schlag, und wir alle drei sind hier nicht im Keller des Schwabenlädles, sondern auf der rauen Alb.»

29

«Und stell endlich dein madonnenhaftes Dauergrinsen ab», zischte Janina ihrer Schwester zu, kurz bevor sie ein paar Tage später die Tür des traditionellen Stammtischlokals der Winzergilde aufstieß.

«Wieso? Ich sehe aus wie immer.» Katharina bemühte sich um einen ernsthaften Ton.

«Eben nicht. Dir dampft's aus allen Poren.»

«Kann gar nicht sein, schließlich habe ich vorhin noch geduscht.»

Janina verdrehte die Augen. «Sei einfach nur still, okay?»

«Jetzt bin ich es.»

Katharina war viel zu glücklich, um sich über Janinas Gereiztheit zu ärgern. Was lange währte, war endlich gut geworden, alle Hürden, die Burghard und sie aufgebaut hatten, waren genommen. Der Lohn dafür: Beide durften sie jetzt in den beseelten Gefilden des Verliebtseins schweben. Und da ließ sich auch einmal ein Abend ohne Zweisamkeit verschmerzen. Immerhin hatte die Gilde im Namen ihres kommissarischen Leiters Harald Kellmann sie beide gebeten, den Stammtisch zu besuchen. Man wolle Umtrunk halten, aber auch einen Fahrplan für die Zukunft entwerfen. Und natürlich in allen Einzelheiten hören, wie Janina ihren Wein zurückerhalten habe.

Während Janina die Story der mutigen Wiederbeschaffung erzählte, zwackte Katharina sich ein paarmal in den Arm. Ständig drohten ihre Gedanken abzuschweifen. Und das auch deswegen, weil sie am Tag nach dem Lichtensteiner Abenteuer eine dramatische Auseinandersetzung mit Janina gehabt hatte. Sie hatte ihrer Schwester vorgeworfen, sie hätte ihr viel Kummer erspart, wenn sie ihr gleich erzählt hätte, dass Heike Mahle verheiratet sei. Janina hatte sich auf die Position zurückgezogen, derartige essenziellen Dinge hätte sie, Katharina, selbst herausfinden können. Ein Wort hatte das andere gegeben, wobei Janina schließlich zusammengebrochen war und ihr gestanden hatte: Ich war eifersüchtig auf dich, auf euch. Meine Ehe ist ein Papierphänomen, und meine heimliche Liebe wurde umgebracht. Du dagegen kannst von vorn anfangen, und das mit einem Mann, der es wirklich wert ist.

Zum Fahrplan für die Zukunft gehörte natürlich auch, dass ein neuer Geschäftsführer gewählt wurde. Der Vertrag, den Önologe Max Strohberg mit Martin Gschwend geschlossen hatte, machte allen Winzern schmerzlich klar, wie wenig sie sich um die geschäftsführerischen Komponenten der Gilde gekümmert hatten. Es hatte niemanden wirklich interessiert, wie Max Strohberg seine Rechte als Geschäftsführer wahrgenommen hatte. Jeder hatte immer nur danach gelebt: Wichtig ist allein, was mir unterm Strich meine Trauben und Weine einbringen. Wenn ich, auf die letzten Jahre gerechnet, im Schnitt ungefähr fünf Prozent netto mehr im Geldbeutel habe, dann soll alles so bleiben, wie es ist.

«Also, ich habe mit dem Gschwend ein vernünftiges Gespräch geführt, Kollegen. Der Vertrag über die Wein-Weihnachtsaktion wird von unserer Seite erfüllt. Wir erhalten für fünf Jahre die vorteilhafte Option, exklusiv für Prendo weitere Weihnachtsaktionen vorzubereiten.»

«Woraus wir schließen sollen, dass du dich auch weiterhin als Geschäftsführer eignest?», erhob sich eine Stimme.

«Wenn keiner was dagegen hat?» Harald Kellmann schaute in

die Runde, sah überall nickende Köpfe. «Aber eins sag ich euch gleich: Ich bin kein Önologe.»

«Das ist wohl kaum noch nötig», mischte sich ein anderer Winzer ins Gespräch. «Es läuft doch alles darauf hinaus, dass unsere Gilde in absehbarer Zeit Weine produziert, wie Prendo und Co. sie fordern. Nicht nur Etiketten werden ‹designt›, auch Geschmäcker.»

«Bleibt mutig, steckt nicht den Kopf in den Sand», mahnte Harald Kellmann. «Wer sich vom Gschwend mürbe machen lässt, hat verloren. Zuweilen können wir kooperieren, aber unsere Eigenständigkeit wird nicht angetastet. Jeder von uns macht auch in Zukunft seinen Wein und liefert darüber hinaus für die Gilde Trauben. Jeder, wie er will und kann. Dass Gertrud Schlag an Gschwend verkauft, ist irgendwie verständlich. Ihr Sohn ist Zahnarzt, der Sohn vom Max dagegen hat schon immer das Geschäft seines Vaters begleitet.»

«Der ist doch noch zu jung.»

«Nicht, wenn wir ihm alle helfen. Aber klar ist auch: Er ist das schwächste Glied. Wenn er hinschmeißt, dann verlieren wir alle.»

«Aha. Müssen wir also um sein Leben bangen?»

Die so vorwitzige wie gewagte Frage ließ die Runde aufstöhnen. Und als gäbe es keinerlei Zweifel, wer dazu die passendsten Bemerkungen liefern würde, wandten sich alle Köpfe wieder Janina und Katharina zu. Vorher wurde die zweite Runde Bier bestellt, und weil der Wirt ebenso neugierig war wie die Gildemitglieder, rückten kurzerhand alle noch ein wenig enger zusammen.

«In der Sache scheint es so, dass Oberkommissar Eppler jetzt davon ausgeht, dass Max Strohberg sein Leben verlor, weil er jemanden störte, der in seinen Keller eingedrungen war. Ich deute es mal so: wahrscheinlich eine Art Tat im Affekt. Der Schreck und die Angst aufzufliegen waren so groß, dass der Täter einfach zugeschlagen hat. Mit einem Lemberger, Großes Gewächs, 2006.»

«Bekanntlich unseres Maxens Spitzenprodukt», warf Harald Kellmann ein.

«Ja … den unsere Lieblings-Janina deswegen auch für preisgünstige 34,90 Euro an ihre Kunden bringt!», polterte ein Winzer. «Mei Frau hat g'spickt.»

Die Runde lachte. Anscheinend wusste jeder, welche Zuschläge Janina für sich beanspruchte. Die konterte sofort, sie mache letztendlich Werbung für die Gilde und jeden einzelnen Winzer. «Die Kunden können ja auch einmal nachdenken, gell, und das nächste Mal direkt kaufen.»

«Und ansonsten», warf Katharina ein, «ansonsten gilt: Jeder muss gucken und so weiter.»

So viel gelacht wurde selten. Und da niemand weiter auf Janinas Preispolitik herumhackte und Katharina das zweite Pils ein wenig zu Kopf stieg, informierte sie die Runde auch über die inzwischen von ihr und höchstwahrscheinlich auch vom Oberkommissar verworfene Rächertheorie.

Für Harald Kellmann schien diese Theorie nicht neu zu sein. Er gestand, dass auch er schon ganz ähnlich gedacht habe. Aber ihm sei bald klar geworden, dass er da auf dem Holzweg war: «Dieser Unfall mit Fahrerflucht im Juli spricht dagegen. Zu der Zeit hatte der Gschwend noch gar nicht die Idee, mit uns, der Gilde, Geschäfte zu machen.»

«Das ist wahr», setzte Katharina hinzu und ärgerte sich, dass sie nicht selbst auf diesen Widerspruch gestoßen war. Am liebsten hätte sie sich gegen die Stirn getippt und sich vor aller Ohren als eine Idiotin beschimpft. Schließlich hatte Gertrud Schlag klar und deutlich gesagt, dass Martin Gschwend erst ein paar Wochen danach Kontakt zu ihrem Mann aufgenommen hatte.

Also hatte Horst Eppler ihr etwas vorgemacht! Still und leise wartete er darauf, dass sie sich selbst als neunmalkluge Spinnerin entlarvte und vorführte.

«Mithin haben wir», schloss Harald Kellmann, «zwei voneinander unabhängige Verbrechen. Prost auf diese Erkenntnis.»

«Prost … ata.»

Warum wir beide jetzt die Gläser heben, ist eigentlich nicht einzusehen, überlegte Katharina und begann zu schmunzeln. Aber darüber sollten wir trotzdem nicht lachen. Schließlich ist es ziemlich wichtig, dieses Organ, womit ich meine, auch uns Frauen kann nicht gleichgültig sein, ob es anständig funktioniert.

Es war die erste Nacht seit dem Lichtensteiner Abenteuer, die Katharina wieder allein verbrachte. Und das war fast ebenso schön, als wenn sie in seinen Armen eingeschlafen wäre. Endlich konnte sie, wohlig in die Bettdecke gekuschelt, in allen Einzelheiten den Aufregungen und Schicksalswendungen der letzten Tage nachschmecken. Nichts lenkte sie ab. Kein Küsschen, Rascheln, Schnurren, Gurren, Streicheln … nicht einmal ihr Appetit, der sie seit ein paar Tagen immer so heftig nach Mitternacht packte.

Katharina spürte Bildern und Stimmungen nach, erinnerte sich an die dramatischsten, aber auch schönsten Momente und wunderte sich immer wieder über sich selbst: Der Mensch denkt, aber das Schicksal oder Gott lenkt, dachte sie. Überall sehen wir Zeichen und fühlen uns herausgefordert, sie zu interpretieren. Ständig glauben wir, unsere Sichtweise sei die richtige, in Wahrheit aber belügen und betrügen wir uns unablässig selbst.

Du sollst dir kein Bild machen, da hat Janne schon recht, auch wenn in der Bibel ein anderer Zusammenhang gemeint ist.

Katharina spürte, wie sie von Minute zu Minute wacher wurde. Schließlich war sie so aufgekratzt, dass sie aufstehen musste. Sie schlüpfte in einen Morgenmantel, begab sich ins Wohnzimmer und stellte den Fernseher an.

Nachdem sie die Programme einmal rauf- und wieder runtergezappt hatte, schaltete sie den Fernseher wieder aus. Es langweilt nicht nur, es ärgert einen, dachte sie. Nachts macht es die Seele besonders hohl, und wer wirklich einsam ist, wird dadurch noch einsamer.

Vielleicht noch ein Glas Wein?

Oder doch lieber ein Glas Milch mit Honig?

Bloß nicht, das wäre ja wie Gertrud Schlags Pfefferminztee zu Birnen, Bohnen und Speck.

Katharina öffnete die Tür des Weinklimaschrankes, der in die Kredenz eingebaut war. Er fasste gerade mal zwölf Flaschen und konnte nichts dafür, dass Erich Grüningers Töchter ihn der Auszehrung preisgegeben hatten. Sowohl Katharina als auch Janina fühlten sich nicht imstande, ihn mit Beständen aus dem Keller zu versorgen, und so kam es, dass Katharina diesmal ins Leere starrte.

Ich will aber, dachte sie trotzig. Und zwar einen Lemberger.

Ohne zu zögern, schlüpfte sie in ihre Hausschuhe und trat den Weg in den Keller an. Ihr Vater lagerte dort in Tonröhren mehrere Dutzend Flaschen. Ausschließlich Württemberger, wie sie wusste, denn alles andere, so erinnerte sie sich plötzlich an einen seiner leidenschaftlichen lokalpatriotischen Ausbrüche, sei Verrat.

Da es alles andere als gemütlich war, in einem Bademantel im Keller eines Dreifamilienhauses zu stehen, griff sie nach der nächstbesten Flasche: einem Lemberger der Winzergilde, Jahrgang 2007.

Der tut's, dachte sie zufrieden.

Aber warum Lemberger? Weil der Strohberg damit erschlagen wurde?

Sehr kellerfrisch ist er, dachte sie, als sie in der Stube den Spindelkorkenzieher ansetzte. Sie schenkte sich das Vierteleglas halb voll, schnupperte ausgiebig und nahm den ersten Schluck.

Noch ein wenig lüften, ein bisschen Temperatur, dann ist er grad recht. Ein Wein ohne Kanten, angenehm voll und fruchtig, mit dem richtigen Quäntchen Ausdrucksstärke. Und mit einem Stückchen Brot wird er noch besser, natürlich Brot mit einem Strich Butter und etwas Salz.

Sie konnte nichts dagegen tun, dass sie plötzlich wieder der Heißhunger überkam. Und weil ihr das Wasser im Mund zusammenlief, hatte sie bald ihr erstes Viertele intus. Was ihr den Appetit dermaßen in die Höhe trieb, dass sie entschied, ein Scheibchen Brot mit Schwarzwälder Schinken könne niemals Sünde sein. Genauso wenig wie der kleine Riegel von dem immer wieder überraschend würzigen Appenzeller.

Und zum Abschluss noch ein kräftiger Schluck.

Da endlich schlug die Müdigkeit zu.

Alles ist und bleibt ein Rätsel, dachte sie unvermittelt. Der Strohberg soll von den Typen erschlagen worden sein, die sich auf derartige ehrliche Gaunergeschäfte mit Janina eingelassen haben?

Niemals!

Was ja bereits Halim verworfen hat.

Katharina rollte sich erschöpft in die Bettdecke ein. Herrlich, wie müde sie auf einmal war.

Wie hatte sich Halim ausgedrückt? Lassen Sie sich nicht mehr verarschen von falsche Zusammenhänge. Nächster Schritt ist jetzt: Korrekt bleiben und mit neue Methode Mörder finden.

Dass auch immer alles so anstrengend sein muss, dachte sie noch, bevor sich ihre Sinne trübten und sie einschlief. Aber sie nahm noch mit, dass ihr im selben Augenblick etwas sehr Wichtiges einfiel.

Sonst … Janne würde sich kaputtlachen … lachen.

30

Wie schön für dich, Schwesterherz, dass der Opa eine neue Oma gefunden hat, und dann gleich so eine, dachte Katharina, als sie im marmorgefliesten Entree des Annkathrin Cornstetter'schen Hauses am Frauenkopf ihren Vater vor einem großen Standspiegel umarmte.

«Das ist so lieb von Ihnen, Frau Cornstetter, dass Sie meinem Kleinen wieder Ihre Zeit opfern wollen», säuselte Janina und setzte eine derart unterwürfige Miene auf, als sei Annkathrin Cornstetter eine stählern-preußische Gutsherrin.

«Na, so oft war es ja nun noch nicht», beruhigte sie Erich Grüningers neues Glück, hob Markus in die Höhe und sauste mit ihm ins gigantische Panoramawohnzimmer. Man konnte vom Entree aus sehen, dass die Fenster bis zum Boden reichten, zudem lag ein wohliger Geruch von glimmendem Kaminholz in der Luft.

Die Schwestern schauten sich an, Janina nickte andeutungsweise.

Dass er hier in die erste Liga aufgerückt ist, hättest du mir ja mal sagen können, rief sie ihrer Schwester im Geiste zu, während ihr Vater ihr den Arm um die Schultern legte und sie sanft in Richtung der großen Flügeltür schob.

«Ich hab dir doch gesagt, ich würde dich ihr erst vorstellen, wenn ich mir ganz sicher bin», flüsterte Erich Grüninger. «Jetzt ist es so weit.»

«Ihr wollt heiraten?»

«Um Gottes willen, nein!»

«Das ist typisch Erich», rief Annkathrin. Sie war ein in ein legeres Wollkostüm gekleideter grauhaariger Lockenkopf, und ihre Bewegungen zeigten jene überraschende Grazie, die zu Vollschlankheit neigende Damen zuweilen auszeichnet. «Heute Morgen sagt er so nebenbei: Du, die beiden wollen sich einen Kinonachmittag machen. Sie bringen Markus vorbei. Ich meinte daraufhin: Das wäre doch endlich mal eine Gelegenheit für ein kleines Essen, damit wir uns alle besser kennenlernen, aber da sagte er nur: später. Genau wie der Karl, mein Erster. Der ging frühmorgens ins Büro oder hockte sich ins Auto und kam dann irgendwann abends zurück. Am Wochenende war er dann so fertig, dass er nur noch Kraft hatte, Musik zu hören, Rotwein zu trinken und vor dem Fernseher einzuschlafen. Wissen Sie, er war Immobilienmakler. Und egal, was ich unternehmen wollte, immer hieß es: später. Dann, vor drei Jahren, ein Sonntagmorgen: Er steht da, wo Sie jetzt stehen, Katharina, und sagt: Ach, jetzetle. Wasele, frag ich. Er: Ich wollt, wir säßen jetzt im Glacier Express, fasst sich ans Herz und bricht tot zusammen.»

«Das … das tut mir leid», sagte Katharina betroffen.

«Mir nicht mehr. Wenn er nicht leben wollte, ist das seine Sache. Und deswegen hauen Erich und ich nächstes Jahr ab Fasching sein Geld raus. Weltreise. Also, kommen Sie bald zum Essen.»

«Gerne.»

Damit war für Annkathrin die Vorstellung beendet. Katharina hatte kaum Zeit, sich die beiden afrikanischen Ebenholz-Skulpturen und bemalten Masken anzuschauen, die den Kamin einrahmten. Aber die Zeit war schon fortgeschritten. Wenn sie wirklich noch den Film um 17:15 Uhr sehen wollten, mussten sie sich beeilen.

Was macht man nach dem Kino? Einen trinken gehen. Und weil Janina und Katharina ihren Besuch im Wasen-Festzelt nicht vergessen hatten, beschlossen sie, noch einmal auf ein zünftiges Bier zu setzen. «Lass uns einfach weiter in die Calwer Straße schlendern», schlug Janina vor. «Da haben wir freie Auswahl.»

Katharina hatte nichts dagegen. Aber zuvor stand noch ein

Besuch im Buchhaus an. «Was Witziges für Burghard», erklärte sie. «Natürlich Lyrik.»

«Da misch ich mich nicht ein, das ist dein Revier. Treffen wir uns in zwanzig Minuten wieder hier bei den Taschenbüchern, okay?»

«Machen wir.»

Janina entschwand ins Untergeschoss des Buchhauses zu den Bildbänden, während Katharina die Stufen zur Abteilung der hehren Belletristik nahm. Doch so lange sie auch in den Regalen stöberte: Entweder waren ihr die Lyrikanthologien zu gewichtig oder die Herzergießungen der Dichter zu ernst. Schließlich fiel ihr etwas ein: Sie fragte eine Buchhändlerin, ob die Gedichte der Stuttgarter Straßenbahnen gesammelt seien, und erntete nur einen großen Seufzer: Vor Jahren habe es davon zwei Bände gegeben, aber die seien längst vergriffen. Und obwohl immer wieder danach gefragt werde, könne sich kein Verlag zu einer Neuauflage entschließen.

«Lyrik gilt heute fast schon als was Spinnertes. Die Leut nehmen sich für so etwas einfach keine Zeit mehr.»

«Das kommt wieder.»

«Da bin ich pessimistischer. Wissen Sie, meine Tochter ist Lehrerin. Die hat mal, zugegeben, in der Realschule, Eichendorff lesen lassen. Es war, als hätte der Himmel und so weiter … Einen Tag später hat die Klassensprecherin ihr ausrichten lassen: Die Klasse mache sich Sorgen, ob sie eventuell krank im Kopf geworden sei.»

Die Buchhändlerin wandte sich ab, ließ Katharina ratlos vor den Bücherregalen stehen. Sie erinnerte sich an Horst Epplers Wutausbruch auf dem Lichtenstein: Hatte nicht auch er von kranken Blödsinnsversen gesprochen?

Ich werde dir beweisen, Herr Oberkommissar, dass wir Lyrikschätzer von deiner Materie mehr verstehen als du von unserer, dachte sie und begab sich wieder in die Taschenbuchabteilung.

Janina wartete dort bereits und hielt ein gelbes Reclam-Bändchen in die Höhe.

«Das wäre doch etwas, oder?»

Katharina las: Heinz Erhard, Von der Pampelmuse geküsst. Gedichte, Prosa, Szenen.

«Danke dir. Einpacken», entschied Katharina und linste auf das Buch, das Janina mit auf den Ladentisch legte. Eine Sammlung erotischer Geschichten … natürlich.

«Wie kannst du so was lesen, wenn du hinterher auf nichts Knackiges Zugriff hast?», meinte Katharina, kaum dass sie das Buchhaus verlassen hatten.

«Ist doch nicht für mich.»

«Für wen dann?»

«Na, für dich.»

«Hab ich gerade nicht nötig.»

«Weiß ich doch.»

Janina blieb unvermittelt stehen und sah ihre Schwester mit Tränen in den Augen an. «Ich gönn dir alles von Herzen … aber ich bin eifersüchtig auf euer Glück, Kathi. Paul kommt zwar am Wochenende und bleibt dann bis Februar, aber ich habe Angst, dass alles erloschen ist zwischen uns.»

«Ach, Janne …»

Katharina umarmte ihre Schwester. Mit einem Mal tat sie ihr aufrichtig leid. Betroffen legte sie ihre Wange an die Janinas. Eigentlich hat sie wirklich nichts vom Leben, dachte sie. Sechs Tage die Woche steht sie im Lädle, ihr Kind wächst bei einer Tagesmutter auf, ihr Mann ist keine vier Monate im Jahr zu Haus.

«Weißt du, das Buch da. Ich hab's damals gelesen, als der Rainer mir ein paar Flaschen in den Keller stellte und wir … na ja, du weißt ja. Weißt du, was dann passierte?»

«Burghard hat artig Grüß Gott gesagt …»

«Das auch. Aber ein paar Tage später stand Gertrud Schlag

im Lädle. Sie kaufte mal wieder Saure Kutteln. Aber das mit einem Blick, ich sag dir, die hat es gewusst.»

«Aber von wem denn?»

«Hast du's nicht auch gespürt, als dein Dieter damals anfing, sich bei einer anderen das zu holen, was du ihm nicht mehr geben konntest?»

Katharina nickte. Und auch wenn diese Zeit zum Glück vorbei war, sie konnte sich noch gut an ihre Gefühle damals erinnern. Der Verstand hatte sie von dem zu entlasten versucht, was der Bauch ihr souffliert hatte. Der Kopf hat sich gewehrt, erinnerte sie sich. Aber mein Bauch hat alle Zeichen richtig gedeutet. Damals war Dieter wie ein unsichtbar Gezeichneter für mich. Alles an ihm wirkte plötzlich unecht auf mich.

Inzwischen waren sie in der Calwer Straße angelangt. Bis zur berühmten Lokalbrauerei waren es nur noch wenige Schritte. Katharina fröstelte. Es war nasskalt und zugig, und eigentlich hatte sie keine Lust mehr auf ein Bier. Aber sie wollte keine Spielverderberin sein. Ich muss Janne jetzt Gesellschaft leisten, dachte sie. Sie ein wenig trösten und aufmuntern.

Trotzdem schweiften ihre Gedanken ab. Denn was Janina da gerade andeutete, hatte es in sich, und zwar gewaltig. Immerhin bedeutete es nichts anderes, als dass Gertrud Schlag ihren Mann aus Eifersucht umgebracht hatte.

Aber wie? Schließlich hat sie ein Alibi, überlegte sie. Zu der Zeit, als ihr Mann in seiner sogenannten Manufaktur war, saß sie im Café des Württembergischen Kunstvereins.

Inzwischen hatten sie die Lokalbrauerei betreten. Obwohl der Abend erst angefangen hatte, herrschte bereits Platznot. Ob an der Bar oder an den Tischen, wo Katharina auch hinschaute, war gerade mal noch ein Platz frei. Zögernd folgte sie Janina, die sich an einer Clique aufgestylter Schüler vorbeidrängte.

«Auf die Maß, Schwester, müssen wir hier verzichten», rief

Janina über die Schulter, «entweder 0,2, 0,3 oder gleich einen Pitcher zum Selbsteinschenken.»

«Am Stehtisch?»

«Warum nicht?»

Katharina drehte sich um und stieß vor Verblüffung einen kleinen Schrei aus. Auf den einzigen freien Stehtisch steuerte noch ein anderes Paar zu: Martin Gschwend und Gertrud Schlag. Sie in Jeans und Lederjacke und mit Sporttasche in der Hand, er im dunklen Anzug und beigen Trenchcoat.

Beide schienen nicht weniger verblüfft zu sein als Katharina. Ihr entging nicht, dass Gertrud Schlag am liebsten auf der Stelle kehrtgemacht hätte, und aus den Augenwinkeln sah sie, dass auch Janina nicht gerade erbaut war von dieser Begegnung. Doch da winkte Martin Gschwend ihr schon zu: «Immer diese Lokale!», rief er. «Wir scheinen denselben Geschmack zu haben.»

«Ja, könnte man sagen. So ein Zufall. Aber die Welt ist eben klein.»

«So klein, sagt der Misanthrop, dass man immer wieder auf die Menschen trifft, die man nicht sehen möchte, hingegen der Philanthrop jubelt, dass er schon wieder Gleichgesinnte trifft.»

Martin Gschwend schien bester Laune. Er bestellte einen Pitcher und vier Gläser und streichelte Gertrud Schlag zärtlich die Wange.

Katharina und Janina sahen sich überrascht an.

Martin Gschwend aber strahlte: «Ja, damit Sie gleich klarsehen: Gertrud und ich sind seit drei Tagen ein Paar. Ich hab sie vom Fitness-Studio abgeholt. Und was passt danach besser als ein naturtrübes, unfiltriertes Bier?»

«Stimmt», bemerkte Katharina leicht benommen, denn ihr schossen auf einmal alle möglichen und unmöglichen Gedanken und Spekulationen durch den Kopf: Sie kann es nicht gewesen sein, weil sie bekanntlich nicht zu Hause war, er aber auch nicht, weil es überhaupt keinen Sinn macht. Geld zum Beispiel braucht er als Letztes. Und selbst, wenn er schon länger eine Affäre mit Gertrud Schlag gehabt hätte, bringt er deswegen doch nicht deren Mann um. Umgekehrt dagegen würde dies Sinn machen. Nur, der Haken an der Sache ist, nicht Martin Gschwend ist tot, sondern Rainer Schlag.

Entgegen ihrer bisher eingenommenen, beinahe mütterlichen Ausstrahlung umgab Gertrud Schlag heute eine eher nüchterne Aura. Entweder bekam ihr das Fitness-Studio nicht, oder sie hatte von Anfang an keine Lust gehabt, noch auszugehen. Auf Katharinas Frage, ob sie schon länger Fitness mache, seufzte sie und schüttelte den Kopf.

«Sie wollen uns jetzt aber nicht sagen, Frau Schlag, dass Ihre neue bessere Hälfte dahintersteckt?»

«Doch», antwortete Martin Gschwend selbstbewusst. «Gertrud hat Rückenprobleme. Die rein muskulaturbedingt sind. Und dagegen, meine ich, kann und sollte man etwas tun.»

«Jaa», antwortete Gertrud Schlag betont erschöpft. «Weshalb ich meine neugewonnene Muskelkraft ja auch an diesem Stehtisch einem Test unterziehe.»

Martin Gschwend füllte die Gläser und wünschte Gesundheit. Auf einen zweiten Pitcher freilich, bat ihn Gertrud Schlag, möge er verzichten.

«Weil ein Pitcher, besser gesagt, das Bier darin, Ihnen weniger mundet als ein guter Rotwein?», fragte Janina, die sich bislang auffällig zurückgehalten hatte. Katharina hatte beobachtet, dass die Blicke, die beide Frauen gewechselt hatten, durchaus taxierend waren. Jede schien sich zu fragen: Was hat sie, was ich nicht habe? Beide wirken, als hätten sie sich schon manche Stunde über die andere den Kopf zerbrochen, dachte Katharina. Demnach wird es stimmen, was Janne vorhin gesagt hat: Gertrud Schlag hat von dem Seitensprung ihres Mannes gewusst. Vielleicht hat sie ihn einmal beiläufig auf Janne angesprochen.

Rainer Schlag braucht darauf nur geschwiegen zu haben, sein Blick kann weggerutscht sein …

Es war Martin Gschwend, der auf Janinas Frage, ob Gertrud Schlag mehr dem Bier oder dem Wein zugeneigt sei, antwortete: «Als Witwe eines Winzers ist sie in der Tat kein Apostel des Bieres. Stattdessen hast du einen guten Tropfen schätzen gelernt, Liebes, stimmt's?»

«Das kann man sagen.» Gertrud Schlag nickte. «Rainer war diesbezüglich ein vorzüglicher Erzieher. Erst lehrte er mich, einen Trollinger vom Spätburgunder zu unterscheiden, dann stieg sein Anspruch. Irgendwann schmeckte ich sofort, ob ich einen Acolon oder Lemberger im Glas hatte. Dabei ist der Acolon ja bekanntlich eine Kreuzung zwischen Lemberger und Dornfelder.»

«Und ich dachte schon, Sie mögen nur kalten Pfefferminztee», rief Katharina.

Gertrud Schlag lachte befreit auf. «Zu Birnen, Bohnen und Speck gibt es tatsächlich nichts Besseres. Ich habe alles ausprobiert. Freilich muss es die arabische Minze sein. Sie ist milder als die Apothekerminze, die aus England stammt.»

«Aha, Sie scheinen ja nicht nur einen Gaumen für Wein, sondern auch für Kräuter zu haben.»

«Was ich vor allem unserem lieben Önologen Max Strohberg verdanke.»

«Wie das?»

Gertrud Schlag senkte den Kopf, wirkte von einer Sekunde auf die andere wie verwandelt. Martin Gschwend legte den Arm um sie, hauchte ihr einen Kuss aufs Ohr. Katharina verwarf in diesem Augenblick vollends jegliche Überlegungen, dass Gertrud Schlag zu einem Mord fähig wäre. Janina dagegen schien auf so einen Moment der Schwäche gewartet zu haben. Ohne sich um Gertrud Schlags Stimmungseinbruch zu bekümmern, griff sie nach ihrem Glas, leerte es in einem Zug und wiederholte kühl: «Sie verdanken dies unserem lieben Önologen Max Strohberg? Da bin ich jetzt neugierig.»

«Frau Grüninger», schoss Martin Gschwend überraschend scharf dazwischen, «mit Verlaub: Ich glaube, Gertrud möchte dieses Thema nicht weiter erörtert wissen.»

«Warum? Sie geht doch, wie Sie, Herr Gschwend, seit mindestens drei Tagen erleben dürfen, mit den Katastrophen des Lebens äußerst robust um.»

«Das nehmen Sie zurück!»

«Lass doch, Martin», beschwichtigte ihn Gertrud Schlag und legte die Hand auf den Arm des Prendo-Bosses. «Irgendwie hat sie ja recht. Rainer ist wirklich noch nicht arg lange tot. Aus ihrer, und bestimmt nicht nur ihrer Sicht habe ich mich schnell getröstet. Aber um Ihre Neugier zu stillen, Frau Grüninger: Der Max war sehr experimentierfreudig. Zum Beispiel hat er einmal ein paar Reihen des Uferweins, eine Wildrebenart, kultiviert, übrigens die reblausresistente Unterlage für etliche Weinreben. Er hat die Früchte, die wie beim Eiswein erst nach dem Frost geerntet werden, gekeltert und den Most mit Ruländermost verschnitten.»

«Und wie war das Ergebnis?», fragte Katharina.

«Gut. Aber der Aufwand lohnte die Mühe nicht.»

«Ach Gottle, der gute arme Herr Strohberg», spöttelte Martin Gschwend, wobei Katharina das Gefühl hatte, er würde am liebsten richtig vom Leder ziehen. «Dein Rainer, Gertrud, steckte mir, dass er auch eine andere Seite gehabt hat. Zum Beispiel die, flache Gilde-Riesling-Moste mit Wein- oder Zitronensäure aufzubessern. Und von der Schädlingsbekämpfung durch Pheromon-Fallen, mit denen heute überall die Vermehrung des Traubenwicklers gestoppt wird, habe er ihn erst überzeugen müssen. Was nun den Krieg gegen Pilzbefall betraf, war der gute Max gewissermaßen konservativ. DDT oder die nette Bordeauxbrühe standen bei ihm nicht auf der roten Liste. Aber er war eben kostenbewusst. Aufs Geld und seinen Gewinn hat er immer geschaut.»

«Starker Tobak», sagte Katharina düster. «Musste er deswegen sterben?»

«Aha. Ihre Frage gilt wem?» Martin Gschwend schaute Katharina herausfordernd an.

Diese schwieg und hielt dem Blick stand. Die plötzlich aufgestaute Spannung ließ ihr Herz wie wild schlagen. Gleichzeitig verfluchte sie im Innern diese zufällige Begegnung. Mit denen haben wir es uns jetzt satt verdorben, dachte sie. Da gibt es keinen Kitt mehr. Aber ich kann Janina verstehen: Sie hat Rainer Schlag geliebt, vielleicht sogar ein Kind von ihm, seine Frau aber verschenkt ihr Herz kaum zwei Monate nach dessen Tod an einen neuen Mann.

«Lass uns bitte gehen, Kathi», brach Janina das unheilvolle Schweigen. Dabei sah sie Gertrud Schlag offen an und fuhr tonlos fort: «Eins müssen Sie noch wissen: Ja, ich habe den Rainer geliebt. Und wenn Sie nicht anders können, dürfen Sie ab sofort damit hausieren gehen. Guten Abend.»

Jede für sich und beide doch füreinander, Janina und Katharina fühlten und dachten weitgehend dasselbe: Es hat keinen Sinn, da nun noch groß zu diskutieren. Es lohnt nicht, irgendwie ist alles gesagt.

So blieb es während der Fahrt zum Frauenkopf weitgehend still in Janinas Peugeot. So dunkel wie diese Waldstrecke hier ist es auch in meinem Kopf, dachte Katharina. Wenn ich jetzt nicht wüsste, dass Burghard mich nachher auffängt, würde ich in Melancholie versinken.

Verstohlen schielte sie zu Janina. Ihre Schwester meinte dasselbe wie sie: So dumm sind die Polizei und auch ein Horst Eppler nicht, als dass sie nicht die Alibis von Gertrud Schlag und Martin Gschwend überprüft hätten. Blieb also nur noch eine

Schlussfolgerung übrig: Rainer Schlag hatte womöglich die Ventilation in einer Art Zerstreuung selbst ausgeschaltet und war dann einer Kohlendioxid-Vergiftung erlegen. Und Max Strohberg wurde Opfer, weil er zur falschen Zeit am falschen Ort war. Letzteres nahm bekanntlich auch Horst Eppler an.

Und doch … Eine Stimme tief im Innern sagte Katharina, dass die Morde miteinander zusammenhingen. Allein die dürftige Spurenlage war der Grund, mögliche Beweggründe noch nicht richtig zusammengepuzzelt zu haben.

«So, dann schaut mal, wie perfekt Oma und Opa unseren kleinen Markus beschäftigt haben!» Erich Grüninger nahm seinen Töchtern die Mäntel ab und geleitete sie ins Wohnzimmer. Markus lag bäuchlings vor dem Kamin und grabschte nach einer Unzahl bunter Tücher, Federwische und hölzerner Faschingsmasken. «Annkathrin hat sich an die Kiste erinnert, weil Markus so fasziniert war von den bunten Afrika-Masken», fuhr Katharinas Vater fort. «Er hat immer wieder darauf gezeigt und wollte sie unbedingt anfassen. Zum Glück hat Annkathrin von ihren Eltern echte Rottweiler Masken aufbewahrt.»

«Und er hat keine Angst?», wunderte sich Janina, hob Markus hoch und setzte ihn sich auf den Schoß.

«Pass mal auf!»

Erich Grüninger hielt sich eine Maske vors Gesicht und begann vor Markus hin und her zu tänzeln. Dieser krähte vor Vergnügen und streckte sofort die Hand aus.

«Ich auch!» Katharina schnappte sich die nächste Maske, was Markus mit einem lauten, begeisterten «La!» kommentierte. «Und was haben wir da noch?», rief Katharina übermütig und zog sich eine weiße Prinz-Eisenherz-Perücke über den Kopf.

Doch das gefiel Markus überhaupt nicht. Er verzog Gesicht und Mund und ließ ein unwilliges, ängstliches Greinen hören.

«Kein Wunder», neckte Janina sie, «jetzt siehst du ja auch aus wie Madame blond und blöd.»

«Ohne Maske oder mit Maske?»

Katharina eilte in den Flur vor den großen Standspiegel und begriff in genau diesem Augenblick, dass sie auf etwas sehr Wichtiges gestoßen war.

«Ruf doch bitte einer von euch meinen Liebsten an», rief sie.

«Jetzt schon?»

«Ja. Ich brauche nämlich jetzt unbedingt jemanden, mit dem ich etwas durchhecheln kann.»

31

Dass Männer so verschmust sein können! Jedenfalls wollte Burghard nichts, nein, absolut gar nichts, von Katharinas neuester Theorie wissen, womit sie sich auch schnell abfand. Schließlich gab es wesentlich schönere Pfade zu verfolgen als die der Verbrechensaufklärung. Und da manche Pfade die Eigenschaft hatten, lang und länger zu werden und man gar nicht mehr anders konnte, als schließlich irgendwo erschöpft aneinandergeschmiegt zu liegen, musste sich Katharina in Geduld üben. Wobei ihr wieder einmal die Zähne zu Hilfe kamen.

Das Müsli, das sie sich zum Frühstück zubereitete, war ein Vollkorn-Fertigmüsli, das seine Esser mit nahrhafter Nusseinlage für sich einzunehmen gedachte. Getreu ihrer Überzeugung, ein Mensch geht nicht zugrunde, wenn er zuweilen, selbst morgens, einmal etwas anderes probiert, ließ sie sich, ohne besondere Vorsicht walten zu lassen, auf den ihr neuartigen Morgengenuss ein.

Geht doch, dachte sie zufrieden, und es schmeckt, selbst ein Toastbrot-Mensch wie ich hat da nichts zu meckern. Wohlgefällig betrachtete sie die gefriergetrockneten Erdbeeren, die zusammen mit den Himbeeren appetitlich rot auf der Milch schwammen. Sie ließ Rosinen, Schmelz- und Haferflocken über den Löffel fließen, stocherte ein paar Cornflakes in die Milch und gönnte sich den dritten Löffel.

Beim vierten war das Haselnussbröckchen entweder zu fest oder zu groß oder hatte sich in eine alte Paranuss verwandelt. Jedenfalls war die Wirkung ähnlich wie damals nach dem Wasenbesuch. Zum Glück nicht so schmerzhaft.

Ich sollte ja sowieso zur Parodontosebehandlung kommen, dachte sie. Mal sehen, ob ich sofort einen Termin bekomme, wenn ich das mit diesem Malheur von eben verbinde.

Katharina suchte im Internet nach der Telefonnummer und rief an.

«Oh, der Herr Doktor ist selbst am Apparat?»

«Ja. Und Sie haben Glück, dass ich überhaupt abnehme. Meine Sprechstundenhilfe hat sich den Arm gebrochen, und meine Assistentin ist im Clinch mit einem Norovirus. Sie wollen jetzt nicht nach einem Termin fragen, oder?»

«Doch. Erinnern Sie sich noch an mich? Katharina Grüninger. Sie legten mir eine Parodontosebehandlung nahe.»

«Ach, Sie sind es. In Ordnung, aber Sie müssen Zeit mitbringen.»

«Tu ich gerne.»

«Also.»

Dr. Thomas Schlag hatte nicht gelogen. Die Praxis war voll, und dass sie überhaupt so schnell das Wartezimmer betreten konnte, verdankte sie einer Patientin, die im selben Moment die Praxis verließ.

Eine gute Viertelstunde später rief Dr. Thomas Schlag den nächsten Patienten zu sich. Erfreut winkte er Katharina zu. Als sie zwei Stunden später endlich den Mund aufmachte, sagte er als Erstes: «Sie kommen gar nicht wegen der Parodontose, stimmt's?»

«Mmh.»

«Sondern …» Katharina spürte, wie er mit dem Mundspiegel an den Wangen entlangfuhr und mit der Sonde auf die Stelle pickte, die ein wenig schmerzte. «Sondern wegen dieses bisschen Karies, auf das ein Stückchen Nuss drückt. Aber das ist schnell behoben.»

«Mhah.»

«Wir ziehen, denn der Zahn ist nicht länger zu halten.»

«Mhnnj.»

«Kleiner Rachescherz. Nein, wir retten uns fürs Erste, indem wir die Karies oberflächlich ausmerzen. Sozusagen radieren. Für den Rest kommen Sie morgen wieder, da haben wir mehr Zeit. Denn das muss sauber ausgebohrt werden, und das geht nicht ohne Betäubung.»

«Mmh.»

«Wie enttäuscht Sie klingen. Was glauben Sie, wie ich es erst bin? So, bitte spülen.»

Der Stuhl fuhr hoch, keuchend spülte sich Katharina den Mund aus. «Wieso sind Sie enttäuscht? Von mir?»

«Nein, von diesem Eppler.» Der Zahnarztstuhl fuhr wieder nach unten. Kurz darauf sirrte der Bohrer und gurgelte der Absaugschlauch. «Unser Gespräch über die Schwerhörigkeit meines Stiefvaters … so, jetzt tut es ein bisschen weh … gab mir zu denken. Ich habe den Oberkommissar angerufen und ihm klarzumachen versucht, dass mein Stiefvater so gut wie nie einen Hörapparat getragen hat. Aber was erfuhr ich, nachdem er dies im speziellen Fall bestritt: dass die Batterie des angeblich getragenen Hörapparates leer war. Was im Endeffekt auf dasselbe herauskommt.»

«Mjhe.»

Katharina klopfte das Herz, diesmal aber wegen des erneuten

Bohrergeräusches und der zwar kurzen, aber doch ziemlich unangenehmen Schmerzattacke.

«So, das war's. Wie gesagt, kommen Sie morgen wieder.»

Thomas Schlag klang erschöpft. Er hatte Augenringe, seine Lippen waren spröde, sein Haar an den Schläfen verschwitzt. Von seinem Humor schien nichts mehr übrig geblieben zu sein, auf Katharina wirkte er nur noch überanstrengt. Mit leerem Blick schaute er ihr zu, wie sie sich den Mund ausspülte.

«Dann war zu der Zeit, als Dr. Rücklin und ich Ihren Vater suchten, jemand in der Manufaktur», sagte Katharina. «Und dieser Jemand wollte es nach einem besonders tragischen Unfall aussehen lassen.»

«Das habe ich dem Eppler auch gesagt. Er hat nicht widersprochen. Aber eben die Spurenlage, daran krankt alles. Ich fürchte, dieser Mord bleibt ungeklärt.»

Endlich! Nur ein Stündchen noch, dann war Burghard wieder von der Uni zurück. Da sein Kühlschrank jedoch massive Zeichen von Auszehrung aufwies, beschloss Katharina, eine kleine Brotzeit zu organisieren. Wie schön, dass sie dazu das Haus nicht verlassen musste, was bedeutete: Sie war das erste Mal bei ihrer Schwester Kundin.

Unfrisiert, in Leggings und Lieblingspulli schlurfte sie die Treppe nach unten und kaufte Laugenwecken und Kartoffelsalat. Und weil die Maultaschen so appetitlich aussahen und Janinas Bio-Gemüse knackig lockte, entschied sie spontan, die Maultaschen in der Brühe zu kochen und nicht zu schmelzen.

Zum Nachtisch mach ich Panna cotta, überlegte sie.

Und dann …

«Also, ich brauch nur noch eine Vanilleschote. Dazu passen dann hervorragend ein paar Spritzer Grand Marnier. Davon hat er gleich zwei Flaschen in der Bar. Angeblich, weil er den Grand

Manier immer für gebratenes Huhn braucht. Klasse, dass du in puncto Vanille aufgerüstet hast.»

«Jaja, aber jetzt lass doch endlich die Hosen runter. Was war es, was dir gestern auf- oder eingefallen ist?»

«Hier und jetzt lass ich die Hosen bestimmt nicht runter, Schwesterherz.»

«Oh, jetzt krieg ich es aber zurück.»

«Das hast du mit Absicht so formuliert. Geduld. Paul sitzt doch längst im Flugzeug. Freust du dich denn gar nicht?»

«Weißt du doch.»

Eine hochschwangere Frau betrat das Lädle, gefolgt von einem jungen Mann, der mehrere Plastiktüten trug.

«Halim!»

«Ey … was geht! Dies ist Überraschung, und das ist Dana, Verlobte von mein Freund.»

«Hallo! Halim hat den Auftrag, rote Zwiebeln zu kaufen.» Dana trug Kopftuch, sprach aber genauso akzentfrei Deutsch wie Halims Tante Talha.

«Gerne», sagte Janina und eilte an die Zwiebelschütte. «Vielleicht gleich zwei Kilogramm?»

«Korrekt.» Halim lehnte die Tüten gegen die Ladentheke und streichelte Dana behutsam den hohen Leib.

«Oha», rutschte es Katharina heraus, doch Halim nahm es ihr nicht übel. «Ist krass, ich weiß. Aber Danas Freund ist Blutsbruder.»

«Und der darf das, Dana?», fragte Katharina.

«Ja. Ich mag es. Und er auch.»

«Glückwunsch.»

Katharina folgte Halims ratlos-betroffenem Blick: Janina stand mit verhärmtem Gesicht an der Kasse, in ihren Augen glitzerten Tränen. Katharina nahm ihr die Zwiebeln weg und drückte sie Halim in die Hand. «Geht aufs Haus», sagte sie. «Mit Gruß an Tante Talha.»

«Alles in Ordnung?», fragte Dana besorgt.

«Jein. Aber das ist alles ein wenig kompliziert. Auf Wiedersehen, ihr drei. Alles Gute.»

Sie nahm ihre Schwester in den Arm, die sich aber schon wieder gefangen hatte.

«So was Blödes», ärgerte sie sich und fingerte nach einem Taschentuch. «Das war gerade wie ein Flash Back. Weißt du, ein paar Tage, bevor du hierhergekommen bist, also noch bevor der Rainer angefahren wurde, da hab ich ihn wegen seiner Trockenbeerenauslese besucht. Er wollte sie mir vorstellen. Gertrud war auch da. Aber wegen der Schwangerschaft hab ich natürlich nicht verkostet. Was dem Rainer dann auch egal war.»

«Ja, und?»

«Zum Abschied hat er mir genauso den Bauch gestreichelt, wie es gerade Halim bei Dana getan hat. Es war das einzige Mal. Vielleicht, weil er unterbewusst geahnt hat, dass ich womöglich sein Kind austrage.»

«Hat das Gertrud Schlag gesehen?»

«Ha ja, natürlich. Der Rainer hat sie dabei sogar angestrahlt. Als wollte er sagen: Guck, das, was da wächst, das ist von mir.»

«Ja, und sie?»

«Du kennst sie doch. Hat auf mütterlich gemacht, den Kopf gewiegt und gelächelt. Aber ihr Blick, Kathi, der war böse. Richtig böse.»

Es gab dann weder das eine noch das andere, also weder Maultaschen in der Brühe noch Panna cotta. Denn nach dieser Enthüllung Janinas war Katharina wie im Fieber. Burghard hatte kaum die Schuhe ausgezogen und den Grand Marnier auf Eis gekippt, mit dem Katharina ihn empfing, da legte sie schon los: «Alles fügt sich. Ich hab's.»

Burghard schaute sie mit hochgezogenen Augenbrauen an:

«Mein Instinkt sagt mir, dass ich jetzt ganz Ohr sein muss, oder?»

«Und wie. Also, ob du es glaubst oder nicht: Am Anfang steht meine Schwester. Ihre Liebe zu Rainer Schlag, besser gesagt, dieser kleine erotische Zwischenfall hier im Keller, ist das erste Glied der Ereigniskette.» Katharina führte aus, was sie gerade von Janina erfahren hatte, und fuhr fort: «Was fühlt so eine Frau? Mindestens eine Riesenwut! Und die war so groß, dass sie ihrem Mann am Stammtischtag auflauerte. Um nicht erkannt zu werden, setzte sie sich eine Perücke auf: Und wie sah sie da wohl in der Dunkelheit aus? Wie Madame blond und blöd, also wie Ingrid Kellmann. Markus sei Dank, er hat mich darauf gebracht. Wahrscheinlich wollte sie ihren Mann zur Rede stellen, dann aber sah sie nur noch rot und ist drauflosgefahren.»

«Aber das Auto», warf Burghard ein. «Die Schlags fahren keinen Geländewagen.»

«Geländewagen? Rainer Schlag erinnerte sich nur an was Größeres, an einen Sechszylinder. Die Geländewagen haben Halim und der Verkehrspolizist ins Spiel gebracht, als die Polizei ihn fragte, ob ihm ein Fahrzeug mit überhöhter Geschwindigkeit aufgefallen sei. Ich in meiner Hysterie habe das dann so verinnerlicht, dass ich die beiden Drängler auf den Vorfall, bei dem Rainer Schlag angefahren worden ist, projiziert habe. Leider scheine ich dafür eine besondere Begabung zu haben.»

«Das würde heißen, Gertrud Schlag ist einen Leihwagen gefahren.»

«Ja, warum nicht?»

«Beweise!»

«Gebe ich dir indirekt.» Katharina fasste noch einmal zusammen, was Gertrud Schlag ihr Anfang Oktober in Hamburg im Café Balzac verraten hatte. «Also, nachdem sie mit einer Kollegin in deren Leihwagen an die Ostsee gefahren war, lernte sie ihren Mann kennen. Diese glückliche Fügung hat sich ihr tief eingeprägt. Und jetzt, vor ein paar Monaten, möchte sie diese Erfahrung sozusagen doppeln. Eine verzweifelte magische Geste, eine Beschwörung gewissermaßen der goldenen Zeit. Sie nimmt sich also einen Leihwagen …»

«Wird aber in einem Anfall von Stress vom Affekt überwältigt», führte Burghard ihren Gedanken weiter aus. «Das hat was für sich. Setz deinen Lieblingsoberkommissar doch mal auf diese Spur. Das ist leicht nachprüfbar.»

Ungeduldig schüttelte Katharina den Kopf. «Aber das ist noch lange nicht alles. Denn jetzt beginnt das Drama erst.»

Burghard schnellte herum, streichelte mit dem Zeigefinger Katharinas Nase und küsste sie sanft: «Mein Schatz, halt ein … zwar mag das Drama jetzt erst beginnen, aber wenn es mir nicht gehen soll wie dem Christian Morgenstern'schen Seufzer auf dem Eis, muss ich erst einmal was naschen.»

«Was seufzte der denn?» Katharina schmiegte sich an Burghard und ließ sich von ihm hin- und herwiegen.

«Gar nichts. Er dacht nur an ein schön Mädelein und blieb beglückt erglühend stehn. Doch leider schmolz die Eisbahn unter ihm, da sank er hin und ward nie mehr gesehn.»

Das konnte Katharina natürlich nicht zulassen. Und so beschloss sie für den Augenblick, in die traditionelle Rolle einer fürsorglichen Köchin zu schlüpfen. Während Burghard unter die Dusche verschwand, setzte sie Wasser auf, putzte das Gemüse und bereitete die Maultaschen zu.

Sie hatten gerade den ersten Löffel gekostet, da klingelte es. Und weil derjenige es offenbar sehr wichtig fand, dass er auch gewiss gehört wurde, klopfte er noch zusätzlich.

Janina stand vor der Tür.

Und neben ihr Horst Eppler mit einem Beamten in vollem Ornat.

Katharina konnte nicht anders, als immer wieder auf das Aufnahmegerät zu starren, das der Herr Oberkommissar auf den Wohnzimmertisch stellte. Vor dem nun anstehenden «Gespräch», wie er es nannte, entschuldigte er sich für seine Lichtensteiner Heftigkeit, warb aber dennoch um Verständnis.

Katharina nickte und lächelte dem blassen Beamten zu, der ihr Angebot, sich an einem Laugenbrötchen festzuhalten, nicht ungern angenommen hatte. Er diente Horst Eppler als Fahrer und Zeuge des Gesprächs, Katharina aber begriff schnell, dass er dem Oberkommissar vor allem als Beobachter diente. Wie schön, dass Burghard und ich offiziell als frischverliebtes Turteltauben-Pärchen gelten, dachte sie, begab sich in den Schneidersitz und drückte sich in die Sofaecke. Ihm wird nur auffallen, dass wir unter gewissen Spannungen leiden, die wohl auf diesen Zustand zurückzuführen sind. Mehr wird er nicht ausdeuteln können.

Ihnen aber, Herr Oberkommissar, sage ich: Von mir erfahren Sie nichts. Tun Sie erst einmal Ihre Arbeit, und damit meine ich: Beginnen Sie gefälligst endlich damit, zu denken und zu kombinieren.

Zufrieden lächelte Katharina vor sich hin und bedachte Burghard mit einem Blick, der zu sagen schien: Wenn sie fort sind … bleiben wir in diesem Zimmer, ja?

Janina hingegen sah aus, als bereite sie sich innerlich darauf vor, in einem Krimi als Opfer für die Pathologie geschminkt zu werden. Da sind vorhin offenbar wirklich etliche Bilder wieder hochgeschwemmt worden, dachte Katharina in einem Anflug von Mitgefühl. Als ob ihr erst heute richtig klar geworden ist, wie sehr sie Rainer Schlag geliebt hat.

«Herr Dr. Rücklin, Sie haben, wie die Damen Grüninger, das Recht, zu schweigen», begann Horst Eppler. Er griff zum Flaschenöffner und schenkte sich und seinem Fahrer ein Glas alkoholfreies Bier ein. «Und ja, ich sage es gleich: Weil dies keine

Vernehmung ist, dürfte ich auch nicht aufzeichnen. Aber ich erwarte mir eben von Ihren Aussagen Details, die mir bislang entgangen sind.»

«Wir haben nichts zu verbergen», sagte Burghard und streichelte demonstrativ Katharinas Knie.

«Das lasse ich unkommentiert. So, ich schalte dann das Gerät ein?» Horst Eppler schaute in die Runde, alle nickten. Janina allerdings sah in der Zwischenzeit nochmal ein Stück elender aus. Wie ein Häufchen Elend saß sie zusammengesunken in einem der Wohnzimmersessel. Ihre Rotweinschorle rührte sie nicht an, blicklos schaute sie auf den Tisch mit dem Aufnahmegerät und dessen jetzt winzigen roten Punkt.

«Sie, Herr Dr. Rücklin, und Sie, Frau Katharina Grüninger, werden sich fragen, warum ich Ihre Zweisamkeit so herb störe, doch ich glaube, Ihre Schwester wird Ihnen das erklären können.»

Überrascht schaute Katharina zu Janina.

Die aber schüttelte nur stumm den Kopf.

«Sie schütteln den Kopf, Frau Grüninger», fuhr Horst Eppler fort, «und zugegeben, ich kann dies gewissermaßen nachvollziehen. Schließlich weiß ich etwas, das selbst Sie noch nicht wissen.»

«Und das wäre?», fragte Katharina, die ihren Platz auf dem Sofa verlassen und schützend ihre Hände auf Janinas Schultern gelegt hatte.

Janina sank noch mehr in sich zusammen, dann aber bäumte sie sich auf und sagte dumpf: «Ich habe einen Gentest machen lassen. Ob Markus wirklich Pauls Kind ist.»

«Danke, dass ich dies aus Ihrem Mund erfahre», sagte Horst Eppler, griff in die Innentasche seines Jacketts und faltete ein Stück Papier auseinander. «Es war ein Schuss ins Blaue meinerseits, entsprechende Labors zu befragen. Darf ich das Ergebnis verraten?»

«Ja.» Janina hob den Kopf.

«Sie wissen es längst, Frau Grüninger, nicht wahr?»

«Ich habe es immer geahnt.»

«Gut. Rainer Schlag ist der Vater Ihres Kindes.»

Janina nickte, begann zu weinen. Katharina stellte sich neben sie und streichelte ihr übers Haar. «Es ist dein Kind, Janne», flüsterte sie, «alles andere ist unwichtig.»

«Leider nicht ganz, Katharina.» Horst Eppler bemühte sich, so sanft wie möglich zu klingen. «Aber Sie verstehen, dass wir damit ein ... ein besonders griffiges Mordmotiv haben. Natürlich beziehe ich dies nicht auf Ihre Schwester, sondern auf Gertrud Schlag. Womit ich zur Kernfrage meines Besuches komme: Ist irgendjemand von Ihnen je der Verdacht gekommen, oder wussten Sie gar, dass Gertrud Schlag über den Seitensprung ihres Mannes informiert war?»

Der Oberkommissar schaute kurz zu seinem Fahrer und ließ dann seinen Blick auf Katharina ruhen.

«Weder Verdacht noch Wissen», meldete sich Burghard. «Also ich spreche da natürlich nur für meine Person. Mit anderen Worten: Die Damen Grüninger haben zu mir nicht davon gesprochen. Und so intim sind Frau Schlag und ich noch nicht, als dass sie mir dies gebeichtet hätte.»

«Sehr witzig», bemerkte Horst Eppler trocken.

«Entschuldigung. Aber ich beglückwünsche Sie, Herr Oberkommissar. Sie haben Phantasie bewiesen. Und die ist wichtiger als Wissen. Denn Wissen ist begrenzt. Sagte immerhin Albert Einstein.»

«Danke für die Belehrung.»

«Bitte.»

«Ja, dann bin wohl ich an der Reihe.» Katharina wunderte sich, wie leicht es ihr fiel, keine Miene zu verziehen. Ohne den Blick von Janina zu wenden, sagte sie: «Ich kann mich Herrn Dr. Rücklin nur anschließen. Und du, Janina?»

«Ja, glaubt ihr etwa, ich hätte nicht jedes Mal, wenn ich Gertrud Schlag begegnete, all meine Sensoren auf höchste Empfindlichkeitsstufe gestellt? Und ja, Herrgott, mal jubilierte ich, sie weiß nichts, dann wieder glaubte ich, Achtung, das nächste Mal kommt sie ins Lädle und schreit dich an, natürlich im Beisein von vier oder fünf Kunden. Es war und ist eine Höllenfahrt.»

Horst Eppler schaltete das Gerät aus und erhob sich. «Danke. Sie alle haben mir sehr geholfen.»

«Dann dürfen wir jetzt aber auch einmal etwas fragen, Herr Oberkommissar», rief Katharina. «Wie steht es um die Ermittlungen im Fall Max Strohberg?»

«Gut. Die Moskauer Kollegen zeigten sich überraschend kooperativ. Dadurch haben wir den Crossfahrer ermitteln und festnehmen können. Aber er ist nur ein Rädchen in einem größeren Getriebe einer international operierenden Hehlerbande. Den Mord hat er nicht begangen.»

«Dann, dann hängen also die beiden Morde nicht zusammen?», fragte Katharina und klang so enttäuscht, dass Horst Eppler sie prüfend anschaute: «Och, wie sagte doch Albert Einstein? Phantasie ist wichtiger als Wissen. Denn Wissen ist begrenzt. Vielleicht probieren Sie es also mit der Qualität, die man Germanistinnen und Lyrikerinnen gemeinhin zugesteht, Frau Grüninger? Auf jeden Fall wünsche ich Ihnen einen vergnüglichen Abend.»

Die Tür fiel ins Schloss. Katharina lauschte an der Tür, bis die Schritte verklungen waren, dann plumpste sie frustriert in den Sessel. «Da kommt doch diesem blöden Kerl der Zufall zu Hilfe, und mit einem Schlag erreicht er damit praktisch denselben Ermittlungsstand wie ich. Es ist so ungerecht. Aber ich werde es ihm zeigen. Ich beweise ihm, dass Albert Einstein wirklich recht hatte.»

«Aber er braucht doch jetzt nur die Schlag zu fragen», wandte Janina zaghaft ein.

«Das wird ihm wenig bringen», tröstete Burghard sie. «Die holde Gertrud liefert sich doch nicht selbst ans Messer.»

«Und jetzt?»

«Wein her, Schwester, sonst muss ich weinen. Aber wehe, du spendierst jetzt nicht drei Flaschen vom feinsten.»

«Aber, wirklich so teuren?»

«Ab in den Keller!», rief Burghard energisch. «Oder ich erhöh dir die Miete, wie ich es darf. Aber echt!»

32

Föhn! Und zwar vom Feinsten. Und das hieß: dunkle Wolken in Richtung Schwäbische Alb und lichtblauer Himmel über dem Stuttgarter Kessel. Katharina hätte jauchzen mögen in der warmen, trockenen Luft, die ihren Körper umschmeichelte und liebkoste, dass es eine Lust war. Mehrmals breitete sie die Arme auf den kehrwochengepflegten Untertürkheimer Trottoiren aus, um sich ordentlich durchpusten zu lassen. Straßen, Häuser und Schornsteine wirkten wie frischgewaschen, zuweilen schien es Katharina, als habe der laue Wind sogar das Beige und Grau der Hausfassaden zum Lächeln gebracht.

Wie schön, dass ich nicht zu den Föhnkranken gehöre, dachte sie. Geschlafen habe ich jedenfalls hervorragend, was freilich auch an Jannes Spätburgunder liegen kann. Hoffen wir aber mal, dass der werte Dr. Schlag ebenfalls ein Fan dieser Wetterlage ist.

War er nicht!

Zumindest der Miene nach zu urteilen, die er machte, als er Katharina nach fünf Minuten Wartezeit die Tür zur Praxis öffnete.

«Ach ja, Sie.»

«Ja. Grüninger, Katharina. Nicht Virus, Noro.»

«Mein Gott, ist das spaßig.»

«Aha, Sie mögen keinen Föhn.»

Dr. Schlag rang sich ein Lächeln ab. Er sah übernächtigt aus und war unrasiert. Passend zu seiner Laune zierte eine blassrote Blutsprenkelung auf der linken Brustseite seinen weißen Zahnmedizinerkittel. Und weil es ganz perfekt aussehen sollte, hingen ihm noch drei Finger eines Latex-Handschuhs aus der Hosentasche.

«Es wird wieder etwas dauern», sagte er. «Aber nicht so lange wie gestern.»

«Lassen Sie sich Zeit.»

Dr. Thomas Schlag ging ins Behandlungszimmer zwei, Katharina nahm im Wartezimmer Platz. Himmlisch! Schon gestern war die Zeit, die sie hier verbrachte hatte, fast wie Urlaub gewesen. Thomas Schlag gönnte seinen Patienten nämlich nicht nur Bunte, Focus, Stern und das Goldene Blatt, sondern auch Gala, Praline und einige Playboy-Hefte. Was gab es also nicht alles Interessantes zu lesen! Zum Beispiel im Playboy den Umgang mit der Ex, Anleitungen für einen Waschbrettbauch oder die schönsten Heustadeln für Kuschelstunden. Wahnsinnig spannend waren auch die Kolumnen über rasierte und unrasierte Intimzonen bei Männern oder der philosophische Artikel über das phallische Schaltknüppel-Design berühmter Sportwagen.

«Frau Dr. Grüninger!»

«Schade … ja.»

Erst jetzt fiel ihr auf, dass sie die letzte zu Behandelnde an diesem Vormittag war. Und das war gut so, denn schließlich diente dieser Besuch nicht nur dem Vergnügen, sich ein Kariesloch ausbohren zu lassen. Umgekehrt nämlich wollte Katharina Thomas Schlag auf den Zahn fühlen. Sie wollte versuchen herauszuhören, ob er von seiner Mama wusste, dass sie in Sachen Amore eine Leidende gewesen war oder nicht.

Zwanzig Minuten später, mit tauber Wange und Kiefer, war es

dann so weit. Wenn sie vor Horst Eppler Informationen haben wollte, musste sie jetzt fragen. Doch sie hatte Glück. Thomas Schlag erzählte ihr, dass er gestern Abend noch einen Anruf vom Oberkommissar erhalten habe.

«Er hat Fragen, denn es hätten sich neue Ergebnisse aufgetan. Deswegen muss ich heute Nachmittag die Praxis schließen.»

«Das Entscheidende können Sie auch von mir erfahren. Aber nur, wenn Sie schwören, dass Sie nachher vor Horst Eppler den Ahnungslosen spielen und über das, was ich Ihnen sage, strikt schweigen.»

«Ich schwöre.»

«Das ging aber schnell.»

Thomas Schlag ließ sich auf einen Rollenhocker nieder und schaute Katharina nachdenklich an. «Also scheint es durchgesickert zu sein. Wahrscheinlich, weil meine Mutter und dieser Gschwend eine Beziehung eingegangen sind. Der Neid lockert die Zungen.»

«Aha.»

«Ja. Die Ehe meiner Mutter und meines Stiefvaters schlitterte vor einem Jahr in die Krise, aus der sich beide anscheinend nicht mehr befreien wollten. Kurz vor seinem Tod kam mein Stiefvater einmal fuchsteufelswild hier abends an und meinte: Wenn sie sich scheiden lassen will, kein Problem. Aber dann kriegt sie keinen Cent. Es scheint so, dass er dies auch zu anderen gesagt hat. Darum wohl der Anruf des Oberkommissars.»

«Nein, Herr Schlag. Obwohl diese Enthüllung ein extrem wichtiges Indiz dafür ist, dass Ihre Mutter über etwas Bescheid wusste.»

«Und das war?»

«Dass Ihr Stiefvater eine Affäre mit meiner Schwester hatte und Sie deswegen jetzt ein Brüderchen haben.»

Thomas Schlag blieb der Mund offen stehen. Schließlich nickte er und atmete ächzend aus.

Er hat es nicht gewusst, schoss es Katharina durch den Kopf. Gertrud Schlag verstand es offenbar, ihre Gefühle gut zu verbergen.

«Das muss ich jetzt erst einmal verarbeiten, Frau Grüninger. Himmel, wenn meine Mutter dies geahnt haben sollte, zusammen mit der Ehekrise ist das ja sozusagen ein Luxus-Mordmotiv.»

«Aber Ihre Mutter hat ja bekanntlich ein Alibi.»

«Sie schon.»

«Darf ich fragen, warum Sie die Eheproblematik bislang verschwiegen haben?»

«Die war dem Eppler also gar nicht bekannt?»

Katharina schüttelte den Kopf.

Thomas Schlag erhob sich und trat ans Waschbecken. Aufmerksam betrachtete er sein Spiegelbild, streckte das Kinn vor und verzog den Mund. «Ein Brüderchen», sagte er leise. «Ich habe meinen Stiefvater gemocht. Er war ein rauer Bursche, aber mit weichem Kern. Nie hat er mich geschlagen. Und nie geklagt, wenn ich mal wieder für irgendetwas Kohle haben wollte. Meiner Mutter dagegen ist häufiger mal die Hand ausgerutscht. Sie hielt mich knapp.» Thomas Schlag wandte sich um und schaute Katharina sichtlich erschüttert an. «Aber Mutter bleibt Mutter. Wie kann ein Sohn gegen sie aussagen wollen? Man liefert doch nicht die eigene Mutter ans Messer.»

Es war längst nach Mitternacht. Die Flasche Trollinger war geleert, im Näpfchen mit den Oliven lagen nur noch Zahnstocher. Katharina biss in das letzte Eckchen vom südtirolerischen Schüttelbrot, Burghard, in grauem Pyjama, hob noch einmal das Henkelglas. Es war dunkel in seiner Stube, nur eine einzige brennende Kerze auf dem Sofatisch warf einen mageren Schein. Sie knisterte kaum hörbar, begann nach einiger Zeit ein wenig zu flackern.

Katharina saß in einem flauschig weißen Bademantel im Schneidersitz im Sessel. Ihre Füße steckten in dicken roten Wollsocken, auf die gerade ein Brotkrümel fiel.

«Da baut man sich also wochenlang alle möglichen Theorien zusammen», resümierte Burghard, «und dann läuft doch wieder alles auf das Einfachste hinaus. Die klassische Beziehungstat.»

«Schon, aber alles braucht seine Zeit. Erst nach dem Zahnarztbesuch wurde mir klar, was mich die ganze Zeit unterbewusst umgetrieben hatte: dass unsere liebe Witwe Gertrud Schlag nämlich nicht erst seit wenigen Tagen mit diesem Gschwend liiert ist, sondern es schon vor dem Tod ihres Mannes gewesen sein muss. Uhlbach ist hier das Zauberwort: Er blieb geschäftsmäßig beim Sie, Gertrud Schlag aber verplapperte sich und verwendete seinen Vornamen. Ihr ist das nicht mehr aufgefallen, er aber suchte deswegen schnell das Weite.»

«Ja, und dann kamst du mit deiner Theorie eines möglichen Rächers aus den Reihen der Winzergilde. Kein Wunder, dass die Schlag davon so angetan war. Es war eine willkommene Ablenkung, erst recht, da Rainer Schlag tatsächlich irgendwie mit Prendo zusammenarbeiten wollte.»

«Dann kann also nur er der Täter sein. Denn sie hat ein Alibi.»

«Und das von ihm wird unser Lieblingsoberkommissar in den nächsten Tagen überprüfen.»

Stille breitete sich aus. Burghard lächelte vor sich hin, während Katharina auf ihrer Unterlippe nagte. Sie war felsenfest davon überzeugt, dass sie diesmal recht hatte. Aber mit einem wollte sie sich nicht abfinden: dass Önologe Max Strohberg «nur» das Opfer eines Kellereinbruchs gewesen sein sollte.

«Es hängt miteinander zusammen», sagte sie leise vor sich hin. «Ich glaube dem Gschwend sofort, dass Max Strohberg ständig auf Geldjagd war. Erinnerst du dich noch an den Stammtisch?»

«Ja, warum?»

«Da hat sich Rainer Schlag über den neuen Benz von Strohberg aufgeregt.»

«Den der sich, typisch für einen Mann in der Midlife-Krise, hat aufschwatzen lassen. Aber was willst du damit sagen? Ein Benz ist für Stuttgart so typisch wie Kemmsche Braune Kuchen für Hamburg. Und wegen der Leut, wie es so schön heißt, fährt kein rechter Schwob ein Auto, das älter als vier Jahre ist. Vor allem ein Mann wie Max Strohberg.»

«Klischees.»

«Vielleicht. Aber dieser Benz wurde Strohberg seltsamerweise zum Verhängnis. Wer einen neuen Mercedes fährt, dem kommt es auf ein paar gestohlene Weinflaschen nicht an, dachten gewisse Räuber. Und einer von ihnen schlug zu. Und ja, da hat unsere liebe Freundin Heike recht: Diese Burschen waren keine Weinliebhaber. Kein Winzer oder Weinliebhaber würde mit einem Lemberger Großem Gewächs zuschlagen.»

Burghard gähnte, Katharina aber lag noch etwas auf der Zunge: «Nehmen wir einmal an, dass Max Strohberg den beiden, also Martin Gschwend und Gertrud Schlag, auf die Schliche gekommen ist. Er ist klamm, sehr klamm, wie uns Horst Eppler bestimmt bestätigen würde. Dann stirbt Rainer Schlag.»

«Du meinst, Strohberg hat den Gschwend und Gertrud Schlag erpresst? Und musste deswegen sterben?»

«Ja.»

«Erzähl das mal Eppler.»

«Nein. Das finden wir selbst heraus. Und ich habe auch schon einen ungefähren Plan.»

«Schieß los.»

«Wer schießt zuerst?», gurrte Katharina, entflocht ihre Beine und kroch langsam auf Burghard zu.

Die Kerze begann zu flackern, doch Katharina pustete sie einfach aus.

33

Janina fand Katharinas Plan so hinreißend, dass sie dafür sogar auf einen gemeinsamen Abend mit Ehemann Paul verzichtete. Und der hatte nichts dagegen, schließlich war der Flug anstrengend gewesen. Gut, warten wir mit dem vollen Familienleben eben bis zum Sonntagmorgen, meinte er, als Janina sich von ihm verabschiedete und zu Katharina ins Auto setzte.

Der Samstag dunkelte bereits, als der himmelblaue Peugeot die Württembergstraße hinaufzuckelte. Anders konnte man es nicht nennen, denn Janina fuhr betont langsam, gerade so, als würden sie und Katharina noch einmal alle Details überdenken, die dazu führen sollten, Witwe Gertrud Schlag die Zunge zu lösen.

«Früher gab es für solche Fälle den Henker und seine Gehilfen», meinte Janina schließlich. «Da wurden den nicht Geständigen die Arme hinter dem Rücken zusammengebunden, und dann wurden sie hochgezogen.»

«Ja, bitte nicht ausmalen. Zum Glück leben wir im 21. Jahrhundert. Meistens haben Daumenschrauben ausgereicht. Der Daumen wird in eine Art Nussknacker-Vorrichtung mit Dornspindel gesteckt, dann langsam zudrehen …»

«Halt doch deinen Mund!»

«Du hast angefangen.»

«Und du musst immer das letzte Wort haben.»

Schweigen.

Die Hecken links und rechts der Straße hatten bereits etliches Laub gelassen, auch die meisten Bäume standen schwarz und kahl vor dem spätnachmittäglich dunkelblauen Föhnhimmel. Aber die Luft war herrlich! Und je mehr Höhenmeter des Rotenbergs der Peugeot zurücklegte, umso kräftiger wehte der Wind. Janina ließ das Fenster herunter, steuerte an den Straßenrand und stellte den Motor ab.

Ein leises Säuseln drang an die Ohren der Schwestern. Der Föhn brachte die gelichteten Rebzeilen zum Wispern, ließ das restliche Rankenlaub und die Trauben, die auf die Eisweinlese warteten, zittern und rascheln. Es duftete nach Erde und Kompost. Janina und Katharina stiegen für einen Moment aus und atmeten tief ein. Am Himmel blitzten bereits die ersten Sterne.

«Magisch.»

«Ja.» Katharina schaute in Richtung Untertürkheim, dachte aber seltsamerweise in diesem Moment an Hamburg. Denn so schön die Stimmung war, plötzlich füllte Wehmut ihr Herz. Für eine Zehntelsekunde blitzte die schreckliche Frage in ihrem Kopf auf: Ist er wirklich der Richtige?

«Komm», seufzte sie. «Bringen wir es hinter uns.»

Leise rollte der Peugeot auf die Hofstelle der Schlags. Das Licht der Scheinwerfer schälte Hecken und Bäume gespenstisch plastisch aus der Dunkelheit. Katharina fühlte sich für einen Moment in eine Welt fernab jeglicher Zivilisation gerückt. Und als ihr Blick auf die schwarzen Schemen der Grabkapelle fiel, zuckte sie zusammen. Drohend, wie ein gewaltiger überirdischer Titan, thronte das königliche Mausoleum auf dem Berg.

Und wennschon, die Liebe höret nimmer auf, tröstete sich Katharina. Da steht es.

«Hast du was gesagt?»

«Nur laut gedacht.»

Janina öffnete die Klappe des Kofferraums. «Die Kapelle wirkt schon schaurig», sagte sie, als habe sie Katharinas Gedanken gelesen. «Aber sonst ist es fast immer wunderschön hier.»

«Gut, dass du mich noch einmal darauf aufmerksam machst.»

«Warum? Ist das noch von Bedeutung?»

«Nur so eine Art Gefühl.»

Mit einem Sechserkarton Wein gingen sie auf das Gebäude

mit seinem Walmdach zu, das trotz einiger erleuchteter Fenster kaum weniger abweisend wirkte als das Mausoleum.

Die Schwestern atmeten einmal tief durch, läuteten.

Gertrud Schlag öffnete. «Oh!»

«Überraschung», riefen Janina und Katharina im Chor, und Katharina fügte hinzu: «Wir wollen uns bei Ihnen entschuldigen, Frau Schlag. Uns ist klar geworden, dass wir in der Lokalbrauerei wahnsinnig unverschämt waren.»

«Wir dachten uns daher, Sie mit einer kleinen Weinprobe zu überfallen.»

«Na, dann treten Sie ein, das ist sehr anständig von Ihnen.» Gertrud Schlag trug ein olivfarbenes Etuikleid, das genau bis auf die Mitte der Knie reichte. Dazu trug sie Mokassins aus Wildleder, eine Perlenkette rundete die elegante Erscheinung ab. «Arg lange Zeit habe ich nicht. Der Martin kommt um sieben … Sie verstehen?»

«Natürlich», sagte Katharina. «Aber um ein paar Glas Wein werden Sie nicht herumkommen. Freilich nur zum Nippen. Denn was glauben Sie, was wir mitgebracht haben? Ein Sixpack Flaschen. Aber ganz besondere, Weine von der Versuchsanstalt der Uni Hohenheim.»

«Aha, und ich soll jetzt meine Kennerschaft unter Beweis stellen, wie?»

Gertrud Schlag lachte wie befreit auf. Ihre Verblüffung über den Besuch wich lockerer Entspanntheit. Und da man für eine Weinprobe auch etwas zum Beißen und zum Löschen benötige, rief sie, würde sie für Brot und Wasser sorgen.

Derweil stellten Janina und Katharina die Flaschen auf den runden Esszimmertisch. Daneben befanden sich frei stehende Fachwerkbalken, die die Küchenzeile vom bestimmt sechzig Quadratmeter großen Wohnzimmer abgrenzten. Kupfertöpfe und Graphiken von Untertürkheim, Uhlbach und dem Rotenberg zierten die Essecke, von der man auf einen großen

Flachbildschirm-Fernseher und eine künstlich beleuchtete Pflanzeninsel schaute. Ein Kamin und schwere lederbezogene Eichenmöbel rundeten das Ambiente ab.

Gemütlich ist irgendwie anders, dachte Katharina. Das hier ist nichts anderes als eine Mischung aus Tanzsaal und rustikaler Bauernstube. Ich glaube, ich würde mein Leben auch lieber an der Seite eines anderen Mannes fortführen wollen, als allein hier leben zu müssen.

«Und das sind alles Hohenheimer Universitätsweine?», fragte Frau Schlag und stellte einen Karton Probiergläser auf den Tisch.

«Ja. Die Uni lässt die Weine von ausgesuchten Personen testen. Und dank Dr. Rücklin haben wir da beste Beziehungen. Es sind alles Weißweine. Das Einzige, was wir machen müssen, ist, ein Protokoll zu führen.»

Janina teilte Papier und Bleistift aus. Die Bögen trugen schon die Nummern der jeweiligen Flaschen und entsprechende Leerspalten für Leitaromen, Farbe, Spritzigkeit, Harmonie, Körper und Süße.

«Aber die Sorte kennen wir nicht?»

«Nein. Wir dürfen sie aber nach Wissen und Geschmack zuordnen», erklärte Janina. «Die Weine sind auf jeden Fall sortenrein. Es sind keine Verschnitte.»

«Was für Weißweine außerhalb der Schaumweinerzeugung ja auch kaum üblich ist», bemerkte Gertrud Schlag.

«Dann also los!»

Die erste Probe wurde von allen übereinstimmend als Riesling klassifiziert: zitronig, mit einer gehörigen Note von Grapefruit. Die Farbe, die bei Kerzenlicht begutachtet wurde, gefiel allen, aber in Sachen Harmonie schnitt diese Probe einhellig schlecht ab. Nach der dritten Probe musste Janina sich abwenden, um zu gähnen. Schnell biss sie in einen Kanten Brot und spülte mit reichlich Wasser nach.

«Du willst damit nicht zum Ausdruck bringen, dass dir die paar Nipper bereits zu Kopf gestiegen sind, wie?», neckte Katharina sie.

«Nein», wehrte Janina ab. «Vergiss nicht: Ich habe bis siebzehn Uhr eine kleine Nebenbeschäftigung. Auch genannt Schwabenlädle.»

Bei Probe fünf freilich musste auch Katharina zugeben, dass es gut war, nur noch eine Flasche vor sich zu haben. Dann schlug sie sich entsetzt die Hand vor den Mund und fragte: «Sag mal, Schwesterherz, wer fährt eigentlich nachher?»

«Du. Ich habe den Führerschein nötiger», sagte Janina trocken und entkorkte die sechste Flasche. «Aber insgesamt sage ich euch: Die Weine reißen es alle nicht, stimmt's, Frau Schlag?»

«Eher ja. Zwei Durchschnittsrieslinge, zwei bessere Müller und jetzt dieser allerdings extraktreiche Ruländer. Eine kleine Alkoholbombe, wenn Sie mich fragen. Hoffen wir, dass die letzte Probe endlich mal was taugt.»

Ja, sie überzeugte.

Das ist jetzt die Belohnung, dachte Katharina, der tatsächlich etwas schummrig war. Aber was haben wir davon?

«Ein Silvaner!», rief Gertrud Schlag, eine Spur zu ungestüm.

Sie erhob sich von ihrem Stuhl, schwankte. Erst stierte sie Janina an, dann Katharina. Schließlich schüttelte sie den Kopf, schenkte sich Wasser ein und trank schnell zwei Gläser hintereinander.

«Keine gute Idee», sagte sie. «Ich hab das Gefühl, als hätt ich Gips im Kopf. Herrgott, bin ich auf einmal müde.»

«Geht uns genauso», sagte Katharina kleinmausig und strebte mit Janina zu den Eichenmöbeln.

Das Telefon klingelte.

Als Gertrud Schlag auflegte, war sie bleich: «Die Proben … die Proben … das war Ihr Herr Dr. Rücklin, Katharina. Er rief aus dem Auto an, ist jeden Moment hier!»

«Was ist denn passiert?»

«Eine Panne. Alle Weinproben haben extrem hohe Dosen von Kaliumdisulfit. Sie sind schwerstens überschwefelt.»

«Und?», rief Katharina voller Angst.

«Er sagt, es kann schwerste Langzeitfolgen im Verdauungstrakt und bei den Atmungsorganen hervorrufen. Wir sollen Wasser trinken, viel Wasser!»

Gertrud Schlag hielt sich die Hand vor den Mund, begann zu würgen. Katharina und Janina sahen sich an. Jetzt … jetzt war der Zeitpunkt gekommen.

«Das war deine Idee!», schrie Janina ihre Schwester an. «Wir haben uns vergiftet. Diese scheiß Idee!» Sie keuchte, begann ebenfalls zu würgen. «Und das bei unserer Veranlagung …»

Gertrud Schlag standen plötzlich Tränen in den Augen. Mit einer Wasserflasche in der Hand rettete sie sich in einen der Eichensessel. Katharina indes kämpfte mit aller Kraft gegen das Bedürfnis an, die Augen zu schließen.

Es muss wirken, hatte sie Burghard eingeschärft. Sonst ist alles für die Katz. Dass aber K.-o.-Tropfen tatsächlich solche Wirkung hatten …

Das Klingeln und Hämmern gegen die Haustür machten sie wieder etwas wacher. Sie atmete tief durch, wankte mit Gertrud Schlag zur Tür. «Und das jetzt», flüsterte diese. «Ich kann nicht mehr. Dann ist es eben vorbei.»

«Was?»

«Alles.»

«Heißt das, Sie haben Ihren Mann umbringen lassen?»

«Er hat die Ventilation ausgestellt», flüsterte Gertrud Schlag im selben Moment, als Katharina die Haustür aufzog.

«Wer?»

«Martin. Als Sie und Ihr Burghard Rainer gefunden haben, hatte er sich in der Manufaktur versteckt. Und bis die Polizei kam, hat er Rainer den Hörapparat eingesetzt. Anschließend ist er einfach hinten durch die Hecken und den Wald geflüchtet.»

Burghard und Katharina mussten Gertrud Schlag stützen. Sie war kurz vor dem Zusammenbruch. Ihre Hände waren kalt, das Gesicht weiß, ihr Atem ging stoßweise.

«Keine Sorge», murmelte Burghard. «Das ist nur der Schock, die Angst. Der Höhepunkt der Wirkung ist bereits erreicht.»

«Woher …?»

«Selbstversuch. Bin schließlich Wissenschaftler, Käthe.»

«Bubi …»

«Warum, Frau Schlag?», fragte Burghard.

«Wegen Janina. Ich hab es gewusst.»

Burghard bettete Gertrud Schlag auf das Sofa, legte ihr Kissen unter die Knie. Janina, die am wenigsten Wein getrunken hatte, kaute auf einem Stück Brot herum. Sie spülte mit einer halben Flasche Wasser nach, stieß auf und erhob sich schwerfällig.

«Und was ist mit Max Strohberg?», fragte sie.

«Er hat Martin erpresst. Und der hat auch gezahlt. Aber dann wollte der Max noch mehr Geld. Ich wollte ihn zur Rede stellen, habe ihn spätabends in seinem Keller aufgesucht. Da lag er dann, niedergeschlagen.»

«Und da haben Sie eine Chance gesehen, ihn ganz loszuwerden», vollendete Katharina den Gedanken. «Sie haben ihn einfach liegen lassen, statt Hilfe zu holen.»

Gertrud Schlag antwortete nicht. Stattdessen bäumte sie sich auf und begann, hemmungslos zu weinen. Hin und her gerissen, sie zu trösten, hockte sich Katharina schließlich neben sie und begann, Gertrud Schlags Hand zu streicheln. Nach einer Weile beruhigte sie sich, setzte sich auf und trank das Glas Wasser, das Burghard ihr reichte.

«Ich glaub, ich wollte darauf reinfallen», sagte sie. «Was hat es für Kraft gekostet, immer die Beherrschte zu spielen. Darf ich Martin anrufen?»

«Es ist doch Ihr Haus!»

Gertrud Schlag ließ sich das Telefon bringen, wählte. Doch statt der Stimme ihres Geliebten vernahm sie nur dessen Anrufbeantworter. «Martin, ich habe gestanden», sagte sie nach dem Piepton. «Es tut mir leid.»

Keine Minute später klingelte das Telefon bei Gertrud Schlag.

«Er?», fragte Katharina leise.

«Ja.» Sie nahm ab. Noch nie hatte Katharina in ein Gesicht gesehen, das binnen eines kurzen Moments zu dem einer alten Frau wurde. «Martin besteigt gerade einen Flieger», flüsterte sie und drückte das Telefonat weg. Sie sah Katharina an, hinter ihren Augen schien sich Asche zu sammeln. «Und das ohne mich. Aber er liebt mich doch.»

Wieder klingelte das Telefon.

Diesmal nahm Katharina das Gespräch an. «Phantasie muss man haben, Kollegin», schnarrte Horst Eppler. «Haben Sie das begriffen? Phantasie schlägt Wissen. Und so wird es immer bleiben. Ich wünsche einen schönen Abend. Streifenwagen ist unterwegs.»